Umschau

INGO SCHMIDT SUSANNE SCHALLER
HANS-JOACHIM AUBERT MANFRED DAAMS JÜRGEN NABER

ENTDECKEN ERLEBEN GENIESSEN

Faszination Welterbe

Band 2
DEUTSCHLANDS WESTEN

Umschau

INHALT

INHALT

KARTE

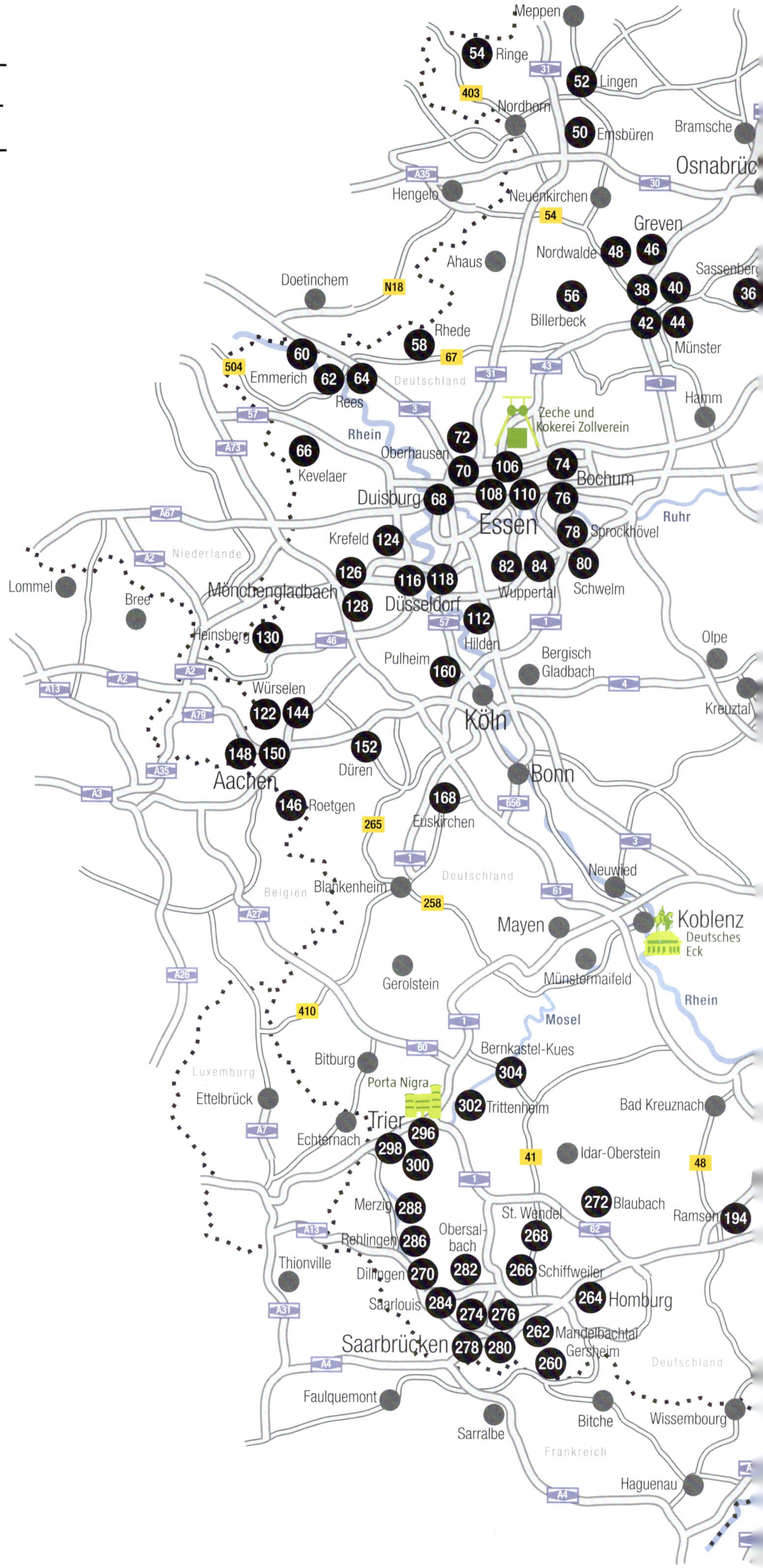
Meppen
54 Ringe
52 Lingen
403
Nordhorn
50 Emsbüren
Bramsche
Osnabrück
Hengelo
Neuenkirchen
54
Greven
Nordwalde 48 46
Ahaus
Sassenberg
Doetinchem
N18
56
Billerbeck
38 40 36
42 44
Münster
58 Rhede
60
504
Emmerich 62 64
Rees
67
Deutschland
Zeche und Kokerei Zollverein
Hamm
Rhein
72
Oberhausen
66
Kevelaer
70 106 74
Bochum
Duisburg 68
108 110 76
Essen
Ruhr
78 Sprockhövel
Krefeld 124
Niederlande
82 84 80
Lommel
126 116 118
Wuppertal
Schwelm
Bree
Mönchengladbach
128 Düsseldorf
112
Heinsberg 130
Hilden
Olpe
Pulheim
Bergisch Gladbach
160
Würselen
122 144
Köln
Kreuztal
152
148 150
Düren
Aachen
Bonn
146 Roetgen
168
Euskirchen
265
Deutschland
Neuwied
Belgien
Blankenheim
258
Koblenz
Deutsches Eck
Mayen
Gerolstein
Münstermaifeld
Rhein
410
Mosel
Bernkastel-Kues
Bitburg
304
Luxemburg
Porta Nigra
Ettelbrück
302 Trittenheim
Bad Kreuznach
Trier
296
Echternach
298
300
41
Idar-Oberstein
48
Merzig 288
St. Wendel
272 Blaubach
Ramsen 194
Rehlingen 286
Obersalbach
268
Thionville
Dillingen 270
282
266 Schiffweiler
264 Homburg
Saarlouis 284
274 276
262 Mandelbachtal
Saarbrücken 278 280
Gersheim
260
Deutschland
Faulquemont
Bitche
Wissembourg
Sarralbe
Frankreich
Haguenau
A35
A30
A31
A1
A43
A3
A57
A73
A67
A2
A46
A13
A79
A4
A35
A3
A656
A61
A27
A26
A60
A7
A1
A62
A13
A31
A4
A4

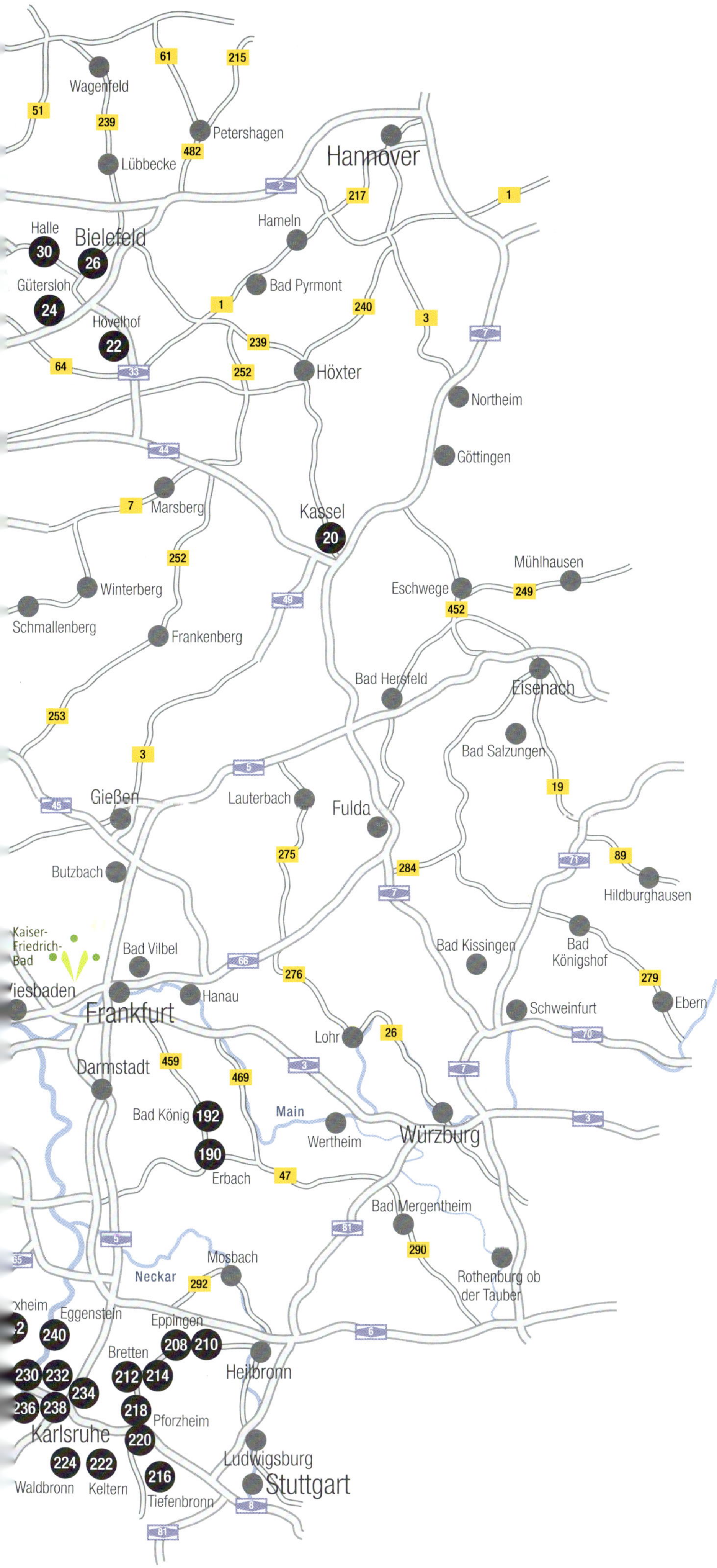
Hannover
Bielefeld
Wagenfeld
Petershagen
Lübbecke
Halle
Gütersloh
Hövelhof
Hameln
Bad Pyrmont
Höxter
Northeim
Göttingen
Marsberg
Kassel
Winterberg
Schmallenberg
Frankenberg
Mühlhausen
Eschwege
Bad Hersfeld
Eisenach
Bad Salzungen
Gießen
Lauterbach
Fulda
Butzbach
Hildburghausen
Kaiser-Friedrich-Bad
Bad Vilbel
Bad Kissingen
Bad Königshof
Frankfurt
Hanau
Schweinfurt
Ebern
Lohr
Darmstadt
Bad König
Main
Wertheim
Würzburg
Erbach
Bad Mergentheim
Mosbach
Neckar
Rothenburg ob der Tauber
Eggenstein
Eppingen
Bretten
Heilbronn
Pforzheim
Karlsruhe
Ludwigsburg
Stuttgart
Waldbronn
Keltern
Tiefenbronn

VORWORT

Liebe Leserinnen und Leser,

rund 60 Millionen Besucher sehen sich im Jahr die deutschen Welterbestätten an. Eine beachtliche, imponierende Zahl. Dennoch möchte der „UNESCO-Welterbestätten Deutschland e.V." dazu beitragen, die deutschen Welterbestätten noch bekannter zu machen und den Denkmal- und Naturschutz mit dem Tourismus optimal zu koordinieren.

Bereits im Jahr 1989 haben sich deutsche UNESCO-Welterbestätten zu einer touristischen Arbeitsgemeinschaft zusammengeschlossen. Aus dieser Basis heraus erfolgte 2001 in Quedlinburg mit großartiger finanzieller Unterstützung des Landes Sachsen-Anhalt die Gründung eines Vereins, um verstärkt touristisches Marketing zu betreiben. Neben den Tourismusorganisationen der 38 deutschen Welterbestätten gehören dem Zusammenschluss auch die Deutsche Zentrale für Tourismus, die Deutsche Stiftung Denkmalschutz, die Deutsche UNESCO-Kommission, die Bundesvereinigung der Landesdenkmalpfleger und die Bundesvereinigung der Landesarchäologen an. Sitz des Vereins ist das historische Palais Salfeldt in Quedlinburg.

Mit dem Zusammenschluss verbindet sich die Intention, die herausragenden Kultur- und Naturgüter Deutschlands im Verbund zu präsentieren und als Leuchttürme für Reisen in und nach Deutschland zu positionieren. Dabei steht die Förderung eines behutsamen und hoch qualifizierten Tourismus im denkmal- und naturverträglichen Ausmaß im Vordergrund. Im Schulterschluss mit der Deutschen Zentrale für Tourismus wurden Reiserouten entwickelt, aber auch Themendächer für ausgewählte Stätten wie Sakralbauten, Industriedenkmäler, Altstadtensembles oder ausgedehnte Kulturlandschaften kreiert. Von der Insel Reichenau bis zur Lübecker Altstadt, vom Aachener Dom bis zum Muskauer Park – die Verbindung von Welterbestätten zu attraktiven Routen oder Themenreisen ist ein hochinteressantes, kultur-naturtouristisches Produkt für den deutschen Binnenmarkt, aber auch ganz besonders für die internationalen Märkte und Übersee. Auf der kultur-naturtouristischen Landkarte bestens positioniert bescheinigen Touristikexperten dem Qualitätsprodukt UNESCO-Welterbe in Deutschland ein enormes Wachstumspotential.

Mein Dank gilt dem Umschau-Verlag für dieses herausragende Werk. Es trägt wesentlich dazu bei, die vorgenannten Ziele des UNESCO-Welterbestätten Deutschland e.V. erfolgreich umzusetzen.

Quedlinburg, im Sommer 2014

Horst Wadehn
Vorsitzender „UNESCO-Welterbestätten Deutschland e.V."

In rund 150 Jahren schufen die Landgrafen und Kurfürsten von Hessen-Kassel die Grundlagen des Bergparks Wilhelmshöhe.

Die Zeche ZOLLVEREIN® gilt als eines der bedeutendsten Denkmäler der Industriekultur.

ENTDECKERLAND

Deutschlands Welterbestätten gehören bei Gästen aus aller Welt zu den beliebtesten Sehenswürdigkeiten

Seit 1972 setzt sich die UNESCO für den Schutz von einmaligen und einzigartigen Naturlandschaften und Kulturdenkmälern und damit für die Bewahrung des universellen Erbes der Menschheit ein. Von weltweit 981 anerkannten UNESCO-Welterbestätten befindet sich knapp die Hälfte in Europa, allein 39 davon sind in Deutschland anzutreffen. Tendenz steigend, auch wenn pro Nation immer nur maximal zwei Vorschläge auf die Tentativliste geraten. Die UNESCO-Welterbekonvention ist die erfolgreichste Kulturinitiative aller Zeiten – und längst ein Tourismusmagnet von überragender Bedeutung. Fast die Hälfte der deutschen Welterbestätten zählt nach Angaben der „Deutschen Zentrale für Tourismus" (DZT) zu den Top 100 der attraktivsten Reiseziele und Sehenswürdigkeiten im Lande.

Ganz oben im Ranking der Welterbestätten steht der Kölner Dom. Er ist nach dem Schloss Heidelberg und Schloss Neuschwanstein die drittbeliebteste Sehenswürdigkeit in Deutschland. Das Obere Mittelrheintal mit der Loreley, Schloss Sanssouci in Potsdam und die Berliner Museumsinsel haben es ebenfalls unter die zehn populärsten Reiseziele hierzulande geschafft. Der Welterbe-Tourismus boomt und erfreut sich kontinuierlicher Zuwachsraten. Kein Wunder, dass die DZT gemeinsam mit der Deutschen UNESCO-Kommission e.V. und dem UNESCO-Welterbestätten Deutschland e.V. im Jahr 2014 das Themenjahr „UNESCO-Welterbe – Nachhaltiger Kultur- und Naturtourismus" ausgerufen hat und die zurzeit 39 Stätten in den besonderen Fokus der Weltöffentlichkeit rückt. Gästen aus aller Welt werden acht Reiserouten zum Welterbe in Deutschland vorgeschlagen. Und keine Frage – wie könnte man Deutschland als Premium-Reiseland des qualitätsorientierten Tourismus in den vielfältigen Regionen zwischen Wattenmeer und Alpenraum besser bewerben als über das begehrte Qualitätsemblem der UNESCO. Es kommt schließlich längst einem internationalen Gütesiegel von allerhöchstem Rang gleich.

Wer auf den Spuren des Welterbes in Deutschland unterwegs ist, wird belohnt mit einer einzigartigen Vielfalt aus Kultur und Natur, Technik und Kunst. Deutschland zu entdecken, das ist faszinierend, kostbar und emotional zugleich. Das Erbe zu erhalten, es zu pflegen und in die Zukunft zu führen – in diesem Koordinatenfeld aus Historie, Gegenwart und Zukunft bewegt sich der Erlebnisraum Welterbe. In Deutschland führen in allen vier Himmelsrichtungen verschiedene Welterbe-Routen hin zu beispiellosen Schätzen und Zeugnissen der Menschheit und Natur.

Der vorliegende Band „Faszination Welterbe – Deutschlands Westen" lädt dazu ein, 13 Welterberegionen zu entdecken, zu erleben und zu genießen. Wo auch immer Sie Ihre Reise beginnen, Sie können faszinierende Wasserspiele in Kassel erleben, das römische Amphitheater in Trier bestaunen oder sich bei den monumentalen Industrieanlagen an Saar und Ruhr, der Völklinger Hütte und der Zeche ZOLLVEREIN® in Essen, mit Vergangenheit, Zukunft und Gegenwart zugleich beschäftigen. Spüren Sie im grandiosen Naturdenkmal der Grube Messel 47 Millionen Jahre alten Fossilienfunden nach oder bewundern Sie die sakralen Jahrtausendbauten in Köln und Speyer sowie Deutschlands „ältestes" Welterbe, den Aachener Dom. Seien Sie sicher: Sie werden Ihr Heimatland von ganz neuen Seiten kennenlernen.

Ingo Schmidt

SCHAUSPIEL DER

WELTKULTURERBE BERG-

WASSERKÜNSTE

PARK WILHELMSHÖHE

Die Löwenburg erinnert an eine englische Ritterburg aus dem Mittelalter.

Die Kasseler Wasserkünste in Europas größtem Bergpark wurden 2013 als herausragendes Zeugnis der Wasserbaukunst des europäischen Absolutismus unter den Schutz der UNESCO gestellt.

Unsere Reise zu den UNESCO-Welterbestätten in den westlichen deutschen Bundesländern beginnt in Kassels Stadtteil Bad Wilhelmshöhe. Am 23. Juni 2013 dauerte die Entscheidung des Welterbekomitees ganze acht Minuten, dann waren die über zehnjährigen Bemühungen der Stadt Kassel und der Museumslandschaft Kassel sowie weiterer interdisziplinär an der Bewerbung beteiligten Förderer von Erfolg gekrönt. Die Kasseler Wasserkünste in Europas größtem Bergpark als herausragendes Zeugnis der Wasserbaukunst des europäischen Absolutismus sind seither Weltkulturerbe. Damit gibt die einstige Residenzstadt der Landgrafen und Kurfürsten von Hessen-Kassel neben der „documenta" eine zweite herausragende Visitenkarte von internationaler Strahlkraft ab.

Das Welterbe umfasst ein rund 560 Hektar großes Gebiet des Bergparks Wilhelmshöhe. Kassels alles überragendes und aus allen Himmelsrichtungen sichtbares Wahrzeichen ist die Herkulesstatue, die 2017 ihren 300. Geburtstag auf dem Gipfeloktogon des Karlsberges feiert. Zum Zeitpunkt ihres Entstehens, also zwischen 1713 und 1717, galt die 11,30 Meter hohe, ganz aus Kupfer getriebene Statue als qualitätsvollste Großskulptur der Erde. Sie darf sogar als Vorbild der New Yorker Freiheitsstatue bezeichnet werden. Landgraf Karl ließ das Monumentalwerk der antiken römischen Skulptur des „Herakles Farnese" nachempfinden.

Das architektonische Meisterwerk zeigt den sich ausruhenden und über seine Heldentaten nachdenkenden Halbgott Herakles. Von hier aus entfacht sich das weltweit einmalige Schauspiel der Wasserkünste. Auf rund zwei Kilometern wird über mehrere Stationen hinweg das Wassertheater mit seinen faszinierenden Bühnenbildern als Triumph über die Natur inszeniert. Konstruiert wurden die barocken und nur zu Fuß erlebbaren Wasserspiele im denkmalgeschützten Bergpark 1701 vom italienischen Baumeister Giovanni Franceso Guerniero. Der landgräfliche Bauherr legte sie anders als seine Zeitgenossen nicht in einer ebenen Parklandschaft an, sondern entfesselte sie von der Spitze eines Berges aus. Vollendet wurde das Gesamtkunstwerk rund 130 Jahre später mit dem Bau des Neuen Wasserfalls. So sind im Kasseler Welterbe unterschiedliche Strömungen der Gartenarchitektur, der Kunst- und Technikgeschichte zu bestaunen.

IL TEATRO

CUCINA DELL´ARTE

Charaktervolle Aromen führen die Regie

Vielleicht ist es sogar einfacher, im Kasseler Schauspielhaus einen Platz zu ergattern als im Ristorante *Il Teatro* … Das *Il Teatro* ist eben ein geschmackvolles, aber kleines Restaurant. Und das ist auch gut so, denn die Gastgeberfamilie Strumbo legt Wert auf den familiären Charakter ihres Hauses. Applaus gibt es jedenfalls in beiden Häusern.

Zunächst einmal für den persönlichen und individuellen Service. Denn Salvatore Strumbo berät seine Gäste wie Freunde. Oft kennt er die kulinarischen Vorlieben und wer das *Il Teatro* neu entdeckt hat, kann sich seinen Empfehlungen ganz entspannt anvertrauen. Bevor Salvatore Strumbo die Rolle des Gastgebers annahm, betrat er die Bühne der italienischen Küche im *Il Teatro*. Er begann im Jahr 2006 seine Ausbildung zum Koch bei seinem Papà Nino und lernte, wie Authentizität schmeckt – die Heimat Cirò in Kalabrien gibt den Ton an, auch in Sachen Wein.

„Ein Saltimbocca ist ein Saltimbocca: Kalbsschnitzel mit Schinken und Salbei. Da ist Papà wirklich ‚old school'", freut sich der junge Padrone. Diese Reduktion auf das Wesentliche verleiht den Speisen des *Il Teatro* fulminanten Geschmack. Das sind Klassiker wie Carpaccio di Manzo, Salsiccia Calabrese alla Griglia oder Gamberoni in verschiedenen Varianten. Die Pasta wird selbstgemacht und ist so locker-leicht, dass sie als Zwischengang ohne Reue erfreut. Saisonales und Spezielles zeigt die Tafel – das Beste Italiens gibt es in konzentrierter Form.

Und was wäre eine italienische Familie ohne ihre Mamma? Das will sich hier keiner vorstellen. Maria Strumbo ist die gute Seele des Restaurants. Gemeinsam mit Tochter Sandra und Schwiegertochter Dzanan kümmert sie sich um das stilvolle Ambiente, arrangiert Blumen und sorgt für eine stimmungsvolle Atmosphäre. Alles geht Hand in Hand – sowohl beim flinken Mittagstisch als auch bei der abendlichen, geselligen Runde: Bravo für diese köstliche Vorstellung!

SCHWERTFISCH ALLA GHIOTTA

Dieses Rezept finden Sie auf der Seite 88

IL TEATRO – RISTORANTE ITALIANO
Salvatore Strumbo
Oberste Gasse 9, 34117 Kassel
Telefon 05 61 / 2 87 26 75
kontakt@ilteatro-kassel.de
www.ilteatro-kassel.de

ANKOMMEN STATT EINCHECKEN

Willkommen zu Hause in Ost-Westfalen

Wann spricht man eigentlich von einem „großen Haus"? Wer das *Hotel Victoria* besucht, erkennt: Die Anzahl der Betten ist für dieses Lob nicht allein ausschlaggebend. Vielmehr ist das große Herz der Inhaberin und Gastgeberin Victoria Förster-Streblau bezeichnend für Atmosphäre und Flair des *Hotel Victoria*. Die junge Hotelfachfrau führt die mehr als 100 Jahre währende Gastfreundschaft der Familie Förster im westfälischen Städtchen Hövelhof fort – mit Sinn für Tradition und Gespür für Trends.

Vielleicht inspirierte ja die Lage des Hauses – vis-à-vis des hübsch restaurierten Bahnhofs – seine Betreiber seit Generationen: Stillstand herrschte hier nie! Aus der Bahnhofsschänke mit sechs Übernachtungszimmern, von den Urgroßeltern im Jahr 1911 begründet, ist inzwischen nach mehrfacher Erweiterung, Renovierung und Modernisierung ein schmuckes Hotel mit 73 Betten geworden. Vom reisenden Monteur bis zur schwungvollen Hochzeitsgesellschaft findet im *Hotel Victoria* jeder Gast seinen Bedürfnissen entsprechend ein Zimmer oder einen Gesellschaftsraum.

Damit nicht genug präsentiert sich das *Hotel Victoria* mit einer vielfältigen Kulinarik: neben deftig-regionalen Spezialitäten, zu denen man ein zünftiges Pils genießt, wird eine moderne, internationale Küche mit ausgewählten Weinen serviert. Die Zahl der Stammgäste ist groß, darum überrascht Küchenchef Winfried Kasten immer wieder mit saisonal inspirierten Gerichten. Man lässt es sich im Bistro „Der kleine Förster" oder im Restaurant gut gehen. Bei schönem Wetter sitzen erholungssuchende Feinschmecker im aufwändig gestalteten Garten.

Für das leibliche Wohl wird im *Hotel Victoria* übrigens nicht nur mit gutem Essen gesorgt. Angeschlossen sind Fitnessstudio, Sauna sowie ein natürlicher Badeteich. Das Areal erstreckt sich auf über 1000 Quadratmeter und gibt sanftem, effektivem Erhalt der Gesundheit ausreichend Raum. Die Auszeichnung „fahrradfreundliches Hotel" rundet dieses Bild perfekt ab. „Wir sind gerne ein wertvoller Teil im Leben unserer Gäste. Das macht ein familiengeführtes Hotel so beliebt", freut sich Victoria Förster-Streblau.

ROULADE VON DER SENNE-FORELLE
Dieses Rezept finden Sie auf der Seite 88

HOTEL VICTORIA
Victoria Förster-Streblau
Bahnhofstraße 35, 33161 Hövelhof
Telefon 0 52 57 / 9 37 70
mail@93770.de
www.93770.de

BUCHSTÄBLICH LECKER

Grammatik und Poesie der feinen Küche

Sternekoch Bernhard Büdel beherrscht sein Handwerk wie mancher seiner Gäste das Schreiben in der Medienhochburg Gütersloh. Korrekter Satzbau legt die Basis für Textverständnis; Wortwahl und Einfühlungsvermögen vermitteln Esprit. Büdel macht es ähnlich. Als junger Mann sorgfältig ausgebildet in der klassisch-französischen Küche verinnerlichte er in den 1980er Jahren den revolutionären Umschwung mit der Nouvelle Cuisine, die vollkommen neue Geschichten erzählte.

„Man muss anfangen, eine Möhre zu lieben", erklärt Büdel und begeistert, nach besternten Stationen in der Region und auf Sylt, seine Gäste immer wieder. Es ist der absolute Respekt vor dem Produkt, den sich der erfahrene Koch bis heute erhalten hat. Mittags kräftigt er Medienmacher mit leichter Bistroküche. Am Abend kreiert er Feines für Gourmets.

Dann verwandelt er das stylische Loft, eine Konstruktion aus Glas und Stahl zwischen historischen Fabrikgebäuden, in sein *Restaurant medium*. Der Name meint allerdings nicht „halbgar", sondern referiert den Standort. Dass einer wie Büdel keine halben Sachen macht, signalisiert der Blick auf die Karte. Edle Fische und Krustentiere, feines Fleisch sowie aromatische Gemüse verwandelt der Spitzenkoch in eine kulinarische Dramaturgie – ein Abendessen, das man, einem fesselnden Roman ähnlich, nicht vergisst. Dabei behalten die Zutaten ihren typischen Charakter, akzentuiert durch delikate Saucen, für die Büdel bekannt ist.

SKREI – WINTERKABELJAU VON DEN LOFOTEN

Dieses Rezept finden Sie auf der Seite 90

Dem sensationellen Ruf dieser Saucen macht nur noch eines „Konkurrenz": die feinsinnige Weinbegleitung, zusammengestellt von seiner Frau. Als Gastgeberin unterstreicht Edith Büdel die Gourmetküche mit ausgezeichneten Tropfen klassischer Anbaugebiete, vorwiegend aus Deutschland.

Inzwischen hat der Gewinner des Westfälischen Gastronomiepreises 2013 die moderne Medienwelt betreten. Via Youtube und Facebook kommt Büdel zu seinen Gästen nachhause. Dafür ein Like.

RESTAURANT MEDIUM
Bernhard und Edith Büdel
Carl-Bertelsmann-Straße 33, 33332 Gütersloh
Telefon 0 52 41 / 2 12 16 36
info@medium-guetersloh.de
www.medium-guetersloh.de

JIVINO-ENOTECA
PRICKELNDES

EINFACH NUR: BRAVO!

Mediterrane Genusskultur, die begeistert

Gäbe es einen besseren Platz für das erste Tapas-Restaurant Bielefelds, als das Müller-Haus von 1485? Hier in der Obernstraße entwickelte Dr. Oetker Ende des 19. Jahrhunderts das Backpulver – eine Ingredienz, die unser Essen heute noch bereichert. Im Jahr 2003 startete der Gastronom Jimmi Catsanos an diesem geschichtsträchtigen Ort seine persönliche Erfolgsgeschichte der Kulinarik. Kleinigkeiten sollte es geben: frische Tapas, duftiges Brot, typische Weine und aromatische Käsesorten – alles ganz unkompliziert. Köstlichkeiten, die den Westfalen im wohlverdienten Urlaub rund ums Mittelmeer so gut munden. Schnell erzählte man sich in der Region von der ausgezeichneten Qualität der Speisen und der entspannten Atmosphäre bei *Jivino Enoteca* und die Kulinarik wurde Dank begeisterter Nachfrage erweitert.

Zu den Klassikern im *Jivino* gehören, neben den beliebten Tapas, das Rote Bete Carpaccio mit lauwarmem Ziegenkäse, Salat von Pulpo, Kartoffeln und Garnelen oder in Weißwein geschmortes Kaninchen. Auf Anfrage gibt es tagesfrischen Fisch und Dessert – Süßes, wie das Schokoladen-Grappa-Parfait oder ausgewählte Käsesorten. Die bodenständige Küche Spaniens und Italiens wjvinoird hier so delikat interpretiert, dass sie eine lässige Eleganz erhält. Der feine Vorspeisenteller Jivino sowie jede andere Speise machen angenehm satt und begleiten den unterhaltsamen Abend mit Freunden ganz harmonisch.

Während man auf der schlanken und zugleich aussagekräftigen Karte schnell seinen Favoriten ausfindig macht, fällt die Platzwahl deutlich schwerer. Scheint die Sonne, verweilen die Gäste gerne direkt vor dem Eingang – ein Ort, umgeben von den malerischen Fachwerkhäusern der Altstadt und liebevoll „schönster Weingarten in Bielefeld“ genannt. Nicht nur die Geschichte des Hauses, sondern auch das architektonische Ensemble machen diese Umgebung so besonders.

Im Inneren erwartet den Gast eine atmosphärische Trilogie. Im Eingangsbereich erinnern dunkles Holz, schweres Gusseisen, Bruchsteine sowie fein gezeichnete Azulechos – Schmuckkacheln aus Portugal – an die geschäftige Arbeit von Bäcker Müller und seinen mächtigen Backofen. Ein paar Stufen hinab befindet sich ein schmuckes Gewölbe, in dem sich kleine Gruppen wunderbar zum Schmausen und Plaudern treffen können. Wendet man sich vom Eingangsbereich nach links und geht die Treppe aus Natursteinen hinauf, erwartet den Gast ein lichtdurchfluteter Wintergarten. Helles Holz, hohe Fenster und weiße Stoffe geben hier den Ton an. Ein Ort mit vielen Stimmungen – das ist *Jivino Enoteca*.

„Neben dieser originellen Präsentation mediterraner Küche wurde ich immer wieder gebeten, Kochkurse anzubieten. Jetzt ist es so weit: Ich freue mich, seit 2014 hier in der Obernstraße die hohe Schule des Kochens präsentieren zu dürfen", berichtet Jimmi Catsanos über die Entwicklung seiner Gastronomie.

Sein Kochstudio étage im ersten Stock wirbt mit nur einem Begriff: Hmmmmmmh! Allerdings ruft der Besucher, wenn er die exklusiv renovierte Kochschule betritt, zunächst ein verzücktes „Ohhh". Das Zusammenspiel modernster Schweizer Küchentechnik mit historischem Gemäuer und schlichter Bestuhlung ist bereits optisch attraktiv. Dass kein Geringerer als Jahrhundertkoch Eckart Witzigmann der Eröffnung die Ehre gab, spricht für die Qualität der Veranstaltungen.

Doch wer glaubt, dass diese Art der Gastronomie einem Jimmi Catsanos genügt, der irrt. Denn seit 1984 gibt es das Méditerranée, einen kommunikativen Treffpunkt für Feinschmecker und ihre Familien, sowie in der Altstadt das Médi 52. Das kleine Restaurant hat sich auf exzellente Fleischgerichte spezialisiert. Catsanos folgt eben seiner Devise: „Ich möchte meinen Gästen beste Kulinarik in allen Facetten bieten."

JIVINO ENOTECA
Jimmi Catsanos
Obernstraße 51, 33602 Bielefeld
Telefon 05 21 / 5 60 95 30
www.jivino-enoteca.de

LUST AUF DEN MOMENT

Junge Küche für jede Generation

VEGANE BUCHWEIZENPASTA UND SPARGEL
Dieses Rezept finden Sie auf der Seite 90

Unter dem Dach *Sauerzapfes Junge Küche* – so der Name des Restaurants im Hotel Hollmann – versammeln sich Genussmenschen jeder Couleur und jeden Alters: Die Generation 50plus begeistert sich für vegane Kost, während junge Menschen traditionelles Gemüse schmausen, zum Beispiel Steckrüben. Alle folgen sie der Einladung von René Sauerzapfe, einem jungen, ambitionierten Koch mit Sinn für kulinarische Trends.

Dabei ist seine „Junge Küche" keineswegs beliebig. Sie zeichnet sich durch Frische, Vielfalt und etwas Wagemut aus. Und gesund ist sie auch: Genuss-Allrounder Sauerzapfe hatte vor dem Start in die Selbstständigkeit 2009 verschiedene Fortbildungen als ganzheitlicher Ernährungsberater absolviert.

Die Entdeckung neuer Aromen und Texturen macht Kochprofi René Sauerzapfe seinen Gästen leicht. Schon der freundliche Blick sagt: „Probier doch mal." Und dann kostet man gerne „Crossover" von der Thüringer Rostbratwurst mit Garnelen, fruchtig-pikanter Currysauce und gebackenen Kartoffelstäbchen. Oder es lockt Kalbfleisch mit Thunfisch – nicht kalt und italienisch, sondern deftig gegrillt mit Limettenrahmsauce. Sauerzapfe verleiht Sojaprodukten kräftigen Geschmack und interpretiert Nostalgisches ganz modern, aromatisiert etwa die Schwarzwurzel mit Vanille.

So vielfältig die Küche, so abwechslungsreich das Ambiente: Ob zünftige Bierstube, elegante Lounge oder modernes Restaurant – jeder Gast findet seinen Lieblingsplatz; im Sommer auch auf der Terrasse oder im Biergarten. Die angenehme Stimmung schätzen neben den Hotelgästen regelmäßig Stammtischbesucher, Vereine und alle, die etwas zu feiern haben. Besonders die Flexibilität des jungen Gastronomen und seines Teams kommt gut an und zeigt sich in Form des schnellen, gesunden Mittagstischs – auch als Takeaway – oder des individuellen Caterings.

„Junge Küche, das ist Lust auf den Moment", meint René Sauerzapfe und macht den Feinschmeckern der Region dennoch Hoffnung auf eine länger andauernde Tradition bester Küche in seinem Haus.

SAUERZAPFES JUNGE KÜCHE
DAS RESTAURANT IM HOTEL HOLLMANN
René Sauerzapfe
Alleestraße 20, 33790 Halle (Westf.)
Telefon 0 52 01 / 73 56 25 0
info@sauerzapfes.de
www.sauerzapfes.com

KLOSTERJUWEL

WELTKULTURERBE

AM WESERBOGEN

KLOSTER CORVEY

Corvey ist neben den Fagus-Werken in Alfeld die zweite deutsche Welterbestätte, die sich überwiegend in Privatbesitz befindet.

Die ehemalige Reichsabtei Corvey im östlichen Westfalen wurde im Juni 2014 zu Deutschlands 39. Welterbestätte ernannt.

Um 16 Uhr 40 mitteleuropäischer Zeit stand das einstimmige Urteil des UNESCO-Komitees in Doha, der Hauptstadt von Katar, fest: Als erste Kulturstätte in Westfalen wurden das beeindruckende Westwerk des Klosters Corvey und die „Civitas Corvey", die untergegangene Klosterstadt des ehemaligen Benediktinerklosters, zum 39. deutschen Weltkulturerbe erklärt. Zur Verkündung der Entscheidung am 21. Juni 2014 läuteten die Glocken der Kirchen in Höxter, der Kreisstadt an der Weser. 15 Jahre waren von der Aufnahme des Klosterjuwels auf die deutsche Vorschlagsliste bis zur Ernennung vergangen. Nun darf sich Corvey, das mit seiner Schule, der Bibliothek und dem Scriptorium im Hochmittelalter zu den wichtigsten monastischen Vermittlern der christlichen Kultur gehörte, mit dem begehrten Emblem der UNESCO schmücken.

Die Benediktinerabtei Corvey wurde im Jahr 822 von Ludwig dem Frommen, Sohn von Karl dem Großen, in der Nähe des Königshofes Huxori gegründet. 14 Jahre später wurden die Reliquien des Heiligen Vitus von Paris nach Corvey überführt. Seitdem galt der Klosterbezirk als beliebter Wallfahrtsort. Von der mächtigen Reichsabtei gingen maßgebliche Impulse zur Festigung der karolingischen Herrschaft und der korrespondierenden Christianisierung bis nach Skandinavien aus. Im 10. Jahrhundert erlebte das reichsunmittelbare Kloster eine Blütezeit als eines der wichtigsten politischen und geistlichen Zentren des Frankenlandes.

Das Westwerk ist ein der Basilika vorgesetzter Kirchenraum aus rotem Bruchsteinmauerwerk mit zwei Fassadentürmen und einem zentralen mittleren Turm. Es wurde zwischen 873 und 885 gebaut, ist eines der wenigen, in wesentlichen Teilen erhaltenen karolingischen Bauwerke und das weltweit einzig erhaltene Zeugnis des Bautyps Westwerk im Stil der „karolingischen Renaissance". In Fragmenten sind im Obergeschoss Wandmalereien christlich umgedeuteter antiker Mythologie erhalten. Im Dreißigjährigen Krieg wurde die übrige Klosterstadt nach verheerenden Bränden zerstört, bis ins Jahr 1671 aber im Stil einer barocken Residenz wieder aufgebaut.

Seit über 200 Jahren sind die Ländereien und die Schlossanlage im Erbbesitz des Herzogs von Ratibor und Fürsten von Corvey. Die herzogliche Familie wohnt im Schloss Corvey an der Weser. Das Schlossensemble selbst zählt aber nicht zum Welterbe.

EIN SCHLOSS BEKENNT FARBE

Von der Kunst, mit Geschichte zu leben

Die Blätter zeigen zartes Grün, der Himmel strahlt in sphärischem Blau – so zeigt sich das malerische Münsterland in Natura und in den Räumen von *Schloss Harkotten*. Die strenge klassizistische Architektur schmückte Hofmaler Philipp Ferdinand Ludwig Bartscher in den Jahren 1814 bis 1816 mit Wandbemalungen von farbenfroher Leichtigkeit.

Seit 2013 kommen die Kunstschätze im Zuge der Renovierung zum Vorschein und inspirierten Schlossherr Ferdinand Freiherr von Korff und seine Ehefrau Myriam Freifrau von Korff zur Planung des „Museums Klassizismus". Neben filigran gearbeiteten Möbeln aus der von Bartscher 1790 in Rietberg gegründeten ersten Westfälischen Möbelmanufaktur versammelt es Gemälde sowie kunsthandwerkliche Gegenstände unter seinem Dach und fördert den kulturellen Austausch.

„Wir freuen uns, *Schloss Harkotten* als Zeitzeugnis für die Region und kommende Generationen zu bewahren und zeitgemäß zu inszenieren", erläutert Freifrau von Korff das Konzept des Hauses. Wer ihr bei den Führungen durch das Schloss folgt, bemerkt: Sie ist Hüterin der Kunst. Aber auch leidenschaftliche Gastgeberin, nämlich in der ehemaligen Stallung, die in den sogenannten Wappensaal umgewandelt wurde, heute ein Lokal mit besonderem Flair. Namensgeber sind liebevoll mit Wasserfarben gemalte Wappen, die ehemals in der Schlosskapelle den westfälischen Adelsfamilien anzeigten, wo ihre Plätze sind. Heute schmücken diese „Logos" einen Saal im legeren Landhausstil und regen so manchen Besucher an, die eigene Familiengeschichte zu entdecken. Am Wochenende stärken sich Ausflügler hier bei Kaffee und Kuchen sowie kleinen Leckereien; sonntags lockt ein Brunch. Wer mag, kann die charaktervolle Location mieten für private Feiern oder geschäftliche Events.

Freunde schöner Dinge finden im Schlossladen ausgefallene Keramik aus Europa oder besuchen das herbstliche Gartenfestival mit rund 150 Ausstellern … *Schloss Harkotten* hat seinen Platz im Heute gefunden.

SCHLOSS HARKOTTEN
Freiherr von Korff'sche Gutsverwaltung
Harkotten 2, 48336 Sassenberg-Füchtorf
Telefon 0 54 26 / 26 38
mvk@harkotten.eu
www.schlossharkotten.de

EINE PARTIE AUF DEM LANDE

Pure Idylle für Erholung und Genuss im Münsterland

Hinter dem *Landhaus Eggert* verbirgt sich ein schmucker Gutshof, der seit 1850 von Familie Eggert bewirtschaftet wird. Inzwischen hat er sich zum Geheimtipp für Genießer entwickelt. Denn innerhalb der historischen Fachwerkfassade trifft exzellente Küche – mit Klasse begleitet vom aufmerksamen Service – auf Komfort bis hin zum modern ausgestatteten Wellnessbereich.

In fünfter Generation pflegt das Gastgeberpaar Antje und Hendrik Eggert den familiären Charakter des Hauses. Harmonie, wohin das Auge blickt. Architektur, Mobiliar und Farbgebung passen immer zu den wechselnden Reizen der Jahreszeiten – Landhausstil in Perfektion. Mit sicherer Hand entwirft Antje Eggert den Stil des Hauses und schafft mit klassischer Eleganz einen Ort der Erholung im beschleunigten digitalen Zeitalter; eine inspirierende Umgebung auch für Tagungsgäste, die so erfrischt und motiviert ans Werk gehen können.

Wo der Geist auf natürliche Weise entspannt, darf die gute Küche nicht fehlen. Gastgeber Hendrik Eggert vertraut den Küchenchefs Jörg Meiner und Dieter Köhlhoff. Im Landhaus-Restaurant schmeckt den Gästen regionale Kulinarik mit mediterranen Akzenten. Hier knistert im Kamin das Feuer, die historische Holzvertäfelung schimmert im Kerzenlicht – mehr Romantik geht nicht. Hell und elegant empfängt wiederum das Gourmet-Restaurant „Hof Wesendrup“. Kreativ-französische Kreationen verwöhnen den Gaumen in angenehm leichter Interpretation. Erlesene Weine runden den Genuss ab. Und im Sommer? Dann werden alle Speisen auf einer der schönsten Terrassen des Münsterlandes serviert. Zur Kulinarik gibt es den wundervollen Blick über das Wersetal gleich dazu.

„Unsere Gäste lieben das *Landhaus Eggert* als Auszeit vom Alltag. Hier können sie wählen zwischen Erholung in der Natur oder der inspirierenden Kultur von Münster – ein perfekter Standort“, empfiehlt Eggert sein Haus.

LANDHAUS EGGERT
Antje und Hendrik Eggert
Zur Haskenau 81, 48157 Münster
Telefon 02 51 / 32 80 40
info@landhaus-eggert.de
www.landhaus-eggert.de

MITTAGS? FISCH!

Kluge Küche im Kultgebäude

Da hat Michael Meyer mal wieder einen tollen Fang gemacht, nämlich Jakobsmuscheln. Die Köstlichkeit mit dem besonderen Biss steht in seiner *Fischbrathalle Münster* nicht jeden Tag auf der Karte. Sie gehört zu den tagesfrischen Überraschungen, die Küchenchef Meyer mit seiner Frau Astrid, Sohn Till und der sympathischen Brigade mittags anrichtet.

Von Dienstag bis Samstag schwärmen Münsteraner und gut informierte Touristen in das denkmalgeschützte Backsteinhaus. Sie angeln sich leckere Fischspezialitäten, frisch und wunschgemäß angerichtet. Kein Speck zu den Kartoffeln, dafür eine doppelte Portion Salat? Kein Problem. Die modulare Karte und der persönliche Service machen es möglich. Klassiker wie Seelachs, Rotbarsch oder Kabeljau gibt es gebacken, gekocht oder gebraten, jeweils mit Beilage und Salat serviert. Grüner Hering, Forelle in beliebten Variationen oder Tintenfisch sind seit 1926 gefragt.

Die Großeltern von Michael Meyer wagten in unruhigen Zeiten die Selbstständigkeit und hatten Erfolg. Fischbrathallen gab es allerorten – ein Essen für das gemeine Volk. Gesunde und schmackhafte Kost zu ehrlichen Preisen: So lautet die Devise bis heute. „Fisch gibt es zwar nicht mehr billig; Nachhaltigkeit und Qualität haben ihren Preis. Aber den zahlen sowohl wir als auch unsere Gäste gerne", erklärt Meyer seinen kulinarischen Anspruch. Zu diesem gehört auch, das gesamte Produkt zu verwerten. Gräten werden zu aromatischem Fond und aus Abschnitten zaubern die Meyers leckere Frikadellen. So geht kluge Küche! Finden übrigens auch Gourmetmagazine, die mit Lob nicht sparen.

Spezialitäten wie Matroseneintopf, Bouillabaisse oder Heringsstipp machen die *Fischbrathalle* zur wohl besten und das einzigartige Interieur zur wohl kultigsten Adresse im Land. Ganz bewusst wurde der riesige Speisesaal stilistisch in die Sixties zurück verwandelt. Handybetrieb verbietet sich in der zeitlosen Atmosphäre von selbst und gibt Geselligkeit den Vorzug. Appetit Ahoi!

MEYERS FISCHSTRUDEL MIT TRAUBENSOSSE

Dieses Rezept finden Sie auf der Seite 91

FISCHBRATHALLE MÜNSTER
Familie Meyer
Schlaunstraße 8, 48143 Münster
Telefon 02 51 / 4 31 52
info@fischbrathalle-muenster.de
www.fischbrathalle-muenster.de

il Cucchiaio

ITALIEN ISST EINFACH GUT

Die Mutter der Kulinarik bleibt immer jung

Kunst ist schön, macht aber viel Arbeit – der Komiker Karl Valentin hat es auf den Punkt gebracht: Was unbeschwert unterhält, muss fleißig geprobt werden. So sieht es auch Giacomo Rinaudo. Im Jahr 1989 eröffnete er sein italienisches *Restaurant Il Cucchiaio d´Argento* und setzte selbstgemachte Ravioli auf die Karte – ein scheinbar schlichtes Gericht. In Wahrheit bedarf es sorgfältiger Vorbereitung sowie geschickter Fingerfertigkeit: kneten, kochen, ausstechen, belegen, einpinseln, umklappen, andrücken und dann den richtigen Garpunkt im Blick behalten. In Münster macht das wohl keiner wie Rinaudo.

„Man muss ein Rezept nicht nur mit den Augen, sondern mit dem Herzen lesen", weiß der Profikoch und klopft dabei leicht auf die Bibel der italienischen Kochkunst: ein enorm dickes Buch mit rotem Einband und dem schönen Namen „Il Cucchiaio d´argento". Aha! Daher kommt die, für deutsche Zungen, schier unaussprechliche Bezeichnung des Restaurants. Darum heißt es in Münster und Umgebung unter Kennern auch ganz einfach: „Wir gehen zum ‚silbernen Löffel'".

Natürlich erhalten die Gäste an den schön gedeckten Tischen auch Messer und Gabel … Serviert werden Pasta, Risotti und Pizza in immer neuen Interpretationen. Fettine della mamma – dünne Rinderfilets gegrillt auf Rucolasalat und Tomaten oder Lucioperca all´anice – und Zander in Pastis-Weißweinsauce zeugen von kulinarischem Feinsinn, begleitet von ausgesuchter italienischer Weinkultur.

SPIGOLA, ALGHE E ZAFFARANO
Dieses Rezept finden Sie auf der Seite 91

Rinaudo, der heute als Gastgeber agiert, gibt sein Wissen an Schwager Filippo weiter – quasi löffelweise und im sanften Übergang. Der junge Koch pflegt Traditionen und probiert Neues. Von ihren Frauen Liliana und Birgit unterstützt füttert die Familie die Neugier der Gäste auf die wahre italienische Küche.

IL CUCCHIAIO D´ARGENTO –
DER SILBERNE LÖFFEL
Giacomo Rinaudo
Überwasserstraße 3, 48143 Münster
Telefon 02 51 / 39 20 45
info@der-silberne-loeffel.de
www.der-silberne-loeffel.de

Nachtisch
Dessertcafé
GEÖFFNET

ZEIT FÜR DIE SÜSSE

Ein Café erhebt das Dessert zur Hauptspeise

SCHOKO-LASAGNE

Dieses Rezept finden Sie auf der Seite 92

Der Teller kommt und dann herrscht erst einmal andächtige Ruhe am Tisch. Die Augen verschlingen eine Kreation von filigraner Schönheit – arrangiert aus Früchten, Schokolade und zartem Teig. Und woraus besteht wohl der Schaum? Die Neugier siegt: Im *Dessertcafé Nachtisch* greift jeder Gast nach einigen Sekunden zum Besteck und gibt sich der süßen Sünde hin. Knusprig, fluffig, flüssig, knackig … das Spiel der Texturen und Aromen beginnt.

Beate Kreilkamp und Alexander Gieseler steigern den Appetit auf die beliebte Stadt Münster mit ihrem *Dessertcafé Nachtisch*. Die zwei bündeln ihre Erfahrung aus der Sternegastronomie – sie wirkte unter anderem als Pâtissière in der Traube Tonbach, er als Assistent von Johann Lafer – auf elegante und zugängliche Weise. „Wir möchten unserer Leidenschaft für beste Küche mit sinnlichen Menschen teilen. Die Pâtisserie bietet sich da an; sie lässt sich auf legere Art servieren und behält ihren glanzvollen Charakter", erklärt Gieseler die Idee, deutsche Café-Kultur weiter zu entwickeln.

Währenddessen rührt Beate Kreilkamp in der offenen Küche sanft die Schokolade für ein Drei-Gänge-Menü, das natürlich von feiner Süße geprägt ist … Auch Verfechter herzhafter Küche entdecken hier die pure Freude am Nachtisch zum Bespiel mit Früchtebrot in Kombination mit exquisitem Käse. Dessertwein oder Kaffee- und Teespezialitäten sind auf Wunsch mit von der Partie.

Bereits zum Frühstück gibt es hausgemachtes Brioche und Marmeladen, frisches Brot und Wurstwaren, dazu duftenden Kaffee. Das wachsweiche Ei wird von einem Wollmützchen gewärmt. Das hat die Oma gehäkelt. Und die Bestecktaschen kommen aus der Kreativwerkstatt einer Freundin. So sympathisch kann feine Küche sein.

Übrigens: Gastgeber Gieseler kann nicht von den Töpfen lassen und lädt regelmäßig zu seinen Kochkursen ein. Dann verwandelt eine kleine Gruppe Kochbegeisterter Saisonales zu Menüs, die sich schließlich alle schmecken lassen.

DESSERTCAFÉ NACHTISCH
Beate Kreilkamp und Alexander Gieseler
Kanalstraße 30, 48147 Münster
Telefon 02 51 / 13 46 77 39
info@nachtisch.ms
www.nachtisch.ms

VELTINS

DIE WELT IST EIN DORF

Wo regionale auf internationale Genüsse treffen

Oh Gimbte, klein o Heimat mein, auf ewig will ich treu Dir sein! Der Refrain eines Heimatliedes beschreibt treffend die Liebe zum beschaulichen Dorf Gimbte im Münsterland. Die Melodie muss dem dort geborenen Sascha Höltig während seinen Lehr- und Wanderjahren in den Ohren geklungen haben – in Nürnberg, in Klosters oder auf den Bermudas. Mit Erfahrung im Gepäck und seiner lieben Frau Isabelle im Arm ist der kreative Koch im Jahr 2005 nach Hause zurückgekehrt, um später das Restaurant *Altdeutsche Schänke* von den Eltern zu übernehmen.

Auf seiner Reise lernte Höltig die feine Hochküche genauso kennen, wie Spezialitäten fremder Kulturen. Handwerklich und sensorisch auf diese Weise geschult, verbindet er seit 2010 die westfälische Küche mit internationalen Akzenten. Diese spannungsreichen Kompositionen locken Feinschmecker aus der Region und dank positiver Bewertungen in maßgeblichen Gourmetführern auch Fernreisende in die *Altdeutsche Schänke*.

Hier setzt man sich gerne vor den imposanten Kamin; authentisches Zeugnis der unverfälschten Architektur, die im gesamten Dorf sichtbar ist und in jeden Winkel des Restaurants wirkt. Geborgenheit umfließt den Besucher, schon bevor die aufmerksame Gastgeberin Isabelle Höltig nach den Wünschen fragt. Münsterländer Kartoffelsuppe oder klare Ochsenschwanzbouillon? Münsteraner Jägertopf oder Hühnerbrust im Mandelkleid? Rote Grütze oder Kokosnuss Schneeball? Deftig-traditionell steht auf der Karte ganz selbstverständlich neben filigran-exotisch.

Sascha Höltig und seine Frau bereichern die Heimat um köstliche Noten und machen bekennende Pilstrinker zu feinsinnigen Weinfreunden. Weißweine aus der Pfalz munden wie Rote aus Spanien oder Übersee. Die Auswahl ist immer etwas anders als erwartet. So überrascht im Sommer ein leichtfruchtiger Colombar aus Südafrika mit einer Note von Papaya. Höltigs Fernweh lässt grüßen.

KALBSZUNGE

Dieses Rezept finden Sie auf der Seite 92

RESTAURANT ALTDEUTSCHE SCHÄNKE
Isabelle und Sascha Höltig
Dorfstraße 18, 48268 Greven-Gimbte
Telefon 0 25 71 / 22 61
info@altdeutsche-schaenke.de
www.altdeutsche-schaenke.de

EILE MIT WEILE

Fleischspezialitäten: in Ruhe gereift – aber schnell verzehrt

Mit den Westfalen muss man erst einmal einen Sack Salz essen. Der Spruch bedeutet so viel wie: Schnelle Freundschaften schließt man hier nicht. Das Feinkostangebot der *Feinkostfleischerei Hidding* in Münster lässt das Herz allerdings auf der Stelle höher schlagen, so sehr sind die Spezialitäten von Premiumqualität und handwerklicher Präzision geprägt.

Andrea Runge, Sprössling des Familienunternehmens in dritter Generation, präsentiert stolz Erzeugnisse, die im Nordwalder Stammbetrieb hergestellt werden. Hier schlachtet Bruder Thomas noch selber – Tiere aus artgerechter, regionaler Haltung und von Bauern, die ihm und seiner Familie persönlich bekannt sind. In dem Betrieb mit insgesamt fünf Filialen wirken auch Schwester Christiane sowie die Eltern Hubertus und Elisabeth mit. Alle pflegen das Erbe der Gründer und Großeltern: hochwertige Ware für anspruchsvolle Gaumen. Und die entsteht nicht im Schnellverfahren. Von der Schlachtung bis zur Präsentation in der Theke reift ein luftgetrockneter Knochenschinken zum Beispiel rund neun Monate.

Bei aller Ruhe: Im zentral gelegenen Geschäft wird jeder zügig bedient, fachkundige Beratung inbegriffen. Ob an der Theke, die mit großem Sortiment für den häuslichen Genuss lockt, oder im Bistro. Ein Snack bei *Feinkostfleischerei Hidding* ist für viele Münsteraner die gesunde Alternative zum Restaurantbesuch. Und für ganz Eilige gibt es die hausgemachte Frikadelle auf die Hand. Inzwischen kann man sich bei *Hidding* mit Köstlichkeiten auf Vorrat versorgen: Praktisch und appetitlich im Glas verpackt gibt es Töttchen – ein Hachée von Rind oder Kalb, Bolognese oder Sülze; Suppen und Eintöpfe sowie italienische Antipasti runden das Angebot ab.

„Als Souvenir empfehle ich einen Präsentkorb aus unserem Haus. Oder die Münsterland Botschaft – eine Auswahl regionaler Produkte inklusive unseres Schinkens. Arrangement und Lieferung erfolgen über die Ledder Werkstätten – eine diakonische Einrichtung für Menschen mit Behinderung", sagt Andrea Runge und freut sich: „Das ist neben allen Medaillen eine besondere Auszeichnung für unsere Manufaktur."

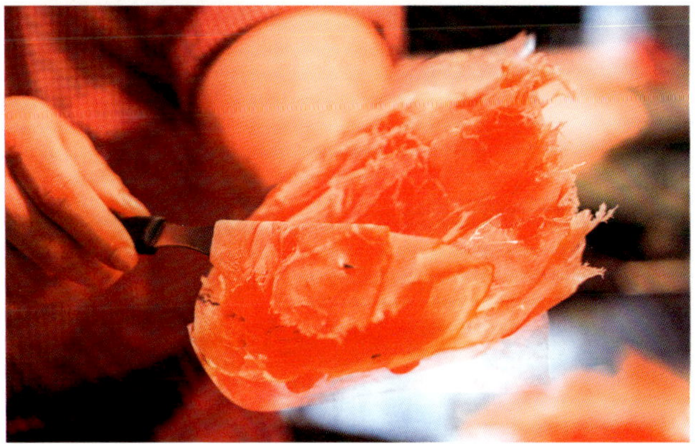

FEINKOSTFLEISCHEREI HIDDING
Familie Hidding
Rothenburg 2, 48143 Münster
Telefon 02 51 / 98 11 97 49
info@fleischerei-hidding.de
www.fleischerei-hidding.de

IM GEIST VON LINDGREN

Ein ländliches Idyll erzählt von heiterer Gelassenheit

Kinder dürfen das Festessen zu ihrer Kommunion mitgestalten? Im *Restaurant Fokus* in Emsbüren ist das kein Wunschdenken, sondern die ganz persönliche Art zu kochen und zu feiern. „Die kleinen Gäste haben in der Regel vernünftige Vorstellungen: Es gab vor Kurzem zum Beispiel Hochzeitssuppe und Schweinebraten", berichtet Gastgeberin Marietta Gödde. Als wahre Menschenfreundin erfragt und erspürt sie die Wünsche ihrer Gäste und verfasst daraus regelrecht kulinarische Prosa. Die große Erzählerin Astrid Lindgren hätte ihre Helden Michel und Co. hier wohl gerne mal zum Schlemmen eingeladen.

Marietta Gödde realisiert ihre Vorstellung von individueller Erlebnisgastronomie seit 2013 in einem besonderen Bau der Stadt Emsbüren: Zwei historische Gebäude – ehemals Hauswirtschaftsschulen – wurden mit einer modernen Glaskonstruktion verbunden. So entstand ein kulturelles Zentrum inklusive Hotel und Restaurant. Dessen Räume ließ Marietta Gödde von einer Innenarchitektin im Stil des Art déco einrichten. Ein angenehm klar gestalteter Rahmen für die experimentierfreudige Kuche von Kuchenchef Dennis Hoppenjan.

Auf seiner Karte steht mediterrane Frischeküche, die saisonal variiert wird. Außerdem erfreuen Spezialitäten wie norddeutscher Pannfisch oder das klassische Wiener Schnitzel den Gaumen. Besonders die Salatvariationen, angereichert mit frischem Lachs, knackigen Gambas oder aromatischem Hüftsteak, schmecken den Gästen. Unter ihnen sind regelmäßig Radtouristen, die großen Hunger mitbringen oder eine eigene Ernährungsweise etwa mit veganem Essen. Erst kürzlich beehrten sie das *Restaurant Fokus* und wurden eine Woche lang von Marietta Gödde und dem Küchenteam mit abwechslungsreichen Speisen verwöhnt. „Das hatten die Herrschaften noch nie erlebt", erzählt Gödde, durch den liebevoll gepflegten Bauerngarten schlendernd. Hier wird zwischen Buchs und Hortensie eine Küche serviert, die von jugendlicher Neugier zeugt … im Sommer begleitet von Vogelgezwitscher und beim sonntäglichen Frühstück von leichten Jazzklängen.

DORADE AUF MEDITERRANEM GEMÜSE

Dieses Rezept finden Sie auf der Seite 93

RESTAURANT FOKUS
Marietta Gödde
Schulstraße 6–7, 48488 Emsbüren
Telefon 0 59 03 / 93 39 30
info@kulturzentrum-fokus.de
www.kulturzentrum-fokus.de

CHATEAU CLERC MILON

MIT GEGENSÄTZEN ZUM ERFOLG

Junge Küche im altehrwürdigen Ratskeller

Warum mit dem Wissen hinterm Berg halten? „Fans meiner Küche sollten diese auch zuhause genießen dürfen", fordert einer, der seiner Sache sicher ist und ein beachtetes Kochbuch herausgegeben hat: Chefkoch Jan Kieseling präsentiert seit Oktober 2011 seine moderne Interpretation der westfälischen Küche im wohl ältesten Haus in Lingen, dem *Ratskeller*. Der hat allerdings inzwischen nur noch äußerlich etwas mit dem historischen Stadtkern zu tun. Im Inneren des komplett sanierten Gebäudes geben extravagante Stoffe, Glas und Metall dem altem Gehölz einen modernen Touch – ein Restaurant unserer Zeit, ganz nach Kieselings Vorstellung.

Er vertritt eine neue deutsche Kochkultur: Junge Köche sind vernetzt, tauschen sich aus, lernen voneinander – und der Feinschmecker profitiert. Befeuert durch Social Media und Kochshows hat sich ein lockerer Umgang entwickelt, der jedoch weder Anspruch noch Qualität vermissen lässt. So steht Kieseling ständig im Kontakt mit alten Weggefährten wie den Brüdern Wilbrand von der mit einem Stern gekürten *Post* in Odenthal oder seinem ehemaligen Auszubildenden Maximilian Lorenz, der heute mit dem *L'Escalie*r in Köln Furore macht.

Im *Restaurant Ratskeller* trifft rheinische Freude auf westfälische Geradlinigkeit. „Sauerbraten" heißt eine Komposition aus Filet, Rotkohl und Kartoffelkloß in moderner Textur und Zubereitung; lecker und exklusiv schmeckt Kalbsbries mit Topinambur und Brennesselsalat. Gourmetmenü und gutbürgerliche Empfehlungen werden seit 2014 durch die heißen Fleischspezialitäten der Steak-Bar ergänzt, wo edles Fleisch in „Dry Aged" Qualität von Adla Gourmet, der Steakmanufaktur, auf dem Grill landet. Auf das Besondere setzt man im *Restaurant Ratskeller* auch in Sachen Wein und macht sich stark für Rote aus Deutschland. So manch französischen Gast und Kenner hat Jan Kieseling überzeugen können. Ein Koch, der kocht, wie er ist: jung und direkt mit dem Fundament althergebrachter Bodenständigkeit.

KALBSBRIES MIT PÜREE UND CHIPS VON PETERSILIENWURZELN

Dieses Rezept finden Sie auf der Seite 93

RESTAURANT RATSKELLER

Jan Kieseling

Am Markt 13, 49808 Lingen

Telefon 05 91 / 14 40 00 80

info@ratskeller-lingen.de

www.ratskeller-lingen.de

Hotel
Altes Landhaus Buddenberg
Radeberger
Altes Landhaus Buddenberg
Hartmut Beerlink

BLAUES WUNDER IM GRÜNEN

Von Kreativität, Kräutern und Komfort in der Grafschaft Bentheim

OCHSENBACKE GESCHMORT MIT GÄNSESTOPFLEBER

Dieses Rezept finden Sie auf der Seite 94

Der Himmel trifft direkt auf Wälder und Wiesen – so schlicht und reizvoll zugleich präsentiert sich die ebenmäßig weitläufige Topografie der Grafschaft Bentheim. Mittendrin: das *Alte Landhaus Buddenberg*. Das Anwesen übersetzt natürliche Schönheit in kultivierte Gastlichkeit. Die Farbtöne der Umgebung fließen als Farbtupfer von Petrol, Blau und Olive in der Gestaltung von Restaurant und Hotel zusammen.

„Nach dem Brand im Jahr 2000 haben wir bei der Renovierung des historischen Gutshofes auch alte Handwerkstechniken eingesetzt. Die Wände wurden zum Beispiel mit traditionellen Motiven im Rapport bedruckt – natürlich von Hand", erzählt Hartmut Beerlink. „Und die Holzeinfassungen erhielten eine Bierlasur. Ein fachkundiger Onkel hat das möglich gemacht." Beerlink ist ein Mann, der mehr kann als exquisit kochen. Er behält im Großen den Blick für die Details und entdeckt zum Beispiel die Vielfalt einheimischer Kräuter für seine kreative Küche.

Alles begann mit Holunderblüten, die er mit seinen Kindern im nahegelegenen Biotop sammelte, um daraus Saft für einen prickelnden Aperitif zu kochen. Inzwischen gehören Vogelmiere, Labkraut, Portulak und wilde Möhren zur saisonal geprägten Karte des kulinarischen Freigeistes mit akribischen Zügen. Bei Candle-Light-Dinner, Sonntagsmenü oder Festivität darf man mit ausgezeichneter und vom Slowfood-Gedanken geprägter Qualität rechnen. Gleichzeitig überraschen Kombinationen wie Vogelbeere und Leber oder Lammrücken mit Waldpilzragout, Kräutertomate und Thymiankartoffel. Die abwechslungsreiche Karte wird optimal begleitet von Weinen aus Deutschland, aber auch Europa und Übersee.

Das *Alte Landhaus Buddenberg* ist jedoch nicht nur Anlaufpunkt für Feinschmecker, sondern auch Rastplatz für Reisende, speziell Fahrradtouristen. Man wählt zwischen Zimmern und Apartments im urig-eleganten Landhausstil. Wohlbefinden und Ruhe begleiten den Gast, bis morgens der Kuckuck ruft und dazu anregt, die malerische Grafschaft zu erkunden.

ALTES LANDHAUS BUDDENBERG
Hartmut Beerlink
Emlichheimer Straße 63, 49824 Ringe
Telefon 0 59 43 / 9 83 90
info@landhaus-buddenberg.de
www.landhaus-buddenberg.de

WIE AUS DEM BILDERBUCH

Das malerische Billerbeck zeigt Grazie und Gastlichkeit als Gesamtkunstwerk

Wer hätte das gedacht? Nicht nur Aachen und Köln nennen einen Dom ihr Wahrzeichen, sondern auch das beschauliche Städtchen Billerbeck im Münsterland ist an solch einem imposanten Bauwerk zu erkennen. Egal, aus welcher Himmelsrichtung man sich nähert: Die Turmspitzen der neugotischen Propsteikirche St. Ludgerus sind weithin sichtbar. Errichtet durch die Bürger in den Jahren 1892 bis 1898 ist das Bauwerk sowohl ein Zeichen für tiefen Glauben als auch eine Demonstration wirtschaftlichen Erfolgs.

Billerbeck geht es auch heute gut und das spüren seine Gäste. Besonders deutlich wird dieses Wohlbefinden direkt neben dem Dom im gleichnamigen *Restaurant und Hotel Domschenke*. Hier empfängt Familie Groll bereits in fünfter Generation Einheimische ebenso wie Entdecker des Münsterlandes, darunter Touristen und Geschäftsleute. Die staunen nicht schlecht, wenn sie zunächst die raffinierte Cross-Over-Küche von Frank Groll kosten und anschließend in einem der stilvollen Zimmer nächtigen. So viel weltoffenen Charme vermutet man wohl kaum. Der Gast genießt eine modern interpretierte, traditionell westfälische Küche, auf exquisite Weise zubereitet. Klassiker wie Pfefferpotthast, Töttchen oder Königsberger Klopse erhalten höhere Weihen und begeistern. Insbesondere Geschäftsleute aus Indien begeistert Groll wiederum mit seinem Curry der besonderen Art.

In Sachen Kulinarik und Gastgeberqualitäten haben der versierte Küchenchef und seine Frau Petra ein Domizil der Extraklasse geschaffen, wie sie es selbst gerne antreffen würden. „Wir probieren viel aus", erzählt Petra Groll, die sich mit ihrer Stilsicherheit Experimentierfreude leisten kann. Das moderne Hotel mit freundlichem Service ergänzt die kulinarische Linie ihres Mannes mit feinem Glanz. So ist die *Domschenke* ein harmonisches Ensemble und spiegelt die Idee des gotischen Stils wider, der Architektur, Skulpturen und Malerei zu einem Gesamtkunstwerk vereinen möchte und gegenüber im Dom zu erleben ist.

SÜSSE TERRINE
Dieses Rezept finden Sie auf der Seite 95

RESTAURANT UND HOTEL DOMSCHENKE
Familie Groll
Markt 6, 48727 Billerbeck
Telefon 0 25 43 / 93 20-0
domschenke@t-online.de
www.domschenke-billerbeck.de

VON FEINSTER HANDARBEIT

Die Praline zeigt aromatische Grandezza auf kleinem Raum

Naschwerk – dieser Begriff bekommt in der *Pralinen-Manufactur Große-Bölting* einen ganz eigenen Charakter. „Süße Köstlichkeiten produzieren wir von Hand – nicht vom Band“, erklärt Inhaber Lukas Große-Bölting mit Blick auf die verlockende Auslage. Die zeigt 65 Sorten aus einem noch größeren Sortiment. Und damit nicht genug: Ständig kommen neue Kreationen hinzu. Mit von der Partie sind 300 verschiedene Figuren, diverse Tafeln und sogar „Pizza“ aus Schokolade – rund und belegt mit Nüssen sowie Früchten.

Den aufwändigen Herstellungsprozess kann man dank „gläserner Manufaktur“ seit 2010 mit eigenen Augen verfolgen. Lediglich eine große Glasscheibe trennt Produktion und Café. Hier sitzt man entspannt bei einem Stück hausgemachtem Kuchen und sieht, wie Osterhase und Nikolaus ihr unwiderstehliches Äußeres erhalten oder Pralinen sorgfältig dekoriert zu echten Unikaten werden.

Bei aller Opulenz: Die *Pralinen-Manufactur Große-Bölting* produziert Qualität, weil auf Geschmacksverstärker oder künstliche Aromen verzichtet wird. Feine Schokolade aus Belgien verleiht das typische Aroma. Weniger ist eben manchmal mehr … Darum gibt es die Paradies-Erdbeeren im Sommer und Rudolf das Rentier erfreut im Winter – und nur dann.

Dass aus acht Pralinenkreationen eine süße Genusswelt entstehen würde, hat Firmengründer Josef Große-Bölting zunächst nicht für möglich gehalten. Der Konditor hatte das Ziel, seine Berufskollegen mit hochwertigen sowie individuellen Süßwaren zu versorgen. Das ist gelungen. Erstklassige Cafés vertrauen seit mehr als 25 Jahren auf die Erfahrung der Familie. Inzwischen bietet der Senior Führungen im Haus an. Woraus besteht Schokolade? Wie erkennt man ihre Qualität? Und warum mögen Frauen so gerne Herrenschokolade? Josef Große-Bölting beantwortet gerne alle Fragen und gibt Tipps. „Auf die perfekte Lagerung kommt es an – kühl und trocken, wie einen Rotwein. Der Kühlschrank ist tabu!“ Hier spricht ein Genuss-Experte.

CALVADOS-PRALINEN

Dieses Rezept finden Sie auf der Seite 95

PRALINEN-MANUFACTUR GROSSE-BÖLTING E.K.
Familie Große-Bölting
Gutenbergstraße 5, 46414 Rhede
Telefon 0 28 72 / 58 76
info@pralinen-manufactur.de
www.pralinen-manufactur.de

REISEN UND SPEISEN IM WANDEL

Von der Pferdewechselstation zum kulinarischen Jungbrunnen

Einst war das *Hotel und Restaurant Doppeladler* in Rees-Haldern eine Relaisstation. Im 18. Jahrhundert wechselte man hier nicht nur die Pferde, sondern tauschte auch Neuigkeiten aus. Mittlerweile haben sich die Fortbewegungsmittel und der Grund für den Besuch gewandelt – mit ihnen auch kulinarische Ausrichtung und Erscheinungsbild des Gasthauses. Neuen Schwung hat ihm Familie Jagodic verliehen. Seit 2004 pflegen das Ehepaar Zeljko und Andrea mit ihrem engagierten Team die gastfreundliche Tradition des Niederrheins.

Bis heute ist das *Restaurant Doppeladler* ein Ort für rege Kommunikation. Schon zur Mittagszeit schätzen Geschäftsleute ebenso wie Einheimische und Touristen das vielseitige Ambiente: Der zweiteilige Gastraum ist in Terracotta und einem Hauch Gold gehalten, der Wintergarten sonnig-hell gestaltet und die Terrasse belebt. Dieses mediterrane Flair versetzt die Gäste fast in Urlaubsstimmung.

„Mama Steffi“ – Chefköchin und Mutter des Inhabers – serviert eine moderne, internationale Küche. Zum Beispiel Grillspezialitäten des Hauses: Dazu gehören fangfrischer Fisch, Steaks aus Argentinien sowie Lamm der Region. Sie sind weit über die Grenzen von Rees bekannt und beliebt; die Menschen unternehmen regelmäßig einen Ausflug zum *Restaurant Doppeladler*. Mit Freunden und der Familie schmecken die reichhaltigen Platten mit Chateaubriand und anderen Spezialitäten besonders gut. Dem Abend verleihen Austern und Jacobsmuscheln eine exquisite Note. Begleitet von einem Glas Riesling kommt mitten im Rheinland glatt ein Sylt-Feeling auf. Die gut arrangierte Karte zeigt Vielfalt und dazu eine feine Auswahl an Speisen der kroatischen Heimat.

Es lohnt sich also, etwas länger zu bleiben und in den komfortablen Zimmern des *Hotel Doppeladler* zu übernachten. In der familiären Atmosphäre, herzlich umsorgt, kommt man von alleine zur Ruhe … Das morgendliche Glockengeläut der historischen Kirche St. Georg weckt für einen weiteren schönen Tag am Niederrhein.

HOTEL-RESTAURANT DOPPELADLER
Familie Jagodic
Bahnhofstraße 48, 46459 Rees-Haldern
Telefon 0 28 50 / 214
reservierung@hotel-doppeladler.de
www.hotel-doppeladler.de

EINE KÜCHE WIE DER RHEIN

Wenn Koch und Kulinarik im Fluss sind

Im Gastraum verbreitet sich die elegante Atmosphäre eines Luxusliners – und doch haben die Gäste festen Boden unter den Füßen, wenn sie in den runden Sitzkojen des *Restaurants Op de Poort* Platz nehmen und den Blick über den Rhein schweifen lassen. Direkt an der Uferpromenade gelegen ist dieser Ort ideal für entspannte Momente, die Chefkoch Michael Klaus Holzum kulinarisch unterstreicht.

Bereits in dritter Generation führt er die persönliche Gastlichkeit seiner Familie in Rees weiter. Den außergewöhnlichen Namen *Op de Poort*, was im niederrheinischen Dialekt „auf dem Tor" bedeutet, trägt das Restaurant mit Unterbrechungen schon seit dem 19. Jahrhundert. An dieser Stelle befand sich das Stadttor – so breit, dass auf ihm gefeiert, gegessen und getrunken werden konnte. Das Stadttor ist verschwunden, doch die schattige Terrasse knüpft noch an diese Atmosphäre des puren Lebensgenusses an. So machen etwa Spaziergänger oder Fahrradfahrer im Sommer gerne Rast im *Op de Poort* und lassen sich Kaffee und Kuchen oder leichte Speisen servieren.

Ganzjährig verwöhnt Chefkoch Michael Klaus Holzum die Feinschmecker und Gäste der Region. „Meine Küche ist wie der Rhein: immer in Bewegung. Ich lasse mich von tagesfrischen Angeboten inspirieren und verbinde diese mit Klassikern", lautet seine Devise. Gemüse gibt es in Bioqualität – es schmeckt einfach besser. Das Fleisch stammt wiederum aus nachhaltiger Viehzucht in der direkten Umgebung. Diesen Qualitätsanspruch teilt auch Ehefrau Helene. Die Schweizerin kam von luftigen Höhen an den Niederrhein und wirkt im *Op de Poort* als Restaurantleiterin. Gelegentlich zeigt sie an der Seite ihres Mannes auch ihr eigenes handwerkliches Geschick – Spezialgebiet „Dessert".

Das Paar bereist regelmäßig den afrikanischen Kontinent und beweist kulturellen wie kulinarischen Weitblick. Von hier bringen sie expressive Kunst in Form von Holzschnitzarbeiten sowie aromatische Rotweine mit. Das Restaurant *Op de Poort* – ein Tor zur Welt der Kulinarik.

SPARGEL MIT RÄUCHERLACHSROLLE

Dieses Rezept finden Sie auf der Seite 96

RESTAURANT UND CAFÉ OP DE POORT
Helene und Michael Klaus Holzum
Vor dem Rheintor 5, 46459 Rees am Rhein
Telefon 0 28 51 / 74 22
info@opdepoort.de
www.opdepoort.de

AUF EINER ZEITREISE

Ein gastliches Haus im sanften Wandel

Der schlichte Steg über das Flüsschen Dondert in Kevelaer ist Namensgeber für ein gastliches Haus mit Historie. Seit 1783 wird das *Hotel-Restaurant Zur Brücke* von Familie Sürgers-Grevers geführt und bereits in der vierten Generation von einer Frau.

So begrüßt heute Anja Sürgers-Bollen ihre Besucher. Eine wie sie findet man nicht oft – Köchin aus der Sternegastronomie, großherzige Gastgeberin und „Mädchen für alles" in Personalunion. Sie packt mit an, plant und realisiert, zum Beispiel die Dachsanierung des wohnlichen Denkmals, und hat zugleich Gespür für eine feine deutsch-französische Kulinarik mit regionalem Flair. Ehemann und Kinder unterstützen den Betrieb, haben aber auch eigene Projekte; eine moderne Familie in einem Haus also, das fast wie ein Heimatmuseum wirkt.

Zentral ist der gemütliche Gastraum im gediegenen Landhausstil, dekoriert mit historischen Fotografien und allerlei Gerätschaften, mit denen Haus und Hof anno dazumal gerichtet wurden. Fans einer kultverdächtigen Optik nehmen hier genauso gerne Platz wie Feinschmecker von nah und fern. Die charaktervolle Küche interpretiert Familienrezepte in leichter Manier – die schlanke Karte zeigt immer Saisonales. Anja Sürgers-Bollen ist nicht nur nahe am Produkt, sondern auch am Gast: Weine empfiehlt sie persönlich. Weißwein aus Franken und Baden oder rote Tropfen von der Ahr sowie Spezialitäten aus Südafrika begleiten ihre frischen Menüs. Als köstliches Souvenir erinnern hausgemachte Marmeladen und das Holunderbeerengelee an die Küche der Allrounderin.

„Ich schlage gerne eine Brücke vom Andenken meiner Vorfahren in unsere Zeit", stellt die Gastgeberin fest und empfiehlt, diese Zeitreise mit einer Übernachtung in den ruhigen und sehr gepflegten Hotelzimmern fortzusetzen. Warum also nicht einfach bleiben und auf der sommerlichen Terrasse ein Glas Sherry oder Portwein genießen? Das ist in jedem Fall die sympathisch nostalgische Antwort des Hauses auf schnelllebige Mixturen.

FASANENBRUST AUF ANANASKRAUT, MARONEN UND KARTOFFELPÜREE

Dieses Rezept finden Sie auf der Seite 97

HOTEL-RESTAURANT ZUR BRÜCKE
Anja Sürgers-Bollen
Bahnstraße 44, 47623 Kevelaer
Telefon 0 28 32 / 23 89
info@hotel-restaurant-zur-bruecke.de
www.hotel-restaurant-zur-bruecke.de

Meat the Heat
High end - Steak
trifft
High end - 800° Grill

VON DER FLAMME GEKÜSST

Grillkunst im Stil unserer Zeit

H*aus Rösgen* – einst die gute Stube des Duisburger Stadtteils Neudorf und heute modernes Restaurant mit Wohlfühleffekt. Der dynamische Gastronom Dragan Pesa hat hier kulinarisch eine Menge vor und nimmt seine treue Gästeschar mit auf den Weg.

„Die Geschichte der Gastronomie wird nie zu Ende geschrieben", philosophiert Pesa, der als Impulsgeber die gutbürgerliche Küche seines Lokals mit viel Gefühl und überzeugender Qualität durch das Genussprinzip „All Steaks" ergänzt.

Fast sprichwörtlich: Der Onkel aus Amerika hat Pesa den Kick gegeben, die private Vorliebe für Steakgerichte zum kulinarischen Hotspot von Duisburg zu verwandeln. Auf der anderen Seite des Atlantiks kommt man erst so richtig auf den Geschmack in Sachen Beef. Hier werden die Stücke bei 800 °C so gegrillt, dass die Oberfläche karamellisiert und der Saft im Fleisch verbleibt. Diese aromenstarke Zubereitung gibt es dank Spezialgrill jetzt auch im *Haus Rösgen*. Man wählt aus bester Ware: Fleisch mit feiner Fettmarmorierung aus hormonfreier Aufzucht. Zu original US-Beef, Irish Beef dry aged oder argentinischem Steak gibt es Kräuterbutter oder Mango Chutney nach hauseigenem Rezept, Kartoffelspezialitäten, knackigen Salat und ein Glas kräftigen Rotwein. Gerne serviert Dragan Pesa außerdem original australisches Wagyu Beef, Bison oder andere Fleischspezialitäten. Einfach ein paar Tage vorher anfragen.

Bei aller Begeisterung für die kulinarische Entdeckung Amerikas: Pesa präsentiert weiterhin die Speisen seiner Heimat Kroatien. Cevapcici, Ražnji i oder Leber „Dalmacija" – auf dem Lavastein gegrillt – gehören einfach auf die Karte und begeistern die Gäste immer wieder. Passend zu den Klassikern servieren die Kellner elegant und schwarz-weiß gewandet im traditionellen Stil. Die Mischung macht´s!

HAUS RÖSGEN ALLSTEAKS
Dragan Pesa
Sternbuschweg 296, 47057 Duisburg
Telefon 02 03 / 35 42 50
info@haus-roesgen.de
www.haus-roesgen.de

GANZ EHRLICH

Kulinarik für Kumpels von heute

Wo findet man heute „den wahren Pott"? Für die Spurensuche empfiehlt sich ein Ausflug nach Oberhausen-Klosterhardt. Im Jahr 1757 floss hier in der St. Antony-Hütte das erste Mal Roheisen und begründete die Erfolgsgeschichte des Ruhrgebiets. Das Andenken bewahrt der LVR-Industriearchäologische Park mit spannenden und informativen Ausstellungen rund um die Wiege der Ruhrindustrie.

Das kulinarische Gedächtnis der Region pflegt Marcus Wischermann. Bereits im Jahr 1884 eröffneten seine Vorfahren gleich neben der Hütte ein Lokal: *Zur Antony-Hütte*. Es gab vorwiegend deftige Kost, die bis heute auf der Karte steht. Ob Grünkohl mit Mettwurst und Kasseler, verschiedene Fleischspezialitäten oder ganz einfach eine Pfanne mit krossen Bratkartoffeln – die Gerichte schmecken einfach, damals wie heute.

Seit 2003 führt der gelernte Koch und Hotelfachmann das Haus sowohl optisch als auch kulinarisch in die Moderne. Es gibt verschiedene Bereiche für das persönliche Geschmackserlebnis der Gäste, wie Theke, Wintergarten, Kaminzimmer oder Gewölbekeller. Rund um die Theke genießt man in moderner Kneipenatmosphäre leichte Snacks wie gefüllte Champignons, Graved Lachs oder knackigen Salat mit erlesenen Beilagen. Hausgemachte Suppen, vegetarische Gerichte, frischer Fisch, Fleischspezialitäten aus der Pfanne und Saisonales werden auch im freundlichen Wintergarten sowie im gemütlichen Kaminzimmer serviert. Besonders urig treffen es Gäste im Gewölbekeller an. „Spiesschen" nennt sich dieser Teil des sympathischen Familienrestaurants, denn hier gibt es Gegrilltes vom Feinsten.

Der Vater des heutigen Gastgebers hatte einen großzügig dimensionierten Grill bauen lassen. Mit einem kühlen Bier in der Hand kann man hier verfolgen, wie Steaks und Co. individuell zubereitet werden. „Ein Hoch auf diesen Ofen", lobt Marcus Wischermann die Attraktion und freut sich, die Tradition des Restaurants *Zur Antony Hütte* mit eigener Handschrift fortzuschreiben.

RESTAURANT ZUR ANTONY-HÜTTE
Marcus Wischermann
Hasenstraße 20, 46119 Oberhausen
Telefon 02 08 / 6 34 95 52
kontakt@antony-huette.com
www.antony-huette.de

KREATIVES REVIER

Eine Küche erfindet sich regelmäßig neu

Sauerbraten? Von der Ente. Himmel und Erde? Mit Gänseleber. Gegrillte Scampi? Auf Kichererbsen und Kokos ... Hier spielt einer mit kulinarischen Erinnerungen des Ruhrgebiets und steuert geschickt Exotik bei: Jörg Hackbarth. Der Spitzenkoch setzt auf hochwertige, frische Produkte, kennt die Bandbreite der Aromen und arbeitet handwerklich absolut exakt.

Mit der Idee, verschiedene Küchenstile kompromisslos und köstlich zu verbinden, traten Jörg Hackbarth und seine Frau Uschi Geisinger bereits im Jahr 1992 an. Bis heute gibt es keinen Richtungswechsel. Warum auch? Alles ist immer in Bewegung und die große Linie „Qualität" stimmt.

So bleiben die Gäste neugierig und öffnen immer wieder die knallrote Tür zu *Hackbarth´s Restaurant*. Uschi Geisinger empfängt den Besuch – geleitet ihn in die „Bibliothek" mit privater Atmosphäre oder in den stimmungsvollen Gastraum. Sie ist versierte Servicechefin und Hackbarths kongeniale Partnerin – auch in Sachen Wein. Ihre Weinkarte wurde mehrfach ausgezeichnet und die Seminare, speziell Big-Bottle-Partys, sind regelmäßig ausgebucht. Also: zeitig reservieren; das gilt auch für Küchenpartys oder Kochkurse des Hauses.

Innovation und Motivation gehören für die Gastronomen zusammen, wie auch das Azubiprojekt „22 € Menü" zeigt. Am ersten Mittwoch des Monats kümmern sich die Auszubildenden komplett um das Wohl der Gäste – und denen schmeckt das prima. Zur konzeptionellen Beweglichkeit von *Hackbarth´s Restaurant* gesellt sich das erfolgreiche Catering. Die Ruhrmetropole bekochen Hackbarth und seine Brigade mit Fingerfood, Flying Menu oder großer Gala – für kleine Feiern oder Veranstaltungen mit 1000 Personen. Perfekt organisiert und frisch serviert von Küchenchef Torsten Schmidt macht *Hackbarth´s Restaurant* in fast jeder Location gerne eine Außenstelle auf.

„So viel Zeit muss sein", empfehlen die Fulltime-Gastronomen Geisinger und Hackbarth nicht nur ihren Gästen. Privat schauen sie regelmäßig bei Kolleginnen und Kollegen rein und genießen selbst eine kleine kulinarische Auszeit.

ZWEIERLEI VOM REH

Dieses Rezept finden Sie auf der Seite 97

HACKBARTH'S RESTAURANT
Uschi Geisinger und Jörg Hackbarth
Im Lipperfeld 44, 46047 Oberhausen
Telefon 02 08 / 2 21 88
info@hackbarths.de
www.hackbarths.de

BOCHUM AT ITS BEST

Die Ruhrgebietsmetropole bietet feines Speisen in industriehistorischem Ambiente

Kohle und Kultur – im Ruhrgebiet gehören diese Komponenten seit jeher zusammen. Die Industrialisierung brachte wirtschaftlichen Erfolg in die Region, begleitet von Literatur, Musik und Theater. Zugegeben: Im 19. und bis Mitte des 20. Jahrhunderts profitierten davon nur wenige. In Bochum waren das die Mitglieder der „Gesellschaft Harmonie", in deren Rahmen sich angesehene Bürger zum kulturellen Austausch trafen.

Der strukturelle Wandel hat diesen erlauchten Kreis verändert und zu einem Treffpunkt für alle gemacht, die sich für Bildung interessieren und daneben gut speisen möchten. Geblieben ist trotz dieser Entwicklung das Flair großindustrieller Pracht, beheimatet in der ehemaligen Villa eines Fabrikbesitzers. Gediegene Eleganz zeichnet den Stil des Hauses aus und macht es zu einer besonderen Adresse in Bochum.

„Es ist reizvoll, in diesem historischen Ambiente eine modern interpretierte bürgerliche Küche anzubieten", erklärt Andreas Birk sein kulinarisches Konzept, das jetzt also allen Bürgern schmecken darf. Dabei konzentriert sich der erfahrene Koch auf das Produkt und arrangiert zum Beispiel Spargel in erstaunlicher Variabilität: im Speckmantel gebraten mit pochiertem Ei und Bärlauchpesto, als Salat mit Flusskrebsschwänzen oder mariniert an leicht angebratenem Rinderfilet mit getrockneten Tomaten und Parmesan. Ähnlich sorgfältig wie feinsinnig interpretiert er Fisch und Fleisch, präsentiert Klassiker wie geschmorte Kalbsbäckchen. Wiener Schnitzel und Kaiserschmarrn wiederum sind köstliche Reminiszenzen an seine Zeit als Koch in Salzburg.

An seiner Seite wirkt Ehefrau Christiane. Die Gastgeberin empfiehlt schon zur Mittagszeit die Gerichte ihres Mannes, berät in Sachen Wein und organisiert Veranstaltungen privater und geschäftlicher Natur für die Gäste. Neben den Veranstaltungen verschiedener Serviceclubs und der „Gesellschaft Harmonie" selbst finden hier Hochzeiten, Geburtstage, Jubiläen und auch Bälle einen repräsentativen Rahmen. Die Kombination von historischer Eleganz und klassisch-moderner Kulinarik überzeugt in der gesamten Ruhrmetropole.

GESCHMORTE KALBSBÄCKCHEN
MIT KARTOFFEL-KAPERNSTAMPF

Dieses Rezept finden Sie auf der Seite 98

RESTAURANT HARMONIE
Christiane und Andreas Birk
Gudrunstraße 9, 44791 Bochum
Telefon 02 34 / 50 / 6 50
a.birk@gmx.de
www.gastronomie-harmonie.de

REICH AN FACETTEN

Brillante Ideen für moderne Schmuckgestaltung

Seit Sommer 2011 schmückt die *Goldschmiede Peter Quickels* mit ihrer elegant-modernen Anmutung das Zentrum von Bochum. „Reduktion auf das Wesentliche" lautet hier das Konzept. Ob minimalistische Schaufensterdekoration oder puristisches Ladendesign: Goldschmiedemeister Quickels lenkt den Blick gern auf die hochwertigen und designorientierten Kreationen.

In seiner Meisterwerkstatt zeigt Gold farbige Vielfalt in Gelb, Rosé oder apartem Grau sowie als gleißendes Weißgold; daneben zaubern Platin, Silber, Edelstahl und Titan ein Lächeln auf die Gesichter der Betrachter. Peter Quickels ist ein Verfechter klarer Formen und verwandelt edles Metall sowie moderne Werkstoffe in zeitgemäßes Schmuckdesign.

Akzente setzt er mit weißen Diamanten – zumeist im beliebten Brillantschliff –, exquisiten Kombinationen von Farbsteinen oder sanft schimmernden Perlen. Hier vertraut er der Qualität seines Partners Schoeffel und präsentiert die Schätze des Meeres mit Tahiti- und Südseeperlen sowie hochwertigen Süßwasserperlen. „Der Charakter einer Frau bestimmt die Wahl von Form und Material. Opale wirken wie ein modernes Gemälde, sind lebendig. Farbsteine können kühl oder feurig sein", erläutert Peter Quickels und lässt erahnen, wie einfühlsam er und sein Team auf die Wünsche seiner Kundinnen und Kunden eingehen.

Besonders gefragt ist diese Fähigkeit bei der Auswahl des Antragsrings und der Partnerringe. Peter Quickels fertigt individuelle Modelle an oder zeigt Ringe führender Hersteller. Sogar eine Kombination mit Meteorit, als Zeichen ewiger Liebe, können die Paare wählen.

Schließlich hat sich die *Goldschmiede Peter Quickels* mit sorgfältiger und zeitgemäßer Umarbeitung alter Schätze einen Namen gemacht und kombiniert traditionelles Handwerk mit moderner Technik. „Wir machen Schmuck" – mit diesem charmanten Understatement gewinnt Peter Quickels Menschen aller Couleur für seine facettenreiche Schmuckgestaltung.

GOLDSCHMIEDE PETER QUICKELS
Peter Quickels
Dr.-Ruer-Platz 2, 44787 Bochum
Telefon 02 34 / 1 42 92
mail@quickels.eu
www.quickles.eu

GEGEN DEN MAINSTREAM

Geschichte und Gastronom schaffen eine Vinothek besonderer Art

Eine bewegte Geschichte weist die ehemalige Kapellenschule, Baujahr 1785, auf. Das markante Gebäude im Süden von Sprockhövel diente nicht nur als Pfarrschule, sondern auch als Kirche – und sogar als Gefängnis. Heute hat das denkmalgeschützte Haus einen weltoffenen Charakter erhalten, beherbergt es doch die Freiwilligenbörse der Stadt und die *Vinothek Dorfstraße 13*.

Hinter der Vinothek verbirgt sich Ralf Sondermann. Sein Nachname ist Programm: Der Gastronom sucht und findet immer das Besondere, folgt nicht dem Mainstream. „Das ist keine Arbeit für mich, das ist Spaß!", beschreibt er sein abwechslungsreiches kulinarisches Konzept. Sondermann ist gleichzeitig Koch, Konditor, Betriebswirt und Hotelkaufmann. Einer, der es ernst meint mit seinem Geschäft und deshalb so viel Freude kreiert …

Nach der vielseitigen Ausbildung handelte Ralf Sondermann erfolgreich mit Delikatessen und Weinen. Und war doch nicht ganz zufrieden: Er wollte die exklusiven Waren auch inszenieren. Daraus entstand die Idee der *Vinothek Dorfstraße 13*, die er im Jahr 2008 umsetzte. Das mehrstöckige, historische Gebäude wurde zur Bühne abwechslungsreicher Kulinarik.

Herzstück ist die offene Küche im ersten Stock. Hier kocht Sondermann seine modernen, westfälischen Speisen mit mediterranem Flair. Da gibt es Rinderkraftbrühe mit Markbällchen und Gemüsestreifen, Jacobsmuscheln mit Fenchelgemüse oder das Duett vom Neuseelandlamm mit Blattspinat und Kartoffelgratin – alles frisch serviert im gemütlichen Restaurant. Eine Treppe höher sitzt man etwas privater im Loungebereich, während ebenerdig die wunderschön begrünte Terrasse zum lebhaften Plausch und Genuss sommerlicher Speisen einlädt, versorgt durch die kleine Küche im Sommerhäuschen.

Neben À-La-Carte, Überraschungsmenü mit vier Gängen oder Brunch in großzügiger Dimension machen erlesene Weine das Haus zur *Vinothek Dorfstraße 13* und zu einem Treffpunkt besonderer Art für Jung und Alt.

DUETT VON ZANDER UND RIESENGARNELE
AUF GRAUPENGEMÜSE DAZU RIESLINGSAUCE
Dieses Rezept finden Sie auf der Seite 98

VINOTHEK DORFSTRASSE 13
Ralf Sondermann
Dorfstraße 13, 45549 Sprockhövel
Telefon 0 23 39 / 12 02 77
info@dorfstrasse13.de
www.dorfstrasse13.de

TRADITIONELL UND URSPRÜNGLICH

Handgemachte schlesische Backspezialitäten aus dem historischen Steinofen

Mehl, Wasser und Salz reichen aus für ein gutes Brot. So war es schon im Jahr 1920, als Reinhold Müller in Beuthen, Ober-Schlesien, seine Bäckerei gründete. Und so ist es noch heute bei der *Traditionsbäckerei Artur Müller*, deren Namensgeber die Geschicke am Standort Schwelm in zweiter Generation weiterführte. Ihm folgte Tochter Heidi mit Ehemann Friedhold Pede – beide Bäckermeister.

Der Großvater rettete auf der Flucht in den Westen nicht nur das Wissen um schlesische Backspezialitäten, sondern auch ein wenig von seinem Natursauerteig, den er in der neuen Heimat wieder ansetzte. Seitdem erhält man im Laden und inzwischen auch via Internet ein köstliches Angebot ehrlicher und ursprünglicher Backwaren – manche Natursauerteigbrote werden sogar ganz ohne Hefe gefertigt.

Diesem Erbe fühlen sich Heidi Müller und ihr Team verpflichtet. Darum weicht die Herstellung des traditionellen schlesischen und anderer Natursauerteigbrote keinen Schritt von dem Prozess aus dem Gründungsjahr ab. Das Mehl für die Roggen-Vollkornbrote kommt zum Teil aus der eigenen Mühle, die regional angebautes Getreide schonend verarbeitet. Der von Hand geknetete Natursauerteig – gewonnen aus einem Rest des Vortags – reift in Buchenholzwannen über 16 Stunden und in fünf Stufen heran. Schließlich werden die Spezialitäten in einem mittlerweile historischen Steinofen gebacken. So entsteht ein Natursauerteigbrot von herzhaftem und zugleich mildem Geschmack, ausgezeichneter Bekömmlichkeit sowie langer Haltbarkeit.

Auf ganz eigene Weise apart schmecken „Sträselkucha" – schlesischer Streuselkuchen nach Originalrezept – und die schlesischen Mohnspezialitäten mit fein dosierter Süße. Dafür wird der Blaumohn nicht einfach zerkleinert, sondern aufwändig gequetscht und insbesondere nicht gestreckt. Die handgefertigte „Original schlesische Mohnrolle der Brotbäckerei Artur Müller" ist mit Optik und erlesenem Aroma beim Patentamt geschützt. Sie ist besonders zur Weihnachtszeit beliebt, zu der auch das Slowfood-Motto der Müllers passt: „Backen mit Zeit für mehr Geschmack".

BROTBÄCKEREI ARTUR MÜLLER GMBH & CO KG
Heidi Müller
Martinstraße 2, 58332 Schwelm
Telefon 0 23 36 / 65 62
info@brotbaeckerei-mueller.de
www.brotbaeckerei-mueller.de

EIN STERN FÜR ZUHAUSE

Private Cooking: exklusiv und entspannt

SELLERIEROSTBRATEN VOM HEILBUTT
MIT ZITRONENVERVEINESAUCE
Dieses Rezept finden Sie auf der Seite 99

Esszimmer" – so nannte Gordon Berning im Jahr 2004 sein Restaurant, das er mit einem Partner im genussfreudigen Salzburg eröffnete und – als Koch und Gastgeber in einer Person – zu einem Michelin-Stern sowie 17 Gault Millau-Punkten führte. Mit der Bezeichnung bewies er Weitsicht: Heute agiert Gordon Berning bei Feinschmeckern zuhause und das mindestens so erfolgreich, wie seinerzeit im eigenen Restaurant. „Ein Sternerestaurant in den eigenen vier Wänden, das ist einfach himmlisch", loben zufriedene Kunden den kulinarischen Service.

Nach der Ausbildung zog es Gordon Berning zunächst in das Schlosshotel Lerbach, wo er mit der Gourmetküche von Dieter Müller in Kontakt kam. Eine erfüllende Erfahrung, die er bei anschließenden Stationen und der Selbstständigkeit in der Gastronomie weiter vertiefte – immer von dem Wunsch begleitet, Küche und Kommunikation noch enger zu verknüpfen.

Das ist dem Profi der Kulinarik im Jahr 2012 gelungen. Seither begeistert er mit *M-EAT*. Der Name ist Programm: Seine Kunden treffen sich mit Freunden – „meet" – und genießen ein gemeinsames Essen – „eat" – in privater Atmosphäre. Kulinarische Ideen, Inszenierung sowie Weinbegleitung bespricht Gordon Berning zuvor persönlich. Ab diesem Zeitpunkt sind seine Auftraggeber entspannte Gastgeber – Gläser, Besteck, Geschirr und Tischwäsche werden auf Wunsch ebenso zur Verfügung gestellt wie individuelle Dekoration.

In seiner Düsseldorfer Profiküche bereitet der vielseitige Koch das individuelle Menü vor. Allein die Location, ein Gewölbe aus rotem Backstein, hätte genügend Charme für einen exklusiven Abend. „Hier fühle ich mich wohl und stimme mich perfekt auf das jeweilige Essen ein; verarbeite nach allen Regeln der Kochkunst hochwertige Produkte, die ich bei lokalen Lieferanten meines Vertrauens erwerbe", erklärt Gordon Berning. Dass er später an Ort und Stelle den Speisen nicht nur das Finish verleiht, sondern es auch serviert und den Abend in Sachen Kulinarik moderiert, macht *M-EAT* einzigartig – diese Exklusivität spüren Gastgeber und Gäste gleichermaßen.

M-EAT PRIVATE COOKING
Gordon Berning
In der Fleute 33, 42389 Wuppertal
Telefon 02 02 / 26 51 40
mail@m-eat.com
www.m-eat.com

Café vom Cleff

KÖSTLICHE TRADITION

Bergische Kaffeetafel in historischem Ambiente

Selten findet man heute soviel Harmonie: Im Wuppertaler Stadtteil Cronenberg leben die Menschen in respektvoller und fröhlicher Gemeinschaft; so wie schon ihre Vorfahren, oft ehrenvolle Handwerker, lebten. Kulinarisches Sinnbild dafür ist das *Café vom Cleff*.

Ein Blick auf die gepflegte Fassade des historischen Fachwerkhauses, im typisch bergischen Stil erbaut, zeigt die Freude an lebendiger Tradition. Innen empfängt urgemütlicher Charme den Gast. Seit 1911 scheint sich nicht viel verändert zu haben. Damals eröffnete die Familie vom Cleff hier eine Gaststätte. Holzvertäfelung, rustikale Dielen und hohe Fenster schaffen eine absolute Wohlfühlatmosphäre. Man trifft sich in geselliger Runde oder sucht sich ein ruhiges Plätzchen und kann sich bei der Vielfalt an bergischen Köstlichkeiten kaum entscheiden.

Seit dem Frühling 2013 begrüßt die gebürtige Cronenbergerin Arzu Candan die Freunde bester Kaffeehauskultur. Dazu gehören Kaffee- und Teespezialitäten und selbstgebackene Kuchen, Frühstückvariationen sowie süße und pikante Pfannekuchen, Omelett und Pillekuchen – Kartoffelkuchen und quasi die Tortilla des Bergischen Landes. Die Bergische Kaffeetafel ist immer ein Ereignis. In ihrer Mitte thront die „Dröppelminna". Aus der bauchigen, dreifüßigen Zinnkanne wird der Kaffee gezapft. Man genießt dazu neben „Wofeln met allem dröm on dranen" auch Brotvariationen, Sandkuchen, Butter, Marmelade, Honig, Schinken, Käse, Milchreis; vielleicht sogar ein Glas Prossecco. Frischen Wind bringt der Mittagstisch – gehobene Küche der leichten Art, stets freundlich serviert.

„Unsere Gäste fühlen sich bei uns aufgehoben", fasst Arzu Candan die positiven Reaktionen zusammen. Die erhält sie nicht nur auf Kulinarik und Ambiente. Bei Anlässen jeglicher Art ist das *Café vom Cleff* erste Wahl der Cronenberger. Außerdem verwandelt es sich regelmäßig in einen Ort der Wohltätigkeit, wenn zum Beispiel für ein Kinderhospiz gesammelt wird. „In diesem traditionsreichen Haus bewahren wir soziale Werte", freut sich die Frau mit Herz.

STACHELBEERBAISER
Dieses Rezept finden Sie auf der Seite 99

CAFÉ VOM CLEFF
Arzu Candan
Schorfer Straße 7, 42349 Wuppertal
Telefon 02 02 / 51 56 37 12
info@cafe-vom-cleff.de
www.cafe-vom-cleff.de

Kloster Maulbronn ist das am vollständigsten erhaltene mittelalterliche Zisterzienserkloster nördlich der Alpen.

REZEPTE

SCHWERTFISCH ALLA GHIOTTA

Il Teatro – Ristorante italiano, Seite 20

ZUTATEN

4 Scheiben Schwertfisch á 200 g, 50 g rote Zwiebeln, Knoblauchzehe, 100 g schwarze Oliven ohne Stein, 50 g Kapern, 30 g eingelegte Sardellenfilets, 250 g passierte Tomatensugo, 30 g Petersilie, 8 Basilikumblätter, Olivenöl, Salz, Pfeffer

ZUBEREITUNG

Die Zwiebeln fein hacken, Knoblauch andrücken und beides in einer Pfanne in Olivenöl farblos anschwitzen. Kapern, Sardellenfilets und die Oliven hinzufügen. Nach ein paar Minuten die Knoblauchzehe rausnehmen und die angeschwitzten Zutaten mit der Tomatensauce übergießen. Die Petersilie hacken und mit 4 Basilikumblättern zur Sauce geben. Die Scheiben vom Schwertfisch mit Salz und Pfeffer würzen und dazu geben, sobald die Sauce anfängt zu köcheln. Alles 15 bis 20 Minuten bei mittlerer Hitze köcheln lassen. Als Beilage empfiehlt Küchenchef Nino Strumbo etwas frisches Weißbrot und Blattspinat, mit etwas Olivenöl und Knoblauch in der Pfanne geschwenkt. Alle Zutaten auf einem Teller arrangieren und mit den restlichen Basilikumblättern garnieren. Als Wein schmeckt zu Schwertfisch alla ghiotta ein 2013er Critone Bianco vom Weingut Librandi aus Cirò in Kalabrien.

ROULADE VON DER SENNE-FORELLE

Hotel Victoria, Seite 22

ZUTATEN

500 g Schweinenetz, 12 große Mangoldblätter, 4 Forellen aus der Senne, 2 Eiweiß, 200 ml Sahne, frischer Estragon, 1 Steckrübe (ca. 140 g), 8 mittelgroße Kartoffeln, 200 g Butter, 1 Fenchelknolle, 400 ml Dornfelder, 3 EL Puderzucker, Gemüse zum Tournieren wie Zucchini, Kohlrabi, Möhren, Plattbohnen, Sellerie, Salz, Pfeffer

ZUBEREITUNG

Mangoldblätter ohne Stiele in Salzwasser blanchieren, danach in Eiswasser abschrecken und auf ein Tuch legen. Forellen filettieren, entgräten, vier Filets halbieren. Für die Farce die übrigen 4 Filethälften mit 2 Eiweiß, Salz, Pfeffer und Estragon fein zerkleinern. Eiskalte Sahne nach und nach dazugeben. Steckrübe und Kartoffeln würfeln, weich kochen, abgießen, mit Butter, Salz und Pfeffer würzen und stampfen, anschließend im Wasserbad heiß stellen. tournieren, blanchieren, abschrecken und beiseite stellen. Fenchel in dünne Streifen schneiden, in ein wenig Öl anschwitzen und mit Puderzucker abstäuben. Salz, Pfeffer und einige Tropfen Zitronensaft hinzugeben und mit Dornfelder Rotwein aufgießen. Reduzieren, bis die Flüssigkeit sirupartig wird, anschließend passieren. Die Schweinenetze ausbreiten, trockene Mangoldblätter darauf verteilen. Die Farce 5 Millimeter aufstreichen, ein halbes Forellenfilet auflegen, darauf wieder 5 Millimeter Farce auftragen und das andere Forellenfilet darauf legen. Alles wie eine Roulade vorsichtig einwickeln. Mit den übrigen Zutaten genauso verfahren. Den Ofen auf 140 C° Ober- und Unterhitze vorheizen und die Rouladen für ca. 15 bis 18 Minuten garen. Zum Anrichten das Püree in die Tellermitte geben, Rouladen schräg anschneiden und auf das Püree setzen. Einen Saucenspiegel angießen und mit den tournierten, leicht gebutterten Gemüsen garnieren.

SKREI – WINTERKABELJAU VON DEN LOFOTEN

Restaurant medium, Seite 24

ZUTATEN

800 g Skreifilet mit Haut, 1 gekochte Rote Beete, 8 Mini-Rote-Beete, 3 Schalotten, 50 ml trockener Weißwein, 20 ml Noilly Prat, 50 ml heller Kalbsfond, 40 g Butter, 1 Zweig Estragon, 1 Schuss Himbeeressig, 1 Lorbeerblatt, 100 g Babyspinat, 80 g Fregola Sarda tostada, Olivenöl, Salz und Pfeffer aus der Mühle

ZUBEREITUNG

Für die Sauce die gekochte und geschälte Rote Beete klein schneiden und mit einer gehackten Schalotte in Olivenöl und etwas Butter anschwitzen. Estragon und Lorbeerblatt dazugeben und mit wenig Himbeeressig ablöschen, mit Weißwein, Noilly Prat und Kalbsfond auffüllen und bei gelinder Hitze ca. 10 Minuten kochen lassen. Mit einem Pürierstab zerkleinern, bis die Sauce sämig ist, und durch ein feines Sieb streichen, nochmals zum Kochen bringen und mit Salz und Pfeffer abschmecken. Die Mini-Rote-Beete sorgfältig waschen und in kochendem Wasser (eventuell etwas Kümmel und ein Stück gespickte Zwiebel dem Kochwasser zugeben) garen. Die Beeten sollten noch leichten Biss haben. Nach dem Kochen schälen und halbieren, in etwas zerlassener Butter anschwitzen und mit Salz und Pfeffer abschmecken. Die Fregola Sarda in leicht gesalzenem Wasser ca. 12 bis 15 Minuten gar kochen. Den geputzten und gewaschenen Blattspinat in Olivenöl mit den übrigen, gehackten Schalotten anschwitzen und mit dem Pürierstab zerkleinern. Die Fregola darunter mischen und fein abschmecken. Den Skrei in 4 Tranchen schneiden, mit Salz und Pfeffer würzen und auf der Haut in Olivenöl braten. Nach dem Anbraten in den auf 160 °C vorgeheizten Backofen schieben und zu Ende garen. Zum Anrichten die Spinatfregola in die Tellermitte geben, obenauf den gebratenen Skrei platzieren, drum herum die Sauce geben und die Mini-Rote-Beetehälften auf die Sauce setzen.

REZEPTE

VEGANE BUCHWEIZENPASTA UND SPARGEL

Sauerzapfes Junge Küche, Restaurant und Café, Seite 30

ZUTATEN

300 g Buchweizen (gemahlen), 150 g Mehl, doppelgriffig (Dunst, Spätzlemehl), 500 g grüner Spargel (ungeschält), 1 mittelgroße Schalotte, 1 EL Zucker, 40 ml Olivenöl, 1 Knoblauchzehe, 250 ml Sojasahne, 50 ml Mineralwasser, Muskat, 1 Bund Frühlingslauch, getrocknete Tomaten, Salz, Pfeffer

ZUBEREITUNG

Buchweizenmehl, Dunst und Salz für die Buchweizenpasta trocken vermischen. Wasser hinzufügen und verkneten. Falls notwendig noch mehr Mehl unterkneten, sodass ein glatter Nudelteig entsteht. Dieser Nudelteig benötigt keine Ruhezeit. Den Teig vierteln und jeweils mit dem Nudelholz zu 2 Millimeter dicken Teigplatten ausrollen. Die Teigplatten mit Buchweizenmehl bestäuben und in 5 Zentimeter breite Streifen schneiden. Dann die Streifen aufeinander legen und Nudeln von ca. 5 Millimeter Breite schneiden. Die Nudeln auf einem Küchentuch zum Trocknen auslegen. Spargel schälen und in ca. 5 Millimeter dicke Scheiben schneiden. Schalotte und Knoblauch schälen, in feine Würfel schneiden. Zucker in der Pfanne karamellisieren lassen, Olivenöl dazu und den Spargel leicht anrösten. Schalottenwürfel und Knoblauch ebenfalls dazu geben und anrösten. Alles mit der Sojasahne auffüllen, mit Salz, Pfeffer und Muskat abschmecken und ca. 3 Minuten köcheln lassen. Die gekochten Nudeln und das Mineralwasser dazu geben und schwenken. Vor dem Servieren den fein geschnittenen Frühlingslauch und die fein geschnittenen, getrockneten Tomaten unterheben. Nach Belieben frisch geröstete Pinienkerne darüber geben.

MEYERS FISCHSTRUDEL MIT TRAUBENSOSSE

Fischbrathalle Münster, Seite 40

ZUTATEN

Strudel *600 g Fischfilet (Rotbarsch oder Seelachs), 1 Brötchen vom Vortag, 1 Zwiebel, 2 Stängel Staudensellerie, 2 Möhren, 1 große Zwiebel, Pfeffer, Salz, 1 Paket Blätterteig, 2 Eier*

Traubensoße *4 EL Butter, 2 EL Mehl, 400 ml Traubensaft oder Weißwein, 200 ml Sahne, 100 g Trauben ohne Kerne, Salz, Zucker*

ZUBEREITUNG

Das Brötchen einweichen lassen. Die Fischfilets und das Gemüse in Stücke schneiden. Das Brötchen ausdrücken und mit dem Fisch, Möhren, Zwiebeln und Sellerie durch den Fleischwolf lassen. Die Masse mit einem Ei, Salz und Pfeffer gut vermengen und abschmecken. Den Blätterteig ausrollen, mit der Masse füllen und anschließend zusammenrollen. Ein Ei verquirlen. Die Nahtstellen damit schließen. Ein Backblech mit Backpapier auslegen. Darauf die Rolle, mit nach unten gekehrter Naht, legen und mit dem restlichen Ei bestreichen. Falls vorhanden, mit restlichem Blätterteig verzieren. Den Backofen auf 200 °C vorheizen und den Strudel backen. Die Zeit variiert je nach Dicke und Größe der Rolle zwischen 20 und 40 Minuten. Für die Traubensoße die Butter in einem erhitzten Topf klären. Das Mehl einstreuen und zu einer klassischen Mehlschwitze glatt rühren. Traubensaft oder Weißwein sowie Sahne zugeben und unter ständigem Rühren einige Minuten aufkochen lassen. Mit Salz und eventuell etwas Zucker – speziell bei der Version mit Weißwein – abschmecken. Die Trauben entkernen und halbieren. In der sämigen Soße vorsichtig warm ziehen lassen. Den Strudel aufschneiden und mit der Soße anrichten.

SPIGOLA, ALGHE E ZAFFARANO

Il Cucchiaio d'argento – der silberne Löffel, Seite 42

ZUTATEN

2 Loup de Mer à 750 g, 100 g Meeresalgen, 15 g Sesam

Tomatenplätzchen *50 g getrocknete Tomaten, 70 g Butter, 40 g Paniermehl, 2 Eiweiß, Salz, Pfeffer*

Safransauce *100 ml Gemüsebrühe, 40 ml Weißwein, 10 Safranfäden, 40 ml Sahne, Salz, Pfeffer weiß, 2 g Butter*

ZUBEREITUNG

Für die Tomatenplätzchen die getrockneten Tomaten kochen, bis sie weich werden, abgießen und kalt stellen. Butter in einem Topf zerlassen. Tomaten, Salz und Pfeffer fein pürieren, Eiweiß dazugeben und mit Paniermehl abbilden. Die Masse zunächst für 1,5 Stunden im Kühlschrank kalt stellen. Dann auf 3 Millimeter glatt streichen, trocknen lassen und kreisförmige Plätzchen mit einem Durchmesser von 5 Zentimetern ausstechen. Die Meeresalgen mit Sesam und Weißwein kurz aufkochen, mit Salz und Pfeffer abschmecken und mit Butter binden. Den Fisch filettieren, enthäuten, würzen und kurz von einer Seite anbraten. Jedes Filet in einem Zylinder von 10 Zentimetern Durchmesser in Form bringen und es mit den Meeresalgen befüllen. Die Tomatenplätzchen als Deckel auf das Algengemüse legen. Alles bei 180 °C mit Umluft im Ofen für 5 Minuten garen. Für die Safransauce die Brühe mit Weißwein und Safranfäden für 2 Minuten zum Kochen bringen. Die Temperatur verringern und Sahne zugeben. Mit Salz und Pfeffer abschmecken, mit Butter binden und kurz ziehen lassen. Zum Anrichten auf den warmen Tellern einen Saucenspiegel geben. Den arrangierten Fisch vorsichtig darauf platzieren und die zylindrische Form entfernen.

REZEPTE

SCHOKO-LASAGNE

Dessertcafé Nachtisch, Seite 44

ZUTATEN

2 Seiten Filoteig (hauchdünner Strudelteig), etwas flüssige Butter, Puderzucker. Dunkles Schokoladenmousse *50 ml Zuckerwasser (1:1), 2 Eigelbe, 140 g Zartbitterkuvertüre, 75 g Sahne (flüssig), 75 g Sahne (geschlagen)* Weißes Schokoladenparfait *2 Eigelbe, 30 ml Orangenlikör, Saft von ½ Orange, 150 g weiße Kuvertüre, 125 g Sahne (geschlagen), Passionsfruchtsorbet, 500 ml Fruchtmark, 65 g Glukosepulver, 6,5 g Stabilisator, 250 g Zucker, 435 g Wasser* Exotisches Fruchtragout *150 g Limettensaft, 150 g Wasser, 150 g Zucker, 20 g Pektin, 6 Passionsfrüchte, 2 Mangos, 1 Papaya, 1 Babyananas*

ZUBEREITUNG

Für das dunkle Schokoladenmousse die Kuvertüre über Wasserbad schmelzen, flüssige Sahne hinzufügen, alles glatt rühren. Eigelbe und Zuckerwasser über Wasserbad schaumig schlagen, Schüssel vom Herd nehmen und mit der Kuvertüremasse vermengen. Geschlagene Sahne vorsichtig unterheben, alles in einen Spritzbeutel mit 7 Millimeter Lochtülle füllen, bis zum Anrichten kalt stellen. Für das weiße Schokoladenparfait die Eigelbe und den Orangensaft mit 50 Milliliter Wasser über Wasserbad cremig aufschlagen. Alles vom Herd nehmen, Creme kalt schlagen, nach und nach Orangenlikör unterrühren. Geschmolzene Kuvertüre noch lauwarm in die Eimasse rühren. Geschlagene Sahne unterheben. Rechteckige Form mit Klarsichtfolie auslegen, Masse einfüllen. Alles mindestens 8 Stunden ins Gefrierfach stellen. Den gefrorenen Block in ca. 8 mal 4 Zentimeter große Rechtecke schneiden und bis zum Anrichten weiter einfrieren. Für das Passionsfruchtsorbet Fruchtmark und Wasser im Topf vermengen, restliche Zutaten verrühren, ebenfalls in den Topf geben und alles verrühren. Flüssigkeit einmal aufkochen und in der Eismaschine frieren lassen. Bis zum Anrichten in den Gefrierschrank stellen. Für das exotische Fruchtragout Limettensaft und Wasser aufkochen. Zucker und Pektin vermischen und unterrühren. Passionsfruchtmark mit Kernen dazugeben. Alles unter Rühren kurz aufkochen und vom Herd nehmen. Früchte in kleine Würfel schneiden, mit dem Limettensud vermengen, bis zum Anrichten kaltstellen. Die Teigblätter vorsichtig mit flüssiger Butter bestreichen, mit Puderzucker bestäuben und in ca. 10 mal 5 Zentimeter große Rechtecke schneiden, auf ein Blech mit Backpapier legen und bei 180 °C ca. 10 Minuten goldbraun backen, auskühlen lassen. Zum Anrichten alle Komponenten vorsichtig aufeinander schichten. Zum Schluss das Eis hinzufügen.

KALBSZUNGE

Restaurant Altdeutsche Schänke, Seite 46

ZUTATEN FÜR 4 PERSONEN

1 Kalbszunge, 30 g Salz, 20 g Knollensellerie, 20 g Karotte, 30 g Lauch, ½ Zwiebel, 2 Lorbeerblätter, 60 g geklärte Butter oder Butterschmalz, 60 g Mehl, 250 ml Sahne, 1 kleines Bund Schnittlauch

ZUBEREITUNG

Das Wasser in einen Topf geben und die Kalbszunge, Salz, Sellerie, Karotte, Lauch, Zwiebel und Lorbeerblätter hinzugeben und ca. 2 Stunden gar kochen. Die gar gekochte Kalbszunge in einer Schüssel mit kaltem Wasser abschrecken und die Haut von der Zunge entfernen. Den Fond in ein Litermaß passieren und 500 Milliliter abmessen. Die Butter in einem Topf zergehen lassen, das Mehl dazu geben und glatt rühren. Das Mehl in der Butter farblos anschwitzen lassen und mit dem Kalbsfond und der Sahne aufgießen. Die Sauce zügig glatt rühren, um Klümpchenbildung zu vermeiden. Dann die Sauce durch ein Sieb passieren und reichlich geschnittenen Schnittlauch hinzugeben. Gegebenenfalls die Sauce noch einmal abschmecken. Küchenchef Sascha Höltig empfiehlt zur

Kalbszunge eine Portion Kartoffelschnee sowie Wurzelgemüse. Die Menge je nach Appetit wählen. Für den Kartoffelschnee die geschälten Kartoffeln kochen und durch eine Spätzlepresse direkt in eine Beilagenschale drücken. Für das Wurzelgemüse Steckrüben, Möhren und etwas Sellerie putzen und stifteln. In einer Sauteuse mit einem Stich Butter anschwitzen, etwas Wasser angießen und mit Salz sowie einer Prise Zucker würzen. Das Wasser sollte während des Garvorgangs vollkommen verdunsten und die Butter das Gemüse schließlich glänzend überziehen. Ist das Gemüse noch zu hart, etwas Wasser angießen. Schließlich alle Zutaten dekorativ anrichten.

DORADE AUF MEDITERRANEM GEMÜSE

Restaurant Fokus, Seite 50

ZUTATEN FÜR 4 PERSONEN

1 Dorade (küchenfertig), 2 Zitronen, 2 Rosmarinzweige, 2 Knoblauchzehen, Olivenöl, 2 Tomaten, 1 rote Paprika, 1 gelbe Paprika, 1 Zucchini, ½ Aubergine, Salz, Pfeffer

ZUBEREITUNG

Die Dorade innen und außen kalt abspülen, mit Küchenkrepp abtupfen und mit Salz und Pfeffer würzen. Den Fisch an der dicksten Stelle auf jeder Hautseite dreimal einschneiden. Eine Zitrone auspressen und den Saft in die Schnittstellen träufeln; einen Rosmarinzweig zerteilt hineinlegen. Ein Viertel der Zitrone und den restlichen Rosmarin in die Bauchhöhle geben. Außerdem den Fisch innen mit Salz und Pfeffer würzen. Paprika, Zucchini und Aubergine säubern, würfeln und mit gehacktem Knoblauch in Olivenöl anbraten. Die Tomaten waschen, würfeln und dazugeben. Das gedünstete Gemüse in eine Fettpfanne geben und die Dorade darauf legen.
Den Backofen auf 200 °C vorheizen und das Gericht 15 Minuten garen. Dazu schmecken Rosmarinkartoffeln und ein Schluck sizilianischer Weißwein.

KALBSBRIES MIT PÜREE UND CHIPS VON PETERSILIENWURZELN

Restaurant Ratskeller, Seite 52

ZUTATEN FÜR 4 PERSONEN

500 g Kalbsbries, 1 l kräftige Kalbsbrühe, ¼ Sellerie, 1 Stange Lauch, 1 Möhre, 1 Schalotte, Mehl zum Bestäuben, Salz, Pfeffer, 1 EL Nussbutter

Petersilienwurzelpüree *400 g Petersilienwurzeln, 2 Schalotten, 30 g Butter, 200 ml Gemüsefond, 100 ml Sahne, geriebene Muskatnuss, ½ Zitrone*

ZUBEREITUNG

Gemüse putzen und in Stücke schneiden. Das Bries solange waschen, bis kein Blut mehr austritt. Mit dem Gemüse in kalter Brühe ansetzen. Die Flüssigkeit einmal aufkochen und weitere 20 Minuten leicht köcheln lassen. Alles auskühlen lassen, das Bries herausnehmen, häuten und die Röhren entfernen. In 1 Zentimeter dicke Scheiben schneiden. Die Scheiben mit Mehl bestäuben, mit Salz und Pfeffer würzen und in Nussbutter goldbraun braten. Für das Püree 300 Gramm Petersilienwurzeln und Schalotten waschen, schälen und klein schneiden. Beides in Butter anschwitzen. Mit dem Gemüsefond in einen Topf geben, aufkochen und bei mittlerer Hitze weich kochen. Sahne zugeben, alles noch einmal aufkochen. Das Gemüse heraus heben, in einen Mixer geben und fein pürieren. Nach Bedarf den restlichen Garsud zugeben und alles zu einem feinen Püree verarbeiten. In den Topf zurückgeben und mit Salz und Muskat würzen und mit dem Saft einer halben Zitrone abschmecken. Für die Chips 100 Gramm Petersilienwurzeln putzen und fein hobeln. Den Backofen auf 90 °C Umluft vorheizen. Das Backblech mit Backpapier auslegen, die Scheiben darauf auslegen und mit Salz bestreuen. Goldbraun backen mit leicht geöffneter Ofentür, damit die Feuchtigkeit austreten kann.

OCHSENBACKE GESCHMORT MIT GÄNSESTOPFLEBER

Altes Landhaus Buddenberg, Seite 54

ZUTATEN

4 Ochsenbacken, 200 g Gänsestopfleber, 500 ml Rotwein, trocken, 1 EL Tomatenmark, 500 g Knollensellerie, 2 kleine Zwiebeln, 1 Möhre, 1 Lorbeerblatt, 1 Nelke, 1 l Rinderbrühe, ½ Spitzkohl, 250 g Butter, 1 Apfel (säuerlich), 250 g Kartoffeln (mehlig), 3 Eier, 1 EL Speisestärke, 50 g Räucherspeck, 1 kleiner Bund Schnittlauch, 2 kleine rote Zwiebeln, 100 ml Balsamico-Essig (hell), 50 g Gelierzucker, etwas Mehl, Speiseöl, Salz, Pfeffer weiß

ZUBEREITUNG

Die Ochsenbacken von der Mittelsehne befreien, mit Salz und Pfeffer würzen, aufrollen und binden. Die aufgerollten Backen in einem Topf anbraten, herausnehmen und beiseite stellen. Möhre und Sellerie putzen und würfeln. Die Zwiebeln fein würfeln. Gemüsewürfel und ein Viertel der Zwiebelwürfel in den Topf geben und rösten. Tomatenmark zum Röstansatz geben und mit anrösten. Den Röstansatz mit Rotwein ablöschen und mit Rinderbrühe aufgießen. Alles auf die Hälfte reduzieren. Die Ochsenbacken dazugeben und bei 130 °C im Backofen für 3 Stunden garen. Kartoffeln schälen und im Salzwasser kochen. Für die Zwiebelmarmelade den Balsamico-Essig mit Gelierzucker aufsetzen, die roten Zwiebeln dazugeben, auf die Hälfte einkochen und kalt stellen. Für die Kartoffelplätzchen den Speck und zwei Viertel der Zwiebelwürfel, in einer Pfanne anbraten. Schnittlauch fein schneiden. Gekochte Kartoffeln sorgfältig ausdampfen lassen für die optimale Bindung. Die Eier trennen. Kartoffeln durch eine Presse geben, mit dem Eigelb, Schnittlauch sowie geröstetem Speck und Zwiebeln vermengen und zu einer homogenen Masse verarbeiten; gegebenenfalls noch etwas Speisestärke hinzufügen. Die Masse in Klarsichtfolie zu einer Rolle drehen und kalt stellen. Spitzkohl in feine Streifen schneiden und waschen. Butter in einem Topf erwärmen, das verbliebene Viertel der Zwiebelwürfel anschwitzen und den Spitzkohl dazugeben. Mit Salz und Pfeffer würzen. Etwas Gemüsebrühe angießen und kurz im geschlossenen Topf bissfest garen. Das gegarte Fleisch aus dem Topf nehmen, Soße durch ein Sieb gießen und auf die gewünschte Menge einkochen. Nach Wunsch mit etwas in Wasser angerührter Speisestärke andicken. Die durchgekühlte Kartoffelmasse in 1 Zentimeter dicke Schieben schneiden, in Mehl wälzen und in Butter beidseitig braten. Den Apfel schälen und in Scheiben schneiden. Die Gänsestopfleber in Mehl wälzen und abklopfen. Beides in Butter kurz braten. Die Backen portionieren und mit den übrigen Zutaten anrichten. Mit Schmorsoße und Zwiebelmarmelade dazugeben.

SÜSSE TERRINE

Restaurant und Hotel Domschenke, Seite 56

ZUTATEN

Rhabarbermousse *1 Eigelb, 35 g Zucker, 5 ml Aperol, 1,5 Blatt Gelatine, 65 g kalt gepresster Rhabarberfond, 65 g ausgekochter Rhabarberfond, 100 g geschlagene Sahne* Erdbeermousse *1 Eigelb, 25 g Zucker, 10 ml Weißwein, 3,5 ml Cointreau, 1 Blatt Gelatine, 125 ml eingekochte, pürierte Erdbeeren, 100 g geschlagene Sahne* Vollmilchganache *5 ml Milch, 10 ml Sahne, 30 g Butter, 100 g Vollmilchschokolade* Blue Curaçaosorbet *250 ml Blue Curaçao, 60 g Glukosesirup, Saft von 3 Limetten, 40ml Weißwein, 70 ml Wasser, 60 g Puderzucker, 3 Blatt Gelatine* After Eight Eis *50 ml Milch, 150 ml Sahne, 45 g Glukosesirup, 85 ml Minzlikör, ½ Blatt Gelatine, 1 Eigelb, 1 Ei, 15 g Zucker, gehackte After Eights*

ZUBEREITUNG

Rhabarbermousse: Eigelb, Zucker und Aperol im Wasserbad aufschlagen. Gelatine einweichen, auspressen und unterrühren. Kalt gepressten und ausgekochten Rhabarberfond dazugeben und abkühlen lassen. Geschlagene Sahne unterheben. Erdbeermousse: Eigelb, Zucker, Weißwein und Cointreau warm aufschlagen. Gelatine einweichen, auspressen und unterrühren. Erdbeerpüree dazugeben und abkühlen lassen. Geschlagene Sahne unterheben. Vollmilchgarnache: Milch, Sahne, Butter und Vollmilchschokolade im Wasserbad zusammenrühren. Rhabarber-, Erdbeermousse und Vollmilchgarnache in einer Terrinenform schichten. Blue Curaçaosorbet: alle Zutaten zusammen aufkochen. Gelatine einweichen, auspressen und unterrühren. Abkühlen und in der Sorbetière frieren lassen. After Eight Eis: Milch, Sahne, Glukosesirup und Minzlikör aufkochen. Gelatine einweichen, auspressen und unterrühren. Eigelb, Ei und Zucker schaumig schlagen, zur Eismasse geben und kontrollieren, ob das Eigelb gebunden ist. Die homogene Masse abkühlen lassen und 3 gehackte After Eights dazugeben. Die Masse in der Eismaschine frieren. Komponenten nach Geschmack arrangieren.

CALVADOS-PRALINEN

Pralinen-Manufactur Große-Bölting, Seite 58

ZUTATEN FÜR 25 PRALINEN

30 ml Sahne, 25 g Butter, 200 g Vollmilchschokolade mit mindestens 32 % Kakaoanteil, 25 g Bitterschokolade mit mindestens 60 % Kakaoanteil, 30 ml Calvados, 1 TL Zimt, gemahlen, 50 g weiße Schokolade

ZUBEREITUNG

Sahne und Butter aufkochen und vom Herd nehmen. Vollmilchschokolade und Bitterschokolade in kleine Stücke hacken und in der heißen Sahne-Butter-Masse auflösen. Die Masse bis auf Raumtemperatur abkühlen lassen. Anschließend Calvados und Zimt dazugeben. Die Masse über Nacht abkühlen lassen, bis eine feste Konsistenz entsteht. Die weiße Schokolade raspeln. Mit einem Teelöffel kleine Mengen von der abgekühlten Calvados-Schokoladen-Masse abstechen und zu Kugeln formen. Die Kugeln anschließend in den Raspeln aus weißer Schokolade wälzen. Die fertig gestellten Calvados-Pralinen in Papierkapseln setzen und kühl lagern.

REZEPTE

LACHS-CANNELLONI

Landhaus Zu den 3 Linden, Seite 60

ZUTATEN FÜR 4 PERSONEN

150 g Kartoffeln (festkochend), 100 g Kartoffeln (geschält), ½ Schlangengurke, 2 EL Schalotten (gewürfelt), 1 Schuss Weißweinessig, 150 ml Gemüsebrühe, Speisestärke, 3 EL Olivenöl, etwas Senf, 2 Möhren, 1 Zucchini, ½ kleine Sellerie, 2 Tomaten, ½ Bund Petersilie, 4 große, dünne Scheiben frischer Lachs, 2 EL Schnittlauchröllchen, 150 g Pfifferlinge, 4 blaue Kartoffeln, Kresse, Pfeffer, Salz, Zucker

ZUBEREITUNG

Die Kartoffeln gar kochen, abkühlen lassen, pellen und für den Kartoffelsalat würfeln. Aus den geschälten Kartoffeln ein Püree bereiten. Gurke schälen, klein würfeln, mit Salz und Zucker marinieren und ziehen lassen. Für die Marinade die Schalottenwürfel anschwitzen, mit Essig ablöschen und mit Brühe auffüllen. Die Flüssigkeit einkochen lassen und mit etwas Stärke abbinden. Olivenöl und Senf unterrühren und würzen. Für den bunten Kartoffelsalat die Kartoffelwürfel mit der Zwiebelmarinade vermengen. Gurkenwürfel ausdrücken und dazu geben. Tomaten häuten, filetieren und würfeln. Petersilie hacken. Gemüse würfeln und blanchieren. Tomate, Petersilie und Gemüsewürfel unter die Kartoffel-Gurkenmischung heben. Für die Lachs-Cannelloni das Kartoffelpüree mit den Schnittlauchröllchen vermischen und auf die Lachsscheiben geben. Alles leicht salzen und jeweils zu Cannelloni rollen. Den Backofen auf 65 °C vorheizen. Die Cannelloni bei niedriger Temperatur für 12 Minuten garen lassen. Pfifferlinge putzen, in Butter schwenken und würzen. Die blauen Kartoffeln putzen, in sehr dünne Scheiben schneiden und als Chips ausbacken. Zum Anrichten die Cannelloni auf dem bunten Kartoffelsalat platzieren, mit Pfifferlingen, Kresse und Kartoffelchips garnieren.

SPARGEL MIT RÄUCHERLACHSROLLE

Restaurant und Café Op de Poort, Seite 64

ZUTATEN FÜR 4 PERSONEN

1 kg frischer Stangenspargel, 320 g Räucherlachs, 100 g Crème fraîche, 1 kleiner Bund frischer Schnittlauch, 1 kleiner Bund frischer Estragon, 100 g Mehl, 15 ml Milch, 4 Eier, Salz, ½ Zitrone, Zucker, Salz, weißen gemahlenen Pfeffer

ZUBEREITUNG

Den Spargel sorgfältig schälen. Einen für den Spargel in der Länge passenden, flachen Topf wählen und diesen in einer Höhe von 5 Zentimetern mit Wasser befüllen. Kräftig abschmecken mit Salz, Zucker und etwas Zitronensaft. Den Räucherlachs in sehr dünne Scheiben schneiden. Schnittlauch und Estragon waschen, abtrocknen und jeweils fein hacken. Zwei Eier hart kochen. Eiweiß und Eigelb trennen und beides in kleine Würfelchen hacken. Für den Pfannkuchenteig das Mehl in eine Schüssel geben, die Milch unterrühren, dann 2 Eier mit unterziehen, mit etwas Salz würzen. Den Schnittlauch zugeben. Den Estragon zu der Crème fraîche geben, mit Salz, Pfeffer und etwas Zucker abschmecken. In einer mittelgroßen Pfanne 4 dünne Pfannkuchen backen. Etwas abkühlen lassen und sie mit der Crème fraîche gleichmäßig bestreichen. Den Räucherlachs ebenfalls gleichmäßig auf den Pfannkuchen verteilen und dann möglichst fest einrollen. Den Spargel in das kochende Wasser geben, nach Geschmack 7 bis 10 Minuten köcheln lassen. Den Spargel abtropfen lassen und direkt auf den Tellern verteilen und mit Eiweiß und Eigelb bestreuen. Die Räucherlachs-Pfannkuchen in nicht zu dünne Scheiben schneiden und an dem Spargel anrichten. Als Garnitur eignet sich ein bisschen Salat oder frischer Estragon. Wer mag, kann den Spargel auch mit etwas Vinaigrette beträufeln.

FASANENBRUST AUF ANANASKRAUT, MARONEN, KARTOFFELPÜREE

Hotel-Restaurant Zur Brücke, Seite 66

ZUTATEN

4 Stück ausgelöste Fasanenbrust mit Haut, 40 g fetter Speck, Pflanzenöl, 8 Wacholderbeeren, 4 Lorbeerblätter, 250 ml Wildfond, 100 ml trockener Weißwein, 20 g kalte Butter, Meersalz, Pfeffer, 500 g Sauerkraut, 100 g Butter, 50 g Zucker, 280 g Ananasstücke, 900 g geschälte Kartoffeln, 50 g Butter, 250 ml Milch, Meersalz, Muskat, 12 Stück geschälte Maronen, Wasser, 10 g Butter, 20 g Zucker

ZUBEREITUNG

Die Fasanenbrust würzen und von beiden Seiten in ausgelassenem Speck und Pflanzenöl anbraten. Lorbeerblätter und Wacholderbeeren hinzugeben, mit Weißwein ablöschen. Im Ofen bei 160 °C für ca. 8 Minuten weiter garen. Die Fasanenbrust aus der Pfanne nehmen, den Wildfond hinzugeben und auf ein Viertel reduzieren. Den Fond durch ein Sieb passieren und mit kalten Butterwürfeln binden. Für das Ananaskraut die Butter im Topf erhitzen und Zucker darin karamellisieren. Mit Sauerkraut ablöschen und weiter garen. Ananasstücke hinzugeben und weiter ziehen lassen, bis keine Flüssigkeit mehr im Topf ist und eine homogene Masse entsteht. Für das Kartoffelpüree die Kartoffeln in Salzwasser kochen. Milch erhitzen und die garen, abgetropften Salzkartoffeln mit Butter dazugeben. Die Kartoffeln stampfen, mit Salz und Muskat abschmecken, nach Bedarf lauwarme Milch nachgießen und mit einem Handrührgerät cremig rühren. Butter erhitzen und mit Zucker karamellisieren. Die Maronen zufügen und mit etwas Wasser ablöschen. Den Topf so lange schwenken, bis die Maronen gar sind. Alle Zutaten nach Geschmack auf einem Teller anrichten.

ZWEIERLEI VOM REH

Hackbarth´s Restaurant, Seite 68

ZUTATEN

Rehrouladen *4 Scheiben Rehroulade aus der Keule à 125 g, 2 Scheiben Bacon, 2 EL Johannisbeergelee, 6 Wacholderbeeren, 2 Streifen Orangenschale, 8 Karottenstifte, 4 Sellerie- und Lauchstifte, 1 Zwiebel, ¼ Karotte, 250 ml dunkler Bratenjus, 250 ml Rotwein, 1 Lorbeerblatt* Rehmedaillons in Espressokruste *4 Rehmedaillons à 75 g, 2 EL Espressobohnen, 1 EL Chilipulver, 2 TL Paprikapulver (edelsüß), 2 TL Meersalz, 1TL schwarzer Pfeffer (gemahlen), 100 g Kräutersaitling, 2 EL Schnittlauch (geschnitten)* Gerahmter Wirsing *400 g Wirsing, 60 g Zwiebel (gewürfelt), 40 g Speck (gewürfelt), 15 g Butter, Salz, Pfeffer, Muskat, 150 g Sahne*

ZUBEREITUNG

Rehrouladen: aus Johannisbeergelee, Wacholderbeeren und Orangenschale im Küchenmixer eine Würzpaste herstellen. Rehrouladen plattieren, salzen, pfeffern und mit der Würzpaste bestreichen. Bacon halbieren und auf jede Roulade eine Scheibe geben. Gemüsestifte als Einlage auf den Bacon geben. Aufrollen und mit einem Zahnstocher fixieren. Nochmals würzen und anbraten. Gewürfelte Zwiebel und Karotten zugeben, mit den Rouladen anrösten, mit Rotwein und Bratenjus auffüllen. Rouladen im Backofen ohne Deckel bei 140 °C Umluft weich schmoren und ausstechen. Sauce passieren und auf den gewünschten Geschmack reduzieren. Rehmedaillons: die Espressobohnen fein mahlen und alle Gewürze miteinander vermengen. Rehmedaillons dünn mit Öl bestreichen und die Würzmischung in das Fleisch einmassieren. Rehmedaillons bei milder Hitze rosa braten und warm stellen. Wirsing ohne Strunk in Würfel schneiden, blanchieren und abschrecken. Speckwürfel in der Butter angehen lassen, Zwiebel zufügen und mitschwitzen. Wirsing und Sahne zugeben, mit Gewürzen abschmecken. Wirsinggemüse zum Kochen bringen, mit angerührter Speisestärke binden. Zum Anrichten die Rehrouladen mit den Medaillons auf das Wirsinggemüse setzen.

REZEPTE

GESCHMORTE KALBSBÄCKCHEN MIT KARTOFFEL-KAPERNSTAMPF

Restaurant Harmonie, Seite 74

ZUTATEN

800 g Kalbsbäckchen, 1 Zwiebel, 1 EL Tomatenmark, 1 TL Senf, etwas Balsamico-Essig, 2 Thymianzweige, 200 ml Rotwein, 300 ml Kalbs- oder Rinderfond, 150 g Butter, 1 kg Kartoffeln (mehlig kochend), 60 g Kapern, Salz und Pfeffer

ZUBEREITUNG

Die Kalbsbäckchen salzen, in einer Kasserolle scharf anbraten, herausnehmen und zur Seite stellen.
Die Zwiebel schälen, in grobe Würfel schneiden, zum Bratenansatz geben und leicht andünsten. Tomatenmark, Senf, Thymian und den Essig dazu geben, kurz weiter schmoren lassen und mit dem Rotwein ablöschen.
Mit dem Kalbsfond aufgießen, aufkochen lassen und die Bäckchen hineinlegen. Mit Alufolie abdecken und 70 Minuten bei 180 °C im Backofen schmoren. Kartoffeln schälen, kochen und abgießen. Die Hälfte der Butter dazu geben und mit einem Stampfer oder Schneebesen grob verrühren. Den Kartoffelstampf mit Salz und Pfeffer abschmecken, zum Schluss die Kapern dazugeben. Bäckchen aufschneiden, die Sauce mit Salz und Pfeffer abschmecken, mit der restlichen kalten Butter leicht binden.

DUETT VON ZANDER UND RIESENGARNELE AUF GRAUPENGEMÜSE DAZU RIESLINGSAUCE

Vinothek Dorfstraße 13, Seite 78

ZUTATEN

100 g Graupen, 2 Schalotten, 1 Stange Porree, 2 mittelgroße Möhren, ¼ Sellerieknolle, 4 Riesengarnelen, 400 g Zanderfilet, 4 Scheiben geräucherter Speck (durchwachsen), 200 g Butter, 400 ml Riesling Wein, 200 ml Sahne, Salz, Pfeffer, etwas Knoblauch, Olivenöl zum Anbraten

ZUBEREITUNG

Die Graupen in reichlich Wasser gar kochen und anschließend abgießen. Das Gemüse in feine Würfel schneiden und in ca. 100 Gramm Butter anschwitzen. Die abgetropften garen Graupen dazu geben. Mit etwas Weißwein, Salz und Pfeffer abschmecken. Restliche Butter für die Sauce mit Weißwein und Sahne aufkochen. Alles einreduzieren lassen, mit Salz, Pfeffer und Zucker abschmecken. Zanderfilet in vier gleich große Stücke schneiden, mit dem Speck umwickeln. Nicht mehr würzen – der Speck ist aromatisch genug – in Olivenöl bei mäßiger Hitze anbraten. Die Riesengarnelen säubern, bis zur Hälfte anschneiden, mit etwas Knoblauch zum Zander geben. Fisch und Garnelen braten, bis sie innen leicht glasig sind. Das Graupengemüse in einem tiefen Teller anrichten. Darauf zunächst das Zanderfilet und schließlich die Garnele platzieren. Das Ganze mit der einreduzierten Rieslingsauce napieren. Das Gericht je nach Wunsch und Saison mit frischen Kräutern aromatisieren. Als Wein schmeckt der Riesling, den man zum Kochen verwendet hat, oder eine Cuveé aus Grau- und Weißburgunder aus dem Hause „Johannes Peters, Wiltingen".

SELLERIEROSTBRATEN VOM HEILBUTT MIT ZITRONENVERVEINESAUCE

M-EAT Private Cooking, Seite 82

ZUTATEN

2 Heilbuttfilets ohne Haut, 1 kleine Knolle Sellerie, 100 g Butter, 1 kleine Zwiebel, 50 g Zitronenverveine (Apotheke), 50 ml Gemüsebrühe, 100 ml Sahne, Weißwein, Zitrone, Salz, Muskat, Cayenne Pfeffer, Frittieröl

ZUBEREITUNG

Selleriepüree: Sellerie schälen und halbieren. Eine Hälfte in Würfel schneiden und in Wasser weich kochen. Mit Butter, Salz und etwas Muskat mit Moulinette oder Stabmixer fein mixen. Selleriestroh: andere Hälfte des Selleries auf der Brot- oder Aufschnittmaschine in feine Streifen schneiden. Mit etwas Mehl bestäuben und im Öl goldbraun frittieren. Herausnehmen, auf ein Küchencrepe legen und mit Salz würzen. Zitronenverveinesauce: Zwiebel schälen und in kleine Stücke schneiden. In Olivenöl glasig anschwitzen. Mit Weißwein ablöschen und mit der Gemüsebrühe auffüllen. 5 Minuten kochen lassen, anschließend Zitronenverveine und Sahne hinzugeben. Einmal aufkochen und für ca. 2 bis 3 Minuten ziehen lassen. Alles mixen und passieren. Sauce in den Topf zurückgeben und abbinden. Mit Salz, Zitrone und Cayennepfeffer abschmecken. Die beiden Filets halbieren und in Stücke schneiden. Mit Salz, Zitrone und wenig Pfeffer würzen. Die Stücke auf der Hautseite mit Mehl bestäuben. Auf dieser Seite beginnend in etwas Olivenöl goldbraun anbraten. Fisch wenden und kurz in der Pfanne halten, herausnehmen und anrichten. Dafür Selleriepüree in die Tellermitte geben. Heilbutt mit der Hautseite nach oben darauf legen. Mit Selleriestroh großzügig bedecken. Sauce mit Stabmixer schaumig mixen und Schaum um den Fisch nappieren.

STACHELBEERBAISER

Café vom Cleff, Seite 84

ZUTATEN

100 g Margarine, 325 g Zucker, 200 g Mehl, 4 Eier, 2 gehäufte TL Backpulver, 80 g Mandelblättchen, Stachelbeeren, 2 Gläser à 680 g Einwaage, 4 EL Vanillepuddingpulver, 600 ml Sahne, 6 TL Sahnesteif, Puderzucker, 1 Prise Salz

ZUBEREITUNG

Den Backofen auf 160 °C vorheizen. Margarine, 125 Gramm Zucker, Mehl, Eigelb und Backpulver zu einem Teig verarbeiten. Zwei Backformen mit Backpapier auslegen und den Teig gleichmäßig in den Kuchenformen verteilen. Eiweiß mit einer Prise Salz und den restlichen 200 Gramm Zucker steif schlagen und auf den Böden verteilen. Die Mandelplättchen darüber streuen und ca. 35 Minuten backen. Inzwischen die Stachelbeeren mit dem Vanillepuddingpulver in einem Topf verrühren, kurz aufkochen und auskühlen lassen. Sind die Böden fertig gebacken, einen Tortenring darum legen und die Stachel beercreme darin verteilen. Die Sahne mit Sahnesteif schlagen, bis sie steif ist, und auf der Stachelbeercreme verteilen. Den zweiten Boden in zwölf Stücke teilen und den Kuchen damit belegen. Schließlich mit Puderzucker verzieren.

DIE SCHÖNSTE

WELTKULTURERBE ZECHE ZOLL

ZECHE DER WELT

-VEREIN® UND KOKEREI ZOLLVEREIN

In ihren besten Tagen war die Zeche ZOLLVEREIN® Essen die größte und modernste Steinkohleförderanlage der Welt.

Der Essener Industriekomplex Zollverein und Kokerei ist seit 2002 Welterbe und heute eine touristische und kulturelle Destination ersten Ranges im Ruhrgebiet.

Das Ruhrgebiet, einst die Kohlengrube Deutschlands und noch immer Ballungsraum mit über fünf Millionen Bewohnern, ist im Strukturwandel begriffen. Längst qualmen die meisten Schlote nicht mehr, dafür aber die vielen kreativen Köpfe, die den „Pott" zu einer der spannendsten Kulturlandschaften Europas gestalten. Oft unkonventionell, stets offen für Experimente, und immer zielführend im sich gegenseitig befruchtenden Dialog aus Vergangenheit, Gegenwart und Zukunft.

Mit den Metropolen Essen, Dortmund, Bochum, Duisburg und Oberhausen sowie vielen weiteren Städten hat sich das Revier zum faszinierenden urbanen Raum der Ruhr-Metropole entwickelt. Der Wandel von der Industriedominanz aus Kohle und Stahl zur interdisziplinären, bunt schillernden Kultur ist spätestens seit 2010 unumkehrbar. Das gesamte Ruhrgebiet mit dem zentralen „Stadtteil" Essen an der Spitze wurde seinerzeit zur Kulturhauptstadt Europas gekürt.

Auf unserer Reise durch die im Westteil Deutschlands gelegenen Welterbestätten machen wir Halt an der dortigen Zeche ZOLLVEREIN®. Mit ihrem markanten, 55 Meter hohen Doppelbock-Fördergerüst ist sie das Symbol für den gelungenen Wandel der Region. Im Ruhrgebiet gab es Hunderte von Bergwerken, die Kohle förderten, aber nur der Industriekomplex Zollverein mit seiner gigantischen Kokerei wurde zum UNESCO-Weltkulturerbe gekürt. Als ein Meisterwerk der Bergbauarchitektur ist die von vielen als „schönste Zeche der Welt" gepriesene Zentralschachtanlage zugleich ein Monument der Effizienz und Produktivität. In ihrer Hochzeit war die Zeche ZOLLVEREIN® Essen die größte und modernste Steinkohleförderanlage der Welt. Wie keine zweite Stätte der Montanindustrie verkörpert sie „ein repräsentatives Beispiel für die Entwicklung der Schwerindustrie in Europa", so das Welterbekomitee anlässlich der Nominierung im Jahr 2001. Heute ist die Zeche mit ihrer vom Bauhaus beeinflussten Architektur eine Ikone moderner Industriearchitektur und ein Zentrum der Kunst und Kultur.

Die beiden Architekten Fritz Schupp und Martin Kremmer schufen von 1927 bis 1932 im Stil der Neuen Sachlichkeit einen Industriekomplex, der von seiner Strahlkraft bis heute nichts eingebüßt hat. Die weit sichtbaren roten Backsteinfassaden in Stahlfachwerk folgten streng

dem Bauhausgebot der Symmetrie und Geometrie. Mit dem Zollverein Schacht XII und der Kokerei errichteten sie eine einmalige Musteranlage, die höchsteffizient arbeitete. Förderten die Kumpel im Gründungsjahr 1851 insgesamt 12 000 Tonnen Kohle zutage, so waren es mit der neuen modernen Zentralanlage genauso viel – aber täglich. Komplettiert durch die Gründerschachtanlage ½/8 und die 1961 in Betrieb genommene Kokerei stellt das Industrieensemble ein in der Welt einzigartiges Architekturzeugnis von immenser wirtschafts- und sozialgeschichtlicher Bedeutung dar.

Kurz vor Weihnachten 1986 fuhren die Kumpel nach 135 Jahren Bergbaubetrieb zum letzten Mal in den Schacht ein, dann war das endgültige Schichtende der letzten Essener Zeche gekommen. Sieben Jahre später schloss auch die Kokerei ihre Pforten für immer. Der beantragte Abriss der geschichtsträchtigen Anlagen wurde ein paar Tage zuvor durch Ministererlass aus der Landeshauptstadt verhindert und der gesamte Industriekomplex unter Schutz gestellt. So kommt der Besucher heute in den Genuss, über den angelegten Denkmalpfad ZOLLVEREIN® eine im Originalzustand belassene Übertageanlage mit Gebäuden der ehemaligen Sieberei, der Kohlenwäsche mit ihren gigantischen Maschinen und Förderbänden zu begehen.

Seit 1998 kümmert sich die Stiftung Zollverein als Trägerin des Welterbes Zollverein um die Liegenschaften sowie um die Erhaltung des Industriedenkmals und die denkmalgerechte neue Nutzung der authentisch erhaltenen Bauten auf der Kokerei mit der scheinbar nicht enden wollenden Reihe von über 300 Koksöfen. Der Weg der Kohle, des „schwarzen Goldes", lässt sich im Ruhr Museum nachverfolgen. Rotglühende Treppen der ehemaligen Kohlenwäsche auf Schacht XII führen hinauf auf drei Etagen, auf denen eine Dauerausstellung die Natur- und Kulturgeschichte des Ruhrgebietes aufbereitet.

Der Erhalt der einmaligen Industrieanlagen auf dem 100 Hektar großen Gelände durch eine kulturelle und kommunikative Umnutzung erwies sich von Anfang an als Katalysator für den Strukturwandel der gesamten Ruhrregion. Nachdem die Hallen denkmalgerecht saniert waren, zogen noch in den 1980-er Jahren die ersten Mieter ein, vor allem Künstler und Kreative. Eine Initialzündung, die bis heute anhält und die ehemalige Zeche zur Heimat einer quirligen, breit gefächerten Kulturszene macht. Der gelungene Spagat aus Nostalgie und Avantgarde trägt zur Lebendigkeit der Welterbestätte im Norden von Essen bei.

Der Erhalt der einmaligen Industrieanlagen gilt als Katalysator für den Strukturwandel der gesamten Ruhrregion.

QUER (BEET) DENKER

Regionales auf einen neuen Weg gebracht

Klare Sache – Jordana und Nico Glanz, Gastgeberin und Koch im *Emile Restaurant*, bringen ihre Vorstellung von Qualität stilvoll auf den Punkt. Die Einrichtung: schlichte Schönheit des Art déco. Der Tisch: im eleganten Weiß gedeckt. Der Service: kompetent und natürlich charmant.

Ähnlich kompromisslos kommt die Küche des sensiblen Perfektionisten Nico Glanz daher – sie verführt schon bei der Lektüre. Vier Tafeln annoncieren schwarz auf weiß die tagesfrischen Kompositionen. „Aufgetafelt" wird als Vorspeise zum Beispiel Ziegenkäse auf zwei unterschiedliche Arten mit Salat und Himbeere gefolgt von Rosenkohlsuppe mit karamellisierten Nüssen. Zum Hauptgang trifft Schwäbisch-Hällisches auf Wirsing und Tomaten-Polenta. Und finalement geben Beerenkompott und Minz-Joghurt-Sorbet dem Mohn-Panna Cotta eine gewisse Frische. Mit einem Wisch auf der Tafel kann das köstliche Angebot am nächsten Tag ganz anders aussehen. Was gleich bleibt, sind Weine aus deutschen Landen und das Angebot, für Allergiker ein spezielles Menü zu arrangieren.

So sympathisch und zugleich selbstbewusst treten nur wenige junge Gastronomen auf. Sicherheit aber gibt die handwerkliche Perfektion. Ein Blick durch das Bullauge in die Küche zeigt: Der Tag beginnt damit, Brot und Plätzchen zu backen. Neben der Vorbereitung klassisch-regionaler Speisen werden frische Weinbergpfirsiche eingekocht, püriert und bilden die Basis für den abendlich servierten Bellini. Verlass ist auch auf die Erfahrung der Gastgeberin Jordana Glanz. Sie kommt aus einer Gastronomen-Familie und freut sich mit ihrem Mann seit 2012 über das eigene Restaurant.

Ohne Frage, das Ehepaar Glanz verleiht dem aufstrebenden Isenbergviertel im Süden von Essen – Nomen est Omen – kulinarische Strahlkraft auf lässige Art. Im Sommer speisen die Gäste auch gerne vor dem Restaurant und verbreiten so zusätzlich eine familiäre Atmosphäre im gesamten Viertel.

EMILE RESTAURANT
Jordana und Nico Glanz
Emilienstraße 2 45128 Essen
Telefon (02 01) 87 42 87 22
info@emile-restaurant.de
www.emile-restaurant.de

ABENTEUER SCHMUCK

Die Reise zum individuellen Ausdruck

Ich habe meinen Schatz gefunden!“ – so freuen sich Liebende, die zusammen mit Goldschmied Peter Rajter ihre Partnerringe angefertigt haben. Sie sind im wahrsten Sinne des Wortes ihres Glückes Schmied. Diese einzigartige Erfahrung ist nur ein Teil des lebendigen Angebotes der *Goldschmiede Peter Rajter*.

Schmuckfreunde und solche, die es werden möchten, feiern beim kreativen Schmieden in der gemütlichen Werkstatt auch Geburtstag, treffen Kollegen außerhalb der Arbeitszeit oder nehmen im Kreis der besten Freundinnen Abschied vom Dasein als Junggesellin. Es wird deutlich: Für Rajter ist Schmuck auch immer Kommunikation.

Seit 2008 zeigt der Goldschmied ausschließlich individuelle Anfertigungen. Zumeist inspiriert von der Ausstrahlung eines Edelsteins oder einer Perle gestaltet Rajter individuellen Halsschmuck, Armbänder oder Ringe; er verarbeitet dafür Silber, Gold und sogar Platin. Zu den Lieblingsstücken seiner Frau Angelika, die den Schmuckkünstler organisatorisch unterstützt, gehört eine filigran gearbeitete Kettenschließe in Form eines Engelflügels – luftig, glanzvoll und nahezu unwirklich schön. Daneben findet man kraftvolle Arbeiten: Massives Metall umschließt großformatige Edelsteine. Rajter lässt sich nicht festlegen und trifft so immer die Leidenschaft seiner Kunden.

Diesen Gestalter beauftragt man gerne mit einer persönlichen Anfertigung. Mittels Gespräch, Zeichnung und Abstimmung des Budgets begibt sich der Goldschmied mit seinem Kunden auf die Reise zu einem unverwechselbaren Stück, das den Charakter der Trägerin oder des Trägers angenehm unterstreicht. Genau: Immer mehr Männer schmücken sich gerne und finden bei Peter Rajter passende Modelle.

Ausgefallene Uhren ergänzen dieses einzigartige Schmucksortiment. Da gibt es die minimalistischen Designstücke aus dem Hause Rolf Cremer sowie wandelbare Modelle von Déjà-vu. *Goldschmiede Peter Rajter* geht mit der Zeit und findet dabei immer einen eigenen Weg.

GOLDSCHMIEDE PETER RAJTER
Peter Rajter
Borbecker Straße 245, 45355 Essen
Telefon 02 01 / 9 77 31 41
kontakt@goldschmiede-pr.de
www.goldschmiede-pr.de

HAUTNAH

Feine Maßarbeit aus Leder

Mode von Veronica Miceli ist ein Lebensgefühl. Denn sie verarbeitet handwerklich perfekt und fantasievoll gestaltet ein ganz besonderes Material: Leder. Ein archaischer sowie eleganter Werkstoff, der zugleich stabil und fließend ist. Kurz und gut: Leder ist so einzigartig wie die Liebhaber dieser Mode. Für sie schneidert Veronica Miceli ausgefallene Kreationen perfekt auf Figur und immer individuell.

Kreativität, handwerkliches Geschick und Gespür für Trends – Veronica Miceli ist mehr als eine Schneiderin. Sie besuchte erfolgreich die Modeschule in Florenz und erlernte dort das Fach Schnitttechnik. Ohne diese Kenntnisse wären ihre „Stiefelhosen" in der beliebten Qualität nicht möglich. Für diese Kreation gibt Miceli beim Schuster den Stiefelschuh in Auftrag. Den verbindet sie später mit dem maßgeschneiderten Schaft, der sich als Hose fortsetzt. Die Optik ist extrem feminin, außergewöhnlich und – keine Frage – erotisch.

„Meine Kundinnen und Kunden wollen mit kreativer Ledermode ihren eigenen Stil ausdrücken, manchmal in eine andere Rolle schlüpfen und sie wollen auch auffallen. Sie suchen ein Outfit für den großen Auftritt oder das private Vergnügen", beschreibt die Lederdesignerin ihre Kundschaft und legt dabei Wert auf Maßarbeit: „Im persönlichen Gespräch entwickeln wir individuelle Stücke, die wirklich anziehen." Diskretion zählt zu Micelis Tugenden und macht sie so erfolgreich.

Den Entwürfen – vom Halsschmuck über Handschuhe bis zu Mantel, Kleid und Hose – sind fast keine Grenzen gesetzt. Grundsätzlich kommt nur feinstes Leder zum Einsatz – entweder klassisch schwarz oder exklusiv gefärbt –, das Veronica Miceli von Lieferanten der Haute Couture bezieht. Durch hohen Tragekomfort und vielfältige Oberflächen überzeugt innovatives Stretchleder. Eine Inspiration für *Micelis Ledermode*; die ist immer einzig und nie artig …

LEDERATELIER MICELI
Veronica Miceli
Lindenallee 79, 45127 Essen
Telefon 02 01 / 2 48 61 61
design@miceli.de
www.miceli.de

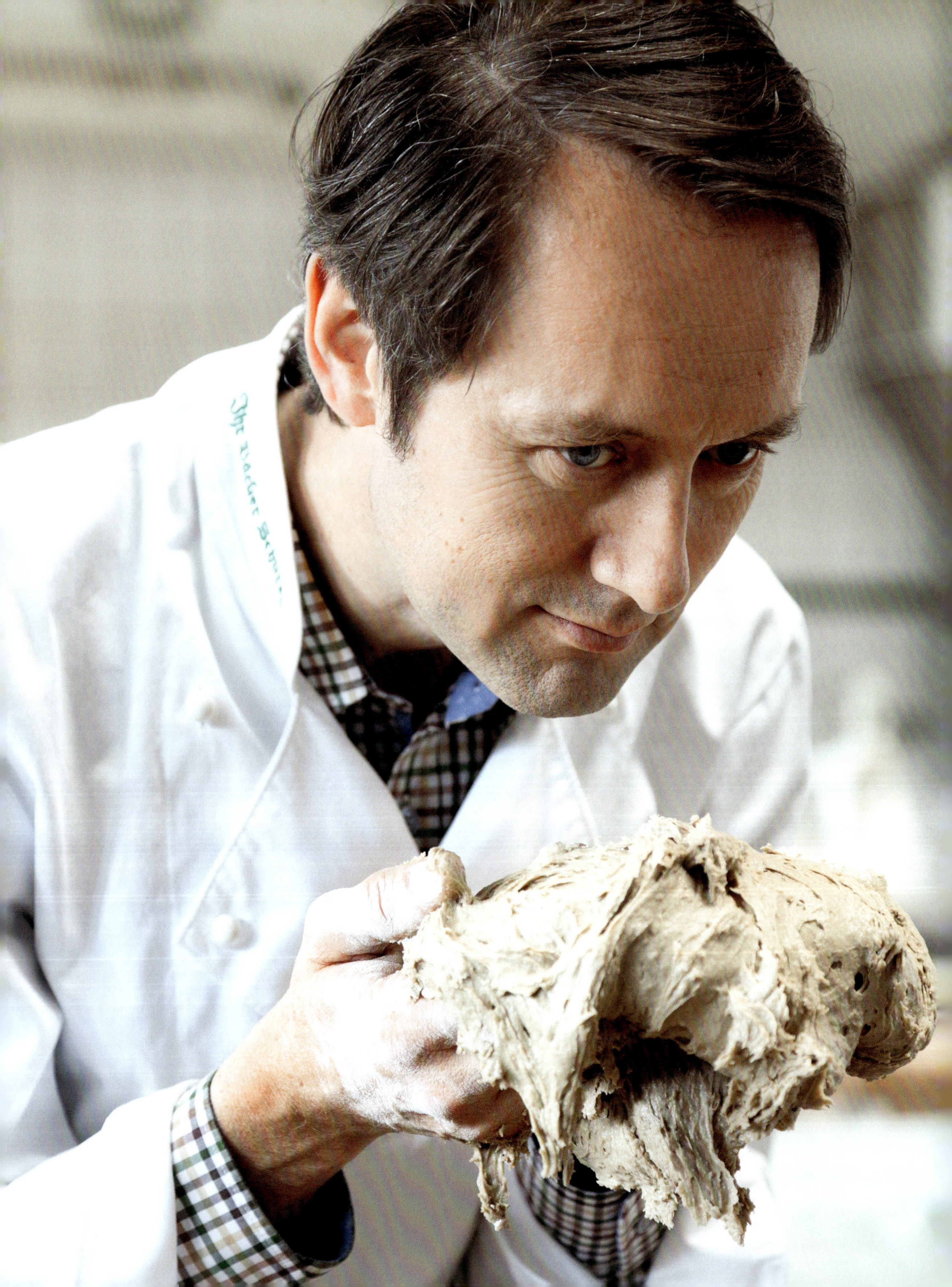

NACHHALTIG FORTSCHRITTLICH

Brotgenuss im Zeichen unserer Zeit

BIO-VOLLWERT-ROGGENBROT OHNE BACKHEFE

Dieses Rezept finden Sie auf der Seite 134

Brot aus Deutschland – den Status „Weltkulturerbe" hat unser liebstes Nahrungsmittel inoffiziell schon längst erreicht. Das findet auch Roland Schüren. Der Bäckermeister, Diplom Betriebswirt und Inhaber von *Ihr Bäcker Schüren*, definiert Brot jedoch nicht allein als traditionelles, kulinarisches Erbe; er betrachtet Herstellung, Verkauf und Genuss als zukunftsweisende Aufgaben.

Diese Haltung wird belohnt: durch den Zuspruch begeisterter Kunden, die täglich in den 18 Filialen Brot, Brötchen und Backspezialitäten erwerben. Und durch Anerkennungen wie den Deutschen Nachhaltigkeitspreis 2013. Ausgezeichnet wurde *Ihr Bäcker Schüren* in der Kategorie „Deutschlands nachhaltigste Zukunftsstrategie" für die Verbindung von wirtschaftlichem Erfolg mit sozialer Verantwortung und Schonung der Umwelt.

Man hat den Duft frischer Backwaren noch nicht in der Nase, geschweige denn einen Blick auf die appetitliche Auslage geworfen, da wird schon klar: *Ihr Bäcker Schüren* ist nicht wie die anderen. Vor dem Hauptgeschäft in Hilden gibt es 14 Plätze zum Aufladen von E-Mobilen. Den Strom generiert Schüren aus eigenen Photovoltaik-Anlagen. Damit betreibt er teilweise seine Backstube und gibt überschüssigen Strom an die eigene Flotte von E-Mobilen ab. Bis Ende 2014 ist das Aufladen auch kostenfrei für Dritte, die sich für diese umweltschonende Form der Fortbewegung entschieden haben.

Den Stein oder besser gesagt das Korn für diese engagierte Unternehmenskonzeption brachte bereits Mutter Christel ins Rollen. An der Seite ihres Mannes Reiner Schüren führte sie den Bäckereibetrieb bereits in der dritten Generation und gab 1979 den Anstoß, ein Vollwertprogramm in das Sortiment aufzunehmen; seitdem produziert der Betrieb aus tagesfrischem Vollwertmehl der eigenen Steinmühlen.

Inzwischen überzeugt *Ihr Bäcker Schüren* mit einer Trilogie: Es gibt die Linien „Klassik", „Bio-Vollwert" und „Bio-Klassik". Für jeden Geschmack ist hier etwas dabei. „Verbraucher wählen gerne aus der Vielfalt", stellt Roland Schüren fest. „Die Mutter einer vierköpfigen Familie greift gerne zur Bio-Vollwert

‚Olympiakruste' und nimmt für den Nachmittag einen klassischen ‚Rosinenplatz' mit." Für den Bäcker schließen sich gesundheitsbewusste Ernährung und ein Stück Sahnetorte nicht kategorisch aus. „Es kommt vielmehr auf das richtige Maß an", betont er und freut sich, dass sein Angebot echte Alternativen bietet.

Der Geschmack ist letztlich der entscheidende Faktor für den Erfolg von *Ihr Bäcker Schüren*. Die Aromen stimmen, die Konsistenz ist perfekt und das gute Gewissen isst gleich mit. Das Prinzip „Slow Baking" unterstützt Roland Schüren schon seit geraumer Zeit – natürliche Rohstoffe regionaler Erzeuger, Reifung ohne chemische Zusätze und ethisch korrekte Kooperationen kennzeichnen sein unternehmerisches Handeln.

„Wir backen wie ein kleiner Bäcker und wie früher – mit dem Wissen unserer Zeit. Die Backstube beginnt täglich mit dem Brot, dann folgen Brötchen und schließlich Kuchen", erklärt der Generalist in Sachen Brot und ergänzt: „Die Produkte können übrigens auch an verschiedenen Tagen etwas unterschiedlich aussehen. Am Geschmack ändert das nichts." Ein schönes Beispiel ist der Herstellungsprozess eines klassischen Brötchens. Industriell gefertigt landet es heutzutage innerhalb von zwei Stunden in der Tüte. *Ihr Bäcker Schüren* gibt dem guten Stück 30 bis 36 Stunden Zeit. Das liegt an den langen Gärphasen. Dass ein Brötchen von *Ihr Bäcker Schüren* also bei der Blindverkostung durch den WDR im Jahr 2011 auf dem ersten Platz landete, verwundert nicht. Bei aller Liebe zu Slow Food und Slow Baking – die Köstlichkeiten aus der Hildener Backstube sind schnell verputzt, entweder zuhause oder direkt vor Ort in den gemütlichen Cafés der Filialen, wo man außerdem fair gehandelten Kaffee genießen kann.

IHR BÄCKER SCHÜREN
Roland Schüren
Mühlenbachweg 9, 40724 Hilden
Telefon 0 21 03 / 20 17 0
info@ihr-baecker-schueren.de
www.ihr-baecker-schueren.de

17
33
9
LA RONDE
R
DES GOURMETS

VON IDEE UND IDENTITÄT

Haute Cuisine vermittelt zwischen den Kulturen

HIMMEL UND ERDE

Dieses Rezept finden Sie auf der Seite 135

Deutschland: Land der Dichter und Denker? Lange Zeit berührte Poesie den Geist – selten den Teller. Das änderten in den 1970-er Jahren Spitzenköche wie Jean-Claude Bourgueil. Ausgebildet in der Haute Cuisine erhebt er sich nicht über die traditionelle Kulinarik seiner Wahlheimat, sondern schenkt ihr Raffinesse; so steuert er seit über 30 Jahren geschmacklich auch immer wieder internationale Ziele an.

1977 gründete Bourgueil im malerischen Düsseldorfer Stadtteil Kaiserswerth in einem Gebäude aus dem Barock sein *Restaurant Im Schiffchen* – direkt am Rhein. Mit zunächst kleiner Brigade vollführte er große Küche. Die machte sich über die Grenzen der Landeshauptstadt hinaus einen Namen und feinsinnige Kreationen, wie in Kamillenblüten gedämpfter bretonischer Hummer, erhalten bis heute höchstes Lob. Seit 1979 ist das Haus besternt – im Jahr 1988 sogar mit vier funkelnden Insignien: drei für das *Schiffchen* und ein weiterer für das inzwischen hinzugekommene Restaurant Aalschocker, heute *Enzo im Schiffchen*.

„Ich stelle die Produkte immer wieder in Frage und freue mich, sie schließlich zu verstehen", erklärt dieser Philosoph seiner Zunft den Umgang mit Gemüse, Fisch und Fleisch. Deren Identität zu erhalten und dann in einen spannenden Dialog zu bringen, ist Bourgueils Ziel.

Elegant zurückhaltendes Ambiente und perfekter Service unterstreichen die Konzentration auf den Genuss. Begleitende Weine, edel und teils sehr selten, lagern im hauseigenen Keller – quasi ein Liegeplatz für besondere Tropfen.

Während das *Restaurant Im Schiffchen* im ersten Stock des Hauses durch Kontinuität besticht, präsentiert Bourgueil im Parterre nach moderner deutscher und lebendiger Bistro-Küche inzwischen italienische Gaumenfreuden. Das *Enzo im Schiffchen* ist direkt, leicht und extrem kommunikativ. Feinschmecker lieben dieses Duett der Kulinarik.

RESTAURANT IM SCHIFFCHEN
Jean-Claude Bourgueil
Kaiserswerther Markt 9, 40489 Düsseldorf
Telefon 02 11 / 40 10 50
restaurant@im-schiffchen.de
www.im-schiffchen.com

GUT BERATEN

Ein Supermarkt stellt den Genussfaktor Mensch in den Mittelpunkt

Selbstbedienung – das Zauberwort für Konsum, der sich 1954 mit dem Start des Systems Supermarkt durch die Edeka-Gruppe in Deutschland vollkommen änderte; anders als zuvor im Tante-Emma-Laden hatte man den Verbrauch jetzt buchstäblich selber in der Hand. Und heute? Nachdem Discounter das Einkaufserlebnis zur schlichten Versorgung herabstuften, erfreuen wir uns heutzutage an einer neuen Generation von Supermärkten.

Einer ihrer Pioniere ist Heinz Zurheide; 1977 gründete er die gleichnamige Firmengruppe und entwickelte die Philosophie weiter. Bestes Beispiel ist das *Edeka Frischecenter Zurheide*, das im Jahr 2009 seine Pforten öffnete. Hier fügte man der Vielfalt des Sortiments den „Genussfaktor Mensch" hinzu. „Wer will schon zufriedene Kunden?", fragt Rüdiger Zurheide, Sohn des Gründers und für den Bereich Personal zuständig, mit einem Augenzwinkern beim Gang durch das großzügige Areal des Marktes in Düsseldorf. Und wird gleich ernst, wenn es um das Gewinnen und Binden seiner Klientel geht: „Bei uns begeistert zum Beispiel das Frischemarkt-Team immer wieder neu", erzählt er aus seinen Erfahrungen und grüßt die Mitarbeiter dabei freundlich, darunter das Team der Käsetheke. Ganzjährig bietet es 300 Käsesorten an; zählt man saisonale Spezialitäten hinzu, sind es sogar 500 verschiedene Produkte. Eine köstliche Fülle, die erst zum Genuss werden kann, indem Spezialisten die Vorlieben erfragen und den gewählten Käse auch zur Vorkostung anbieten.

Genauso sorgen Profis in allen Abteilungen – bei Fisch, Fleisch, selbstgemachter Pasta, frischem Gemüse und Obst oder Confiserie – für das Wohl der Besucher. Das wird von Fachzeitschriften der Lebensmittelbranche wie der „Lebensmittel Praxis" ausgezeichnet: Käse-Star 2012, Edeka-Cup Gewinner 2011, Bester Supermarkt 2011, Beste Weinabteilung 2011, Beste Obst- und Gemüseabteilung 2010 … Von Beginn an sammelten Marktleiter Bernd Polert, Gastronomieleiter Jörg Tittel und das 140-köpfige Team diese Insignien des Lobs. Die Kunden profitieren von den prämierten Erfahrungen und Kompetenzen durch beste Beratung.

US RINDERFILET MIT BAROLO-JUS, DREIERLEI VOM KÜRBIS UND PUMPERNICKEL-ERDE
Dieses Rezept finden Sie auf der Seite 135

Diese Leidenschaft für Genuss treibt auch Patrick Bortoluzzi an. Er ist Weinfachberater und Mann der ersten Stunde in Düsseldorf. Damals wurde aus einem ausgezeichneten Kaufmann ein echter Weinfreak. Privat hatte er sich bereits für dieses besondere Getränk interessiert und durfte seine Passion mit dem Aufbau der Weinabteilung zur täglichen Profession machen. So einer gibt angehenden Weinfreunden nicht nur ein gutes Gefühl, sondern auch den richtigen Tipp. Kenner wiederum schätzen Bortoluzzi und seinen fachkundigen Kollegen als angenehme Gesprächspartner. Mit ihnen durch die Regale zu stöbern oder die wohltemperierten Weinkammern zu begehen, ist ein köstliches Erlebnis. Bortoluzzi zeigt neben deutschen Spitzenerzeugnissen die klassischen Anbaugebiete Europas und Entdeckungen aus Übersee. Trends erkennt er als einer der ersten und bringt zum Beispiel im Jahr 2014 die süditalienischen Weine wieder ganz nach vorne – zu bezahlbaren Konditionen.

Neben Weinabteilung, Kaffeerösterei, Grill-Station und Sushi-Bar macht das Gourmet-Bistro diesen Supermarkt für Feinschmecker so attraktiv. Küchenchef Anton Pahl verwandelt hier die hervorragenden Waren des Marktes zu kleinen, knackigen Menüs; leichte und originelle Speisen, die der belebten Stimmung entsprechen. Im Sommer 2013 holte Genussmanager Jörg Tittel seinen Koch in das Gourmetbistro zurück, nachdem Pahl inspirierende Jahre in der exklusiven Küche von Düsseldorf erlebt hatte. „Ich bin froh, dass Anton Pahl sich wieder mit viel Engagement und Kreativität einbringt. Das gibt mir Raum für das gesamte kulinarische Konzept des Marktes“, erklärt Tittel. Dazu gehört das jährlich stattfindende Gourmet-Festival. Tittels Einladung folgen jeweils im September die Größen der deutschen Sterne-Kulinarik und präsentieren in ungezwungener Atmosphäre ihre Signature Dishes, typische Speisen der Meisterköche.

„Neben all dem Großen und Exklusiven achten wir hier auf das Machbare und erweitern unser Angebot regionaler Waren – insbesondere im Frischebereich“, erklärt Marco Zurheide. Der zweite Sohn von Ideengeber Heinz Zurheide steuert den Einkauf. „Auch das hat mit dem Genussfaktor Mensch zu tun, denn Nachhaltigkeit hilft uns allen. Und schmeckt!“

FRISCHECENTER ZURHEIDE FEINE KOST
Rüdiger Zurheide
Nürnberger Straße 40–42, 40599 Düsseldorf
Telefon 02 11 / 74 96 58 00
info@frischecenter.de
www.frischecenter-zurheide.de

EINE BASTION GUTEN GESCHMACKS

In Jülich könnte Kaiser Karl noch heute seinen Lieblingskäse kosten

Wehrhaft und schön zugleich: die berühmte Zitadelle in Jülich. Nur ein paar Schritte entfernt präsentiert sich in ähnlicher Manier eine Pilgerstätte für Feinschmecker. Das *Caseus-Vinum* verwehrt sich der Convenience-Küche und gibt entspanntem Genuss ein elegantes Zuhause.

Zentral ist das im Westen einzigartige Sortiment an Käse. Rund 400 Sorten, zumeist aus Rohmilch gefertigt, hat Feinkostspezialistin Elke Pennartz zusammengestellt. Auf ihren Reisen durch Europa entdeckt sie in Manufakturen hergestellte Köstlichkeiten. Hartkäse, Weichkäse, Schimmelkäse – allesamt perfekt gereift landen sie schließlich in der großzügigen Theke des *Caseus* und werden von Elke Pennartz angenehm beredt vorgestellt. Und nicht nur das: Man darf jedes Stück kosten.

Da gibt es zum Beispiel „Bleu de Termignon“ aus dem Savoie in den französischen Alpen. Zwei Bäuerinnen „impfen“ den Käse mit Blauschimmelkulturen, die im Laufe der Zeit blühen und der Delikatesse ein weltweit einzigartiges Aroma verleihen. Der bekannte „Brie de Meaux" wiederum schmeckte schon Karl dem Großen und macht noch heute unverändert Appetit. Dazu ein aromatisches Fruchtbrot aus Valencia? Oder Baguette direkt aus Paris?

„Bis man sich hier durchprobiert hat, vergehen Jahre“, schmunzelt Dr. Peterheinrich May, Ehemann von Elke Pennartz, und präsentiert neben einer feinen Auswahl an Antipasti, Saucen, Gewürzen, Pasteten und Schokoladen den Genuss-Partner des Käse: Wein in exklusiver Selektion.

Wie schön, dass sämtliche Köstlichkeiten seit 2013 nicht nur zuhause, sondern direkt in der angrenzenden Kaffee- und Weinlounge *Vinum* schmecken. Das elegante Lokal ist schnell zum Treffpunkt für feinsinnige Jülicher und die Region geworden. Und noch mehr: May, ein echter Conférencier des Genusses, stellt hier regelmäßig die Harmonie von Käse und Wein mit Seminaren und Verkostungen vor. Salve delicium!

BRIE DE MEAUX, FEIGEN UND ORANGENSAUCE

Dieses Rezept finden Sie auf der Seite 136

CASEUS-VINUM
Elke Pennartz und Dr. Peterheinrich May
Düsseldorfer Straße 3, 52428 Jülich
Telefon 0 24 61 / 3 17 44 42
info@caseus-vinum.de
www.caseus-vinum.de

GENUSS – GANZ BEWUSST

Mit ganzheitlichem Ansatz wird ein Restaurant zur Ausnahmeerscheinung

Seit 2009 bekommen Krefelder „Lust auf Gesundheit“ im Salvea, einem Gesundheitszentrum der Extraklasse. Medizinisch notwendige Leistungen findet man hier genauso wie frei wählbare Angebote für Gesundheitsbewusste, alles in der Atmosphäre eines hochklassigen Hotels. Der Initiator Wolfgang K. Hoever restaurierte für diesen innovativen Ansatz historische Gebäude und konzipierte sie funktionell für die neue Nutzung.

Zum ganzheitlichen Ansatz für gesunde Lebensweise gehört eine moderne, exquisite Kulinarik, die von Dominik Grzeschik und Sabrina Brink praktiziert wird; das dynamische Duo kocht nicht nur für Gäste des Salvea, sondern für alle Feinschmecker der Region. In ihrem *Restaurant und Bistro Essklasse* bieten sie Regionales wie Exotisches im spannenden Diskurs.

Mittags gibt es ein leichtes Lunch zu vernünftigen Preisen. Pfiffig: die Pastagerichte „mix it yourself“; man wählt Spaghetti oder Gnocchi und kombiniert sie je nach Gusto mit Gemüse, Scampi oder Hähnchenbrust. Am Abend gestaltet sich die Speisekarte nach dem Motto „Gute Zutaten treffen auf Kreativität“. Als Vorspeise schmeckt zum Beispiel japanischer Kartoffelsalat. Zwischendurch erfreut Pasta mit Trüffelcreme und Essigpulver. Bauch vom Kräuterschwein für den Hauptgang gart behutsam über 72 Stunden und wird mit Erbsenrisotto sowie Kräuterwiese serviert. Schließlich reizt das „Elektrische Sorbet“ alle Sinne. Freitags und samstags gibt es mit dem Überraschungsmenü die kreative Küche der *Essklasse* quasi in Reinform – Anmeldung erforderlich.

Der Cross-over auf dem Teller folgt der Raumgestaltung. Aufgetischt wird im puristisch-eleganten Ambiente, das dem gesamten Ensemble – Restaurant wie Gesundheitszentrum – eine angenehme Ausstrahlung verleiht. Akzente setzen Accessoires und Möbel indonesischer Herkunft. Besonders zu empfehlen ist bei gutem Wetter die Gartenterrasse. Der Blick fällt dann auf ein weites Meer weißer Hortensien – ein Genuss für alle Sinne.

„Ich bin wahnsinnig experimentierfreudig und immer auf der Suche nach aufregenden Kombinationen“, erklärt Koch und Geschäftsführer Dominik Grzeschik seine Idee von Geschmack und freut sich über Sabrina Brink an seiner Seite. Ihre Liebe zum Detail verwandelt seine Kreativität in kulinarischen Lifestyle. Gemeinsam sind die Kochpartner eine angenehme Ausnahmeerscheinung der Gastroszene am Niederrhein.

KARTOFFELESPUMA MIT ONSENEI
Dieses Rezept finden Sie auf der Seite 136

ESSKLASSE RESTAURANT & BISTRO
Westparkstraße 105, 47803 Krefeld
Telefon 0 21 51 / 50 01 10
essklasse@essklasse-krefeld.de
www.essklasse-krefeld.de

Kult & Genuss

TISCHLEIN, ENTDECK DICH!

Was in Sachen Kulinarik alles möglich ist

Für Kommunikation, Qualität und sympathische Extravaganz rund um Kulinarik ist *Kult+Genuss* in Mönchengladbach eine ausgezeichnete Adresse. Werner Henssen als Initiator und Christiane Lageveen als engagierte Gastgeberin führen in den Räumen einer ehemaligen Näherei Restaurant und Kochschule, Tasting und Event, Musik und Feinkost sensibel zusammen.

„Hier kommt echte Urlaubsstimmung auf", schwärmt ein Gast, der im lauschigen Innenhof von *Kult+Genuss* direkt neben dem Olivenbaum Platz genommen hat und seinen Latte macchiato genießt. Hier gibt es wohl die besten Kaffeespezialitäten der Stadt; ebenso passendes Equipment rund um kultige Kaffeemaschinen plus fachmännische Beratung von Barista Werner Henssen.

Überhaupt setzen die Macher auf Professionalität und Vielfalt. Die Küche serviert einen mediterran inspirierten Mittagstisch und lädt regelmäßig zu „After Work Wine" ein. Die Kochkurse vermitteln in lockerer Atmosphäre kulinarisches Wissen und handwerkliche Technik: Sushis kriegen den richtigen Dreh und Crossover Küche heißt „Schicki-Micki". Bei bester Stimmung werkeln, probieren und schmausen die Teilnehmer in der offenen und modularen Küche.

Berührend, beschwingt und beliebt sind die Musikveranstaltungen „Vino e musica". Portugiesischer Fado, Alternative Country oder Swing: Christiane Lageveen arrangiert ein exzellentes Musikprogramm – Reservierung ist angeraten.

Die stilvollen Eventräume von *Kult+Genuss* sind für private und geschäftliche Veranstaltungen ein echtes Glück. Individuelle, zuverlässige Planung trifft hier auf urbane Fabrikatmosphäre, abstrakte Kunst und hochwertige, aber lässige Küche.

Wie gut, dass immer eine Auswahl an Feinkost, Weinen und Tischaccessoires da ist: Ohne köstliches Souvenir mag keiner nach Hause gehen.

EDELFISCHCURRY

Dieses Rezept finden Sie auf der Seite 137

KULT+GENUSS GMBH
Werner Henssen und Christiane Lageveen
Wilhelm-Strauß-Straße 65, 41236 Mönchengladbach
Telefon 0 21 66 / 2 17 26 27
info@kultundgenuss.de
www.kultundgenuss.de

HOCHKÜCHE MIT SINNLICHER TIEFE

Ein Spitzenkoch kreiert Lifestyle in neuer Dimension

Wo vieles anders und alles gut ist: das *Palace St. George* in Mönchengladbach. In den Gebäuden einer ehemaligen Erziehungsanstalt aus dem Jahr 1904 wirkt jetzt ein freier Geist. Der Kirchenraum dient heute als Saal für Veranstaltungen mit exzellenter Akustik; das Schulgebäude ist Designhotel und Spitzenrestaurant. Wer wagte diese spannungsvolle Inszenierung des denkmalgeschützten Ensembles? Die Eigentümer, Herr und Frau Prinzen, vertrauen seit 2005 Wolfgang Eickes: einem Koch, der mehr gute Ideen hat, als er am Herd umsetzen kann, und so parallel zum Hotelier wurde. Ein Glück für Menschen, die in einer vernetzten Welt nicht eindimensional genießen wollen.

„Ich sehe in einem Produkt oft etwas anderes als die meisten Menschen", beschreibt Eickes, der zunächst Kunst, Germanistik und Philosophie studierte und später zum Sternekoch avancierte, seinen kreativen Umgang mit Kulinarik und Lifestyle. Bei ihm stehen Aromen und Texturen im Dialog mit der Umgebung. So begegnet seine Hochküche unbekümmert der niederrheinischen Bodenständigkeit. Zeitgemäß fusionieren Service und Ambiente von Restaurant und Bistro. Was in Paris oder New York seit den Nullerjahren als Casual Fine Dining praktiziert wird, öffnet das *Palace St. George* für junge Feinschmecker und bestätigt selbst die Erfahrungen weltgewandter Gourmets; immer begleitet von Weinen der Extraklasse oder abgerundet durch trendige Cocktails. Last but not least treffen sich Spitzenküche und Genießer mit Eickes' Catering sowie den Koch- und Weinkursen.

Ein Haus für Freunde von Kulinarik, Kultur und Sport – es liegt fußläufig nur fünf Minuten vom Borussia-Park entfernt – wird Ende 2015 außerdem zum exklusiven Tagungszentrum mit zwei hochwertig ausgestatteten Seminarräumen und 16 weiteren Zimmern. Für private und diskrete Atmosphäre ist trotz pulsierender Umgebung gesorgt. Das *Palace St. George*: Synergie von Geist und Genuss.

PALACE ST. GEORGE GMBH & CO. KG
Wolfgang Eickes
Konrad-Zuse-Ring 10, 41179 Mönchengladbach
Telefon 0 21 61 / 5 49 88 – 0
info@palace-st-george.de
www.palace-st-george.de

HEIMVORTEIL, DEN MAN SCHMECKT

Bioprodukte der Region in meisterlicher Hand

QUARKSOUFFLÉ

Dieses Rezept finden Sie auf der Seite 137

Im Jahr 1986 startete der junge Koch Rainer Hensen seine kulinarische Karriere in der Heimat, dem Dorf Randerath – einem Ortsteil von Heinsberg. Hier findet man ihn noch heute – allerdings hoch dekoriert. Seit vielen aufeinander folgenden Jahren ist Hensen mit einem Michelin-Stern ausgezeichnet. Sein Ruf reicht weit über die Grenzen der Region hinaus. Aber wie kann das sein? Köche müssen doch reisen, internationale Erfahrungen sammeln, bei anderen Kollegen in die Töpfe schauen dürfen, heißt es. Doch dieser Fall zeigt: Die Welt der Kulinarik lässt sich in ihrer Weite und Vielfalt ebenso gut an Ort und Stelle bereisen. Voraussetzungen dafür sind Professionalität, Kreativität sowie beste Produkte – allesamt in der *Burgstuben Residenz St. Jacques* anzutreffen.

„Zur Thematik ‚biologischer Anbau' hatte ich mir gar keine Gedanken gemacht, als ich Lieferanten für meine Küche suchte", schildert Hensen die erste Zeit seines Wirkens. „Ich stellte lediglich fest, dass diese Produkte einfach besser sind – vor allem im Geschmack." Aus seiner Sicht ist dies nur möglich, weil es Bauern gibt, die entgegen jeder modernen wirtschaftlichen Einschätzung alte Sorten pflegen. Von diesen Erzeugern bezieht der Sternekoch nicht nur sein Gemüse, sondern auch Inspiration und Kraft. Rein vegetarisch geht es bei Rainer Hensen allerdings nicht zu. Zu seiner Küche gehören auch Fisch und Fleisch. Sein besonderes Augenmerk gilt hier dem Duroc-Schwein, dessen Fleisch durch unverwechselbaren Geschmack auffällt und quasi in der Nachbarschaft gezüchtet wird. Nicht von ungefähr ist der Burgstuben-Chef Mitglied der Vereinigung „Bio-Spitzenköche".

Hensen gibt sich gern bodenständig. Die gutbürgerliche Küche hat er von der Pike auf gelernt, diese Ausbildung wirkt bis heute nach. Es war die Zeit, als Eintöpfe wirklich noch in großen Töpfen gekocht wurden und ein Sauerbraten tatsächlich wie ein Sauerbraten schmeckte. Dass er zudem auch mit dem Bäckerhandwerk bestens vertraut ist, honorieren die Gäste natürlich ebenso wie seine sinnliche Art des Kochens, die sich mit jedem Gericht zeigt. Sanfte Gemüsekompositionen betonen die Leichtigkeit von Fisch – Kabeljau schmeckt mit Morchelrahm und Stielmus, Wolfsbarsch mit Lauch und Trüffelschaum.

Lamm in der Oliven-Kräuter-Kruste trifft auf Couscous und zeigt aromatische Kraft. Raffiniert wird es, wenn Hensen Suprême und Coq au vin vom Perlhuhn mit der Gänseleber vereint.

Den passenden Wein auch zu Köstlichkeiten wie Austern, die schwierig zu kombinieren sind, finden Connaisseure im *St. Jacques* mit Sicherheit. Die Karte umfasst 400 Positionen von Spitzenwinzern aus Deutschland, Frankreich, Italien, Österreich und den USA. Der Sommelier ist der Schatzmeister dieser feinen Kollektion, die unter anderem in der gut sichtbaren Weinbibliothek – einer begehbaren Weinkarte – lagert. Sie verbindet die beiden Bereiche des Gourmetrestaurants. Der vordere empfängt in heimeliger Atmosphäre, während der rückwärtige Wintergarten mit seinem Kaminofen hell und offen wirkt. Begehrt sind auch die Plätze auf der Terrasse, die den Blick auf Bachlauf und Teich freigibt.

Rainer Hensen hält Geheimniskrämerei in der Küche für fehl am Platze. Sein Know-how und sein Können gibt er deshalb seit über zwei Jahrzehnten in Kochkursen an interessierte Hobbyköche und Gourmetfans weiter. Dabei dürfen sie nicht nur zusehen, sondern können selbst aktiv werden. Über einen ganzen Tag lang erlernen die Teilnehmer Kniffe, Methoden und Wissen aus der Haute Cuisine. Am Abend genießen dann alle mitsamt der Küchenbrigade gemeinsam ein vorzügliches Essen.

Und damit kein falscher Eindruck entsteht: Rainer Hensen reist durchaus gern. Jedes Jahr unternimmt er kulinarische Trips nach Südfrankreich und Mallorca, um über den eigenen Tellerrand zu blicken, neue Rezepte zu entdecken und neue Aromen auszuprobieren. Wer sich rechtzeitig anmeldet, kann mit auf die inspirierende Kochreise gehen und Hensens Künste auch außerhalb der heimischen Küche in Randerath genießen.

BURGSTUBEN RESIDENZ
Rainer Hensen
Feldstraße 50, 52525 Heinsberg-Randerath
Telefon 0 24 53 / 802
info@rainerhensen.de
www.rainerhensen.de

REZEPTE

BIO-VOLLWERT-ROGGENBROT OHNE BACKHEFE

Ihr Bäcker Schüren, Seite 114

ZUTATEN FÜR 4 BROTE À 1,2 KG

0,5 g Anstellgut, 2.618 g Bio-Roggenvollkornmehl, 2.116 ml Wasser, 56 g Salz

ZUBEREITUNG

Die Zubereitung des 3-Stufen-Sauerteigs ohne Hefezugabe bedarf der sorgfältigen Beachtung von Mengen, Standzeiten und Temperaturen. So entsteht eine roggenbrottypische Lockerung. Am besten bestellt man frischen Sauerteig, der am gleichen Tag hergestellt wurde, beim Bäcker des Vertrauens vor – das sogenannte „Anstellgut". Sonst kann auch handelsüblicher Sauerteig aus Auszugsmehl verwendet werden.

Bei nicht zu warmer Raumtemperatur aufbewahrt wird das Anstellgut am nächsten Morgen zum „Anfrischsauer" (erster Schritt) verarbeitet. Der Zeitpunkt für das Backen bestimmt den Arbeitsbeginn – der Schritt „Anfrischsauer" muss entsprechend früh angegangen werden. Dabei werden 0,5 Gramm Anstellgut, 22 Gramm Bio-Roggenvollkornmehl und 34 Milliliter Wasser miteinander verrührt; alles bei ca. 27 °C für 3 bis 5 Stunden stehen lassen. Im zweiten Schritt „Grundsauer" werden 336 Gramm Bio-Roggenvollkornmehl und 230 Milliliter Wasser hinzugefügt und vermengt; alles bei ca. 22 °C für 6 bis 8 Stunden stehen lassen.

Im dritten Schritt „Vollsauer" werden 910 Gramm Bio-Roggenmehl und 910 Milliliter Wasser zugegeben und verrührt; alles bei ca. 30 °C für 3 bis 4 Stunden stehen lassen. Für die Teigbereitung 1 350 Gramm Bio-Roggenvollkornmehl, 56 Gramm Salz und 942 Milliliter Wasser beigeben und verrühren. Backformen, die für 1.000 Gramm schwere Brote geeignet sind, mit Butter oder Margarine einfetten. Die Küchenarbeitsplatte mit Mehl bestäuben. 4 Teigstücke á 1 200 Gramm abwiegen.

Die Teigstücke im Mehl rund arbeiten und dann in längliche Form rollen und in die Backform geben. Brote ca. 45 bis 60 Minuten abgedeckt und bei Raumtemperatur stehen lassen. Die Brote vorsichtig mit Wasser besprühen. Den Ofen bei Ober- und Unterhitze auf maximale Temperatur eines Haushaltsofens von 260 bis 270 °C vorheizen und das Brot anbacken. Nach 20 Minuten den Ofen auf 185 °C runterstellen, sodass er langsam bis auf diese Temperatur abfällt, und weitere 75 Minuten backen lassen. Die Backofentür zwischendurch nicht öffnen. Die Brote aus dem Ofen entnehmen, noch ca. 10 Minuten in der Form stehen lassen, dann vorsichtig auskippen und auf einem Gitter auskühlen lassen.

HIMMEL UND ERDE

Restaurant Im Schiffchen, Seite 116

ZUTATEN

1 kg Kartoffeln, 450 ml Milch, 250 g Butter (kalt), 70 g Olivenöl, Muskatnuss, 4 Äpfel, 300 g Gänseleber, 30 ml Hühnerbrühe, 20 ml Calvados, 80 ml salzarme Sojasauce, Zucker, Butter, Salz und Pfeffer,

ZUBEREITUNG

Für das Kartoffelpüree die Kartoffeln schälen und in Salzwasser kochen, bis sie gar sind. Das Wasser abschütten und die heiße Milch dazu geben. Die Kartoffeln mit einem Stampfer grob zerdrücken und anschließend durch ein Sieb streichen. Die Butter in Flocken hinzufügen und das Püree kräftig rühren. Mit Olivenöl, Salz, Pfeffer und Muskatnuss abschmecken. Die Äpfel schälen und entkernen. Mit der Aufschnittmaschine in dünne Scheiben schneiden und in gebutterten Pfannen zu vier runden Rosetten legen. Mit etwas Zucker bestreuen und kurz unter dem Grill goldgelb backen. Die Gänseleber in Scheiben schneiden, in einer heißen Pfanne mit Struktur, damit das Fett abfließen kann, anbraten und mit Hühnerbrühe, Calvados und salzarmer Sojasauce ablöschen. Den Jus auf ein Minimum reduzieren. Zum Anrichten etwa zwei Esslöffel Kartoffelpüree auf jeden Teller geben und zu einem Kreis in Größe der Apfelrosette verstreichen. Die Gänseleber auf dem Kartoffelpüree anrichten und etwas Jus über die Leber geben. Die Pfannen mit den Rosetten wieder heiß stellen und mit etwas Calvados vom Boden lösen. Nun die Rosetten vorsichtig aus den Pfannen über die Gänseleber gleiten lassen. Vor dem Servieren noch etwas Jus um die Rosetten träufeln.

US RINDERFILET MIT BAROLO-JUS UND DREIERLEI VOM KÜRBIS

Edeka Frischecenter Zurheide Feine Kost, Seite 118

ZUTATEN

US Filet *ca. 1 kg Filet (US) küchenfertig, 500 ml Rinder-Jus, 300 ml Barolo, Basic dark & tasty, Basic sweet, Basic Textur (Bindemittel aus der weißen inneren Schicht der Zitronenschale)* Dreierlei vom Kürbis *2 kg Hokaido Kürbis, 100 ml Kokosmilch, ca. 15 Kaffir Limettenblätter* Kürbiseis *250 g Kürbispüree, 100 g Basic Textur, 1 Limette, Basic sweet, etwas Salz* Kürbis-Soufflé *8 Eier, 500 g Kürbispüree, 200 g Butter, zimmertemperiert, 100 g Schmand, 60 g Stärke, 50 g Mehl*

ZUBEREITUNG

US-Filet: Rinder-Jus und Barolo auf ein Drittel reduzieren. Mit Salz, Pfeffer, Basic dark & tasty und Basic sweet abschmecken. Mit Basic Textur nach Wunsch andicken. Rinderfilet in vier gleiche Steaks schneiden. Salzen und scharf von allen Seiten anbraten. Auf ein Ofengitter geben und bei 70 °C Umluft im Ofen ca. 20 Minuten ruhen lassen. Kürbisse halbieren und Kerngehause entfernen. Kürbisfleisch in grobe Würfel schneiden, mit Limettenblättern und Kokosmilch leicht köcheln lassen, bis das Kürbisfleisch weich ist. Limettenblätter entfernen, Kokos-Kürbis-Masse fein mixen. Durch ein Sieb streichen, mit Salz und Basic sweet abschmecken. Kürbiseis: Zesten und Saft von der Limette mit Kürbispüree und Basic Textur mixen. Mit Salz und Basic sweet abschmecken, in Eismaschine oder Pacojet abdrehen. Kürbis-Soufflé: Eier trennen. Eiweiß aufschlagen und kalt stellen. Butter und Eigelb aufschlagen, Kürbispüree dazu geben. Stärke und Mehl nach und nach zugeben. Geschlagenes Eiweiß unter die Masse heben, abfüllen und in kleinen Förmchen bei 160 °C ca. 10 bis 15 Minuten backen; in einer großen Backform bei 160 °C ca. 25 bis 30 Minuten. Für die dritte Komponente restliches Kürbispüree je nach Festigkeit mit Basic Textur binden.

REZEPTE

BRIE DE MEAUX, FEIGEN UND ORANGENSAUCE

Caseus-Vinum, Seite 122

ZUTATEN FÜR 4 PERSONEN

20 g Mandelstifte, 80 g Zucker, 400 ml Orangensaft, 5 Zimtstangen, 5 g Chili, 150 g Orangenfilets, 600 g Brie de Meaux AOP, 4 Feigen, 20 g Puderzucker, Salz

ZUBEREITUNG

Für die Orangensauce die Mandelstifte in einer Pfanne trocken rösten und zur Seite stellen. Den Zucker in einer erhitzten Saucenpfanne zu hellem Karamell kochen. Mit Orangensaft ablöschen, Zimtstangen zufügen und bei mittlerer Hitze auf ein Viertel einkochen. Die Samenkerne aus der Chilischote entfernen, die Schote fein schneiden und mit den Orangenfilets zum Sirup geben.

Alles 5 Minuten kochen lassen und dabei ständig vorsichtig umrühren. Schließlich die Mandelstifte zufügen und die fertige Orangensauce zur Seite stellen. Den Backofen auf 160 °C mit Heißluft vorheizen. Den Brie de Meaux in Stücke à 50 Gramm schneiden und mittig auf vier Tellern anrichten. Feigen waschen, trocken reiben und halbieren. Die Schnittflächen mit Puderzucker bestäuben. Die Feigen mit den Schnittflächen nach oben auf einen Teller legen und für 1 Minute im Backofen erwärmen. Dann die Feigen auf den Brie legen, mit der Orangensauce dekorieren und sofort servieren. Weinfachmann Peterheinrich May empfiehlt zu dieser Kreation einen halbtrockenen Gelben Muskateller aus der Pfalz vom Weingut Karl Pfaffmann.

KARTOFFELESPUMA MIT ONSENEI

Essklasse Restaurant & Bistro, Seite 124

ZUTATEN FÜR 6 PERSONEN

Kartoffelespuma *500 g mehlige Kartoffel, 200 ml Kartoffelwasser, 250 ml Sahne, 100 ml gutes Olivenöl, alternativ flüssige Butter, Sal Maldon oder Salz, 1 Sahnesiffon (hitzebeständig), 2 Gaspatronen* Onsenei *6 Bio Eier*

ZUBEREITUNG

Für das Kartoffelespuma die Kartoffeln schälen und klein schneiden. In ungesalzenem Wasser gar kochen. Von dem Kartoffelwasser 200 Milliliter aufheben. Die restlichen Zutaten abwiegen, mit Kartoffeln und Kartoffelwasser vermengen und alles pürieren. Die Masse durch ein feinmaschiges Sieb streichen und lediglich mit Salz abschmecken – nicht zu viel, da eine Prise Sal Maldon das Gericht beim Anrichten vollendet. Die durchgestrichene Masse in den Sahnesiffon füllen. Die erste Gaspatrone einfüllen und kräftig schütteln. Den Vorgang mit der zweiten Gaspatrone wiederholen. Zum Warmhalten den Behälter in einen Topf mit ca. 70 °C heißem Wasser stellen. Das Wasser sollte nicht kochen, damit Farbe und Geschmack erhalten bleiben. Für das Onsenei die Eier bei 64,5 °C für 45 bis 60 Minuten, je nach gewünschter Konsistenz, im Wasserbad garen. Alternativ im Ofen bei gleicher Temperatur die Eier in einem Behälter mit Wasser versenken. Zum Anrichten das Ei vorsichtig aufschlagen und das Eigelb (wenn gewünscht auch das ganze Ei), mithilfe eines Löffels, in einem tiefen Teller drapieren. Mit dem Kartoffelespuma bedecken, mit einer Prise Sal Maldon bestreuen und nach Wunsch garnieren. Dazu schmeckt selbstgemachtes Lauchöl oder frisch gehobelter Trüffel.

EDELFISCHCURRY

Kult+Genuss GmbH, Seite 126

ZUTATEN

1 TL Kurkuma, 500 g Seeteufelmedaillons und Rotkopfgarnelen, 6 EL Öl, 4 grüne Chilischoten, 1 TL frischer Ingwer, 1 große Knoblauchzehe, 2 Zwiebeln, 2 Tomaten, 4 EL mittelscharfer Senf, 450 ml Wasser, 1 TL Tamarindenpaste, Koriandergrün, 1 TL Salz

ZUBEREITUNG

Kurkuma und Salz in einer Schüssel vermengen. Die Fischstücke säubern, trocknen und mit der Mischung würzen. Öl in einer Pfanne erhitzen und die Fischstücke darin goldgelb braten. Den Fisch mit einem Schaumlöffel herausnehmen und beiseite stellen. Chilischoten und Ingwer fein hacken, Knoblauchzehe zerdrücken. Die Gewürze im Mörser oder einer Küchenmaschine zu einer Paste verarbeiten. Die Gewürzpaste in einer Pfanne ohne Fett kurz rösten. Zwiebeln und Tomaten putzen, fein hacken und mit andünsten. Alles mit Wasser ablöschen, die Tamarindenpaste zugeben und kurz mitköcheln. Die Pfanne vom Herd nehmen und die Fischstücke vorsichtig zu dem Curry geben, sodass sie nicht zerfallen. Als Beilage schmeckt Duftreis oder Papadamas. Alles nach Geschmack auf einen Teller geben. Den gewaschenen Koriander zupfen und damit das Gericht dekorieren. Kult + Genuss empfiehlt zu dem kräftig-aromatischen Curry aus Bad Dürkheim einen Hensel „Aufwind“ Weißwein Cuvée trocken 2012. Mit fruchtigen Noten von Aprikose, Mirabelle, Quitte, Maracuja und Physalis sowie Kräutern und einem leicht mineralischen Duft schmeichelt das Bouquet. Sauvignon Blanc und Muskateller sind harmonisch aufeinander abgestimmt.

Quarksoufflé

Burgstuben Residenz St. Jacques, Seite 132

ZUTATEN FÜR 10 BIS 12 TIMBALFÖRMCHEN

Quarksoufflé *3 Eigelb, 200 g Vanillemark, 1 Spritzer Zitrone, 3 Eiweiß, 60 g Zucker, Abrieb einer halben Bio-Orange, Flüssige Butter und Zucker zum Auskleiden der Formen* Mandel-Krokant-Eis *200 g geschälte und gemahlene Mandeln, 350 g Zucker, 20 g Butter, 10 Eigelb, 1 l Sahne, 1 Vanilleschote* Marinierte Aprikosen *500 g Aprikosen (halbiert & entsteint), 175 ml Weißwein, 120 g Zucker, Zitronensaft nach Geschmack, ¼ Vanilleschote, ½ Stange Ceylon-Zimt, 1 Prise Salz, 1 Prise Piment d'Espelette*

ZUBEREITUNG

Den Quark gut auspressen. Eigelb, Vanille, Zitrone und Orangenabrieb mit dem Quark verrühren. Eiweiß mit dem Zucker aufschlagen und unter die Quarkmasse heben. Masse in die mit Butter und Zucker ausgekleideten Formen füllen. Bei 180 °C im Wasserbad 15 Minuten backen und sofort servieren. 150 Gramm Zucker in der Pfanne karamellisieren, Butter unterrühren, Mandeln dazugeben und kurz durchschwenken. Erkalten lassen und nochmals zermahlen. Eigelb und 200 Gramm Zucker cremig schlagen. Vanilleschote aufschlitzen, Mark herauskratzen, Sahne mit der Vanilleschote und dem Mark aufkochen. Durch ein Sieb unter Rühren zur Eigelbmasse geben. Die Masse unter ständigem Rühren erhitzen und bis zur Rose abziehen. Die Vanilleschote mit etwas Eismasse im Mixer pürieren und wieder unter die Eismasse rühren. In Eiswasser abkühlen. Den Mandelkrokant unter die Masse rühren und in der Eismaschine cremig gefrieren lassen. Weißwein mit den restlichen Zutaten aufkochen und 15 Minuten ziehen lassen. Durch ein Sieb gießen, nochmals aufkochen und heiß über die vorbereiteten Aprikosen gießen.

KRÖNUNGSKIRCHE

WELTKULTURERBE AACHENER DOM

DEUTSCHER KÖNIGE

MIT AACHENER DOMSCHATZ

1978 wurde der historische Dom zu Aachen als erstes deutsches Bauwerk in die Welterbeliste aufgenommen.

Über 30 deutsche Könige wurden im Aachener Dom gekrönt. 1978 gelangte das historische Bauwerk als zweites Kulturdenkmal weltweit auf die Welterbeliste der UNESCO.

Eines der bedeutendsten Bauwerke Europas, der Dom zu Aachen, ist Deutschlands ältestes Weltkulturerbe. Die Marienkirche (Pfalzkapelle) von Frankenkönig Karl den Großen wurde im Jahr 1978 in die seinerzeit noch recht schmale Welterbeliste aufgenommen. Weltweit gehörte der Dom zu den ersten zwölf Welterbestätten. Und unter den Kulturdenkmälern war es gar erst das zweite, das unter Schutz gestellt wurde. Heute zählt die Liste weit mehr als 900 Denkmäler und Naturschätze in über 150 Ländern der Erde.

Aachens Dom hat keinen Grundstein und auch keine Dokumente zur Bauzeit; so war die exakte Datierung der Baugeschichte immer mit Fragezeichen versehen. Neueste dendrochronologische Untersuchungen verifizieren die exakte Altersbestimmung auf die seit alters her so eingeschätzte Datierung. Im Rahmen der Innensanierung des über 1200 Jahre alten Kirchengebäudes stießen die Restauratoren auf ein Fundament aus 100 Eichenhölzern. Das Holz stammt frühestens aus dem Jahr 798. Damit war der Baubeginn historisch abgesteckt. Eine zweite Holzprobe wurde der Kuppel entnommen. Das Holz für die Ringankerkonstruktion des karolingischen Kirchbaus wurde spätestens 813 geschlagen, so dass die Pfalzkapelle in diesem Jahr fertig gewesen sein muss. So ist es nicht erforderlich, die einmalige Geschichte des Doms zu Aachen neu zu schreiben.

Die nimmt Ende des 8. Jahrhunderts ihren Anfang mit der gelebten Vision des Frankenkönigs, ein „neues Rom“ zu manifestieren. In der Aachener Kaiserpfalz wollte Karl der Große seinen Traum von einem neuen, religiös motivierten weströmischen Reich verwirklichen. Und die Pfalzkapelle, der Kern des späteren Doms, sollte das prachtvolle Abbild des Himmlischen Jerusalem sein. Schon zu Lebzeiten des Bauherrn erklärten die Zeitgenossen des deutsch-römischen Kaisers diese mit ihrem achteckigen Grundriss zum Wunder der Baukunst. Sie war der früheste kuppelüberwölbte Bau nördlich der Alpen und sollte es 400 Jahre bleiben. Geprägt von der klassischen Antike und durch die byzantische Architektur, ist der karolingische Dom bis heute bau- und kunstgeschichtlich von universeller Bedeutung. Anno 800 feierlich geweiht, war die Marienkirche/Pfalzkapelle der Mittelpunkt der Reichsresidenz Karls des Großen und damit Zentrum seines europäischen Reiches. Hier wurde er noch am Todestag begraben. Der antike Sarkophag des Kaisers steht im Zentrum des Chorpolygons der gotischen Chorhalle.

Über einen Zeitraum von 600 Jahren wurden im Dom zu Aachen 31 deutsche Könige gekrönt. Seine Geschichte als Krönungskirche begann 936 mit der Krönung Ottos I. und dauerte bis zum Jahr 1531. Mit den Krönungen kamen über königliche und kaiserliche Stiftungen wertvolle sakrale Kulturschätze ins Hauptwerk der karolingischen Architektur. So birgt die Domschatzkammer Reliquiare aus spätantiker, karolingischer, ottonischer, staufischer und gotischer Zeit. Im Dom werden die vier großen Heiligtümer im Marienschrein aufbewahrt – die Windeln und das Lendentuch Christi sowie das Marienkleid und das Enthauptungstuch von Johannes dem Täufer. Neben dem Karlsschrein von 1215, der die Gebeine des Frankenkönigs enthält, besaß die Marienkirche also einen weiteren kostbaren Reliquienschatz, so dass der Dom zum herausragenden Ziel europäischer Pilgerfahrten wurde und ranggleich mit Jerusalem, Rom und Santiago de Compostela genannt wird.

Seit 1349 findet alle sieben Jahre die Aachener Heiligtumsfahrt statt, bei der die Reliquien des Marienschreins von Gläubigen besichtigt werden können. Schon um 1355 musste das Stiftkapitel aufgrund der Pilgerströme den Bau eines neuen Chores in Auftrag geben. 60 Jahre später, genau 1414, wurde das „Glashaus von Aachen", eine einschiffige, fast 33 Meter hohe Halle mit einer über 1000 Quadratmeter großen Glasfläche geweiht. Die Baugestalt des Aachener Doms hat sich im Laufe der Zeit also mehrfach verändert. So wurden im 15. Jahrhundert kranzförmig um den karolingischen Zentralbau Kapellen angefügt. Zum einmaligen Schatz des Domes zählen die goldene Altartafel, die goldene Kanzel Heinrichs I. und der Barbarossaleuchter mit seinen 48 Kerzen.

Die 600 Quadratmeter große Domschatzkammer präsentiert auf verschiedenen Ebenen und Räumen mehr als 100 großartige Kunstwerke und Ausstattungsgegenstände – etwa die silberne, teilweise vergoldete Karlsbüste, den Krönungsmantel, die Elfenbeinsitula und das edelsteinbesetzte Lotharkreuz. Die so genannten Wolfstüren, in der Vorhalle des Doms angebrachte bronzene Torflügel, wurden um 800 gegossen. Im westlichen Galeriejoch steht im Obergeschoss gegenüber dem beeindruckenden Chor der Aachener Königsthron. Er ist karolingischer Herkunft und besteht aus Resten von Bauteilen der Jerusalemer Grabeskirche. Unverändert sind Standort und Aussehen des Thrones, den 31 deutsche Könige nach ihrer Weihe und Krönung am Marienaltar bestiegen.

Zwischen 936 und 1531 wurden in Aachen 31 deutsche Könige gekrönt.

MIT EIGENER HANDSCHRIFT

Präzision und Persönlichkeit machen Kulinarik aussagekräftig

Die Helvetica ist bis heute jung. Fachkundig typografiert zeigt sich die Schriftart schön, schlicht, spannend – so unprätentiös wie beeindruckend funktioniert Schweizer Gestaltung. Und Kurt Podobnik hat diesen Geist während seiner Zeit in den ersten Häusern der Alpenrepublik für sich und seine Küche entdeckt, ja gar verinnerlicht. „Geben Sie die Natur auf den Teller zurück", riet ein Meister der Hotellerie dem damals jungen, Möhren tournierenden Podobnik. Er hat diesen Rat nicht vergessen und entdeckt einfühlsam jedes Produkt, bis er es in seinen Kompositionen zur vollen Entfaltung gebracht hat.

„Eine Speise muss Geschmacksvolumen haben", sagt der Sternekoch und zeichnet dabei mit sicherer Bewegung einen imaginären Teller. Wird dieser gebracht, demonstriert er die Kraft intensiver Aromen, eleganter Gestaltung sowie handwerklicher Präzision. Diese Küche erfreut – klassisch-regional in der Lounge sowie dem Bistro und als modern interpretierte französische Hochküche im Gourmetbereich der *Alten Feuerwache*. „Die hohe Produktqualität ist natürlich überall im Restaurant garantiert. Aber bei der Inszenierung des Essens trennen wir thematisch und räumlich", erläutert Gastgeberin Monika Podobnik. Das Konzept zeigt den gewünschten Erfolg: „Diese klare Aussage wird von unseren Gästen geschätzt, da sie sich passend zur jeweiligen Tagesform zu einer der verschiedenen kulinarischen Stilrichtungen bekennen können." Monika Podobnik begleitet die Feinschmecker im Gourmetrestaurant und stellt seit 2006 eine Weinkarte zusammen, die Kenner begeistert.

Fragt man Podobnik nach einem Signature Dish, winkt der Meister ab. Im Bistro darf das Wiener Schnitzel zwar nie von der Karte runter. Aber die Entscheidung fällt schwer zwischen Gerichten wie verschieden texturierter Gänseleber mit Wildkräutern und geröstetem Brioche, Steinbutt mit geschmolzenem Kalbskopf oder in Soja und Anis sanft gegarter Miraltaube mit grünem Sellerie … diese Gestaltung ist perfekt arrangiert und zudem gut lesbar.

GEDÄMPFTES FILET VOM GEANGELTEN STEINBUTT

Dieses Rezept finden Sie auf der Seite 196

ALTE FEUERWACHE
Monika und Kurt Podobnik
Oppener Straße 115, 52146 Würselen
Telefon 0 24 05 / 4 29 01 12
willkommen@alte-feuerwache-wuerselen.de
www.alte-feuerwache-wuerselen.de

WIE AUF WOLKE SIEBEN

In der Nordeifel trifft man auf himmlische Genüsse

Himmelsleiter – so poetisch nennt der Volksmund bis heute die Bundesstraße 258 in Roetgen. Wo die Verkehrsverbindung den höchsten Punkt erreicht – die grünen Wälder den blauen Himmel zu berühren scheinen – öffnet der *Landgasthof Gut Marienbildchen* seine Pforten. Auf kulinarische und gastliche Art empfängt Familie Ziemons seit 1957 Freunde natürlicher Sinneseindrücke.

„Das Image der Nordeifel hat sich gewandelt. Ihre Kargheit wird inzwischen als reizvolle Schönheit wahrgenommen. Und das hiesige Bewusstsein für Nachhaltigkeit macht die Region attraktiv", erklärt einer, der die Eifel hundertprozentig im Herzen trägt. Jürgen Ziemons hat nach einer kaufmännischen Ausbildung seiner Heimat nicht den Rücken gekehrt. Er spürte: „Hier gehöre ich hin" und wurde Koch im elterlichen Betrieb. Mit seiner Frau Rita bewahrt er die Werte des Hauses und verbindet sie mit stilvoller Lebensart.

Spiegel dieser modernen wie anspruchsvollen Haltung ist Ziemons Kulinarik. Die feine regionale Küche verarbeitet Fleisch lokaler Erzeuger und eigener Landwirtschaft sowie Wild von befreundeten Jägern. Der Familiengarten steuert frische Aromen in Form von Kräutern bei. Daraus entstehen echte Evergreens des *Landgasthof Gut Marienbildchen* wie Schweinerückensteak mit sämiger Sauce aus Monschauer Senf, das Rinderfilet „Marienbildchen" oder die Perlhuhnbrust mit saisonalen Pilzen wie Spitzmorcheln oder Pfifferlingen. Neben der feinen Küche pflegt Jürgen Ziemons einen Weinkeller von beachtlicher Größe – sowohl an Positionen als auch an Qualität.

Einheimische wählen den *Landgasthof Gut Marienbildchen* für besondere Feiern. Aachener entfliehen städtischer Hektik. Naturfreunde rasten auf ihrem Weg über den Eifelsteig. Sie alle schätzen eine gelungene Verbindung aus Bodenständigkeit und Raffinesse, die neben der Kulinarik auch im Hotelbereich mit Zimmern im Landhausstil und modernen Bädern sichtbar wird. Zwar ist jeder Raum mit TV ausgestattet, aber wer braucht schon diese Bilderflut, wenn doch der Blick aus dem Fenster zu Naturträumen einlädt.

RINDERFILET „MARIENBILDCHEN"
Dieses Rezept finden Sie auf der Seite 197

LANDGASTHOF GUT MARIENBILDCHEN
Familie Ziemons
Münsterbildchen 3, 52159 Roetgen
Telefon 0 24 71 / 25 23
info@gut-marienbildchen.de
www.gut-marienbildchen.de

°C
100
95
90
85
80
75
70
65

DIE LEIDENSCHAFT FÜR KAFFEE

Ein Röstmeister holt das Gold aus der Bohne

Er lässt es knacken, manchmal sogar zweimal. Konzentriert begleitet Sicco Kopka seine Kaffeeröstung mit allen Sinnen. Das akustische Signal zeigt an: Die Haut der Kaffeebohnen ist gerade geplatzt und gibt das unverwechselbare Aroma frei. Noch ein letztes Mal an der Probe geschnuppert und dann prasseln die schwarzbraunen, ölig schimmernden Bohnen aus der Trommel ins Abkühlbecken. Jetzt ist „Viktor" fertig; eine Biokaffeemischung – rund, fruchtig und kräftig. Und so, wie der Röstmeister es persönlich mag: sehr stark.

„Im Röstaroma liegt die Seele des Kaffees", erklärt der Meister nach dem gut getimten Endspurt, in dem sich Qualität und Charakter des Kaffees entwickeln, und nippt entspannt an einem Espresso. Zweimal pro Woche zelebriert er während der Öffnungszeiten die Verwandlung der Bohne – von klein und grün zu prall und braun. Natürlich wird größter Wert auf die Qualität des Rohprodukts gelegt, das sich erst durch Erfahrung zu braunem Gold verwandelt – und durch Leidenschaft.

Die entwickelte Sicco Kopka schon früh. Als junger Mann schnappte er sich eine Pfanne, experimentierte mit Kaffeebohnen und entdeckte eine Röstung, die ihm wirklich schmeckte und zudem bekömmlich war. Das Hobby machte er im Jahr 2011 zur beruflichen Passion. Sein Mentor war Rolf Jansen; der Spezialist betrieb über 30 Jahre lang erfolgreich mehrere Röstereien. Tag um Tag probierten die zwei, bis sie zufrieden waren: Die Marke *Maqii* und ein neues Sinnbild für Aachen waren erschaffen. Die berühmten Aachener Printen „baden" seitdem gerne in Kaffee-Kreationen wie „Halleluja", „Compagno" oder „Casanova" …

MAQII EISKAFFEE

Dieses Rezept finden Sie auf der Seite 197

Die Balance von Aroma und Bekömmlichkeit macht *Maqiis* Spezialitäten so besonders. Zu denen gehört auch „Kopi Rokii", ein mild geräucherter Kaffee. Das alles samt Zubehör gibt es in Kopkas edler Manufaktur sowie – dank Onlineshop – als Genuss für zuhause. Die feine Manufaktur ist zugleich Espressobar, die sich vom Geheimtipp zum Treffpunkt für Gourmets entwickelt hat.

MAQII RÖSTMANUFAKTUR
Sicco Kopka
Pontdriesch 17, 52062 Aachen
Telefon 02 41 / 41 25 02 39
mail@maqii.de
www.maqii.de

CONCURSO INTERNACIONAL
2013
BACCHUS
ORO
DON
PX
PEDRO XIMENEZ
1983
GRAN RESERVA
BODEGAS Tº ALBALÁ
AGUILAR DE LA FRONTERA
CÓRDOBA - ESPAÑA
375ML.
17% ALC.VOL
D.O MONTILLA-MORILES
Product of Spain
Dessert Wine
VIN DE

KEINE TRAUBE HÄNGT ZU HOCH

Ein Weinhändler präsentiert sich als findiger Fuchs der Szene

Dieser Mann ist ein Fuchs – ein sehr sympathischer allerdings und erfolgreicher als der vierbeinige Filou der äsopischen Fabel. Denn Niklas Kudlek ist der Konkurrenz meist ein paar Schlucke voraus. Er hat ein sicheres Gespür dafür, welche Neuzugänge und Unbekannte der weiten Weinwelt so spannend und schmackhaft sind, dass eine Aufnahme in das Sortiment von *Aix Vinum* lohnt. Dabei ergänzt er seine Kollektion um Jahrgänge, die dem Mainstream zunächst nichts sagen, um die Fachwelt später sprachlos zu machen.

2014 blickt Niklas Kudlek auf 20 erfolgreiche Jahre im Weinhandel mit *Aix Vinum* zurück. Und der hat viele Facetten. Kleine Visitenkarte des Unternehmens ist das Geschäft im Herzen von Aachen. Regelmäßig schlendern Enthusiasten und solche, die es werden wollen, in den schmalen Laden, stöbern oder lassen sich direkt von Kudlek und seinem Team beraten. Hier begeistert eine Auswahl des inzwischen 150 000 Flaschen umfassenden Lagers. Das sind – zumeist direkt importierte – hochwertige Weine aus Italien, Frankreich, Deutschland, Spanien, Portugal, Südafrika, Chile und Neuseeland in allen Preisklassen.

Eleganter Riesling? Fetter Shiraz? Oder samtiger Barolo? Wortgewandt präsentiert Kudlek seine Entdeckungen nicht nur im Laden, sondern auch bei Seminaren – anlässlich der Hausmessen oder in der Weinbar. Bei *Aix Vinum* fühlen sich Einsteiger genauso wohl wie Kenner der Szene. „Ich kaufe und zeige eigentlich nur das, was mir selbst gefällt", gesteht Kudlek und scheint damit den Geschmack einer großen Schar von Weinliebhabern zu treffen. Die genießen seine Entdeckungen vielleicht auch inkognito in einem Restaurant der gehobenen Klasse. Spitzenköche vertrauen dem Aachener, stimmen sich und ihre Kreationen gerne mit seinen Tropfen ab. *Aix Vinum* – ein Kosmos des Besonderen.

AIX VINUM
Niklas Kudlek
Kleinmarschierstraße 39, 52062 Aachen
Telefon 02 41 / 6 60 30
info@aixvinum.de
www.aixvinum.de

AUS DEM SCHATTEN GETRETEN

Düren überrascht als kulinarisches Kleinod zwischen Aachen und Köln

Großartige Bauwerke wie das Aachener Münster und der Kölner Dom ziehen einfach jeden Besucher in ihren Bann. Allerdings gibt es Orte, die mit kleinen, aber feinen Attraktionen ebenso viel Freude machen. Zu dieser Gruppe gehört die Stadt Düren. Im Industriezeitalter kam sie zu ansehnlichem Reichtum – monetär und kulturell. Heute zeugen das Leopold-Hoesch-Museum sowie das Papiermuseum von Erfindergeist und Fleiß. Eigenschaften, die man bis heute in Düren entdecken kann. Zum Beispiel ein paar Schritte von den Museen entfernt im italienischen *Restaurant Generatione II* – sprich „due".

Hier interpretiert Chefkoch Sandro Dimuro, Italiener der zweiten Generation in Deutschland, die Küche seiner Heimat neu. Stillstand ist diesem kreativen Geist ein Gräuel. Den Kanon der Cucina italiana hat er bereits als Kind bei Mama und Großmutter erlernt. Pasta, Pizza, Basta? Von wegen! Dimuro kreiert lecker und frech, verbindet italienische und deutsche Kochkultur. Dabei entstehen Speisen wie Currywurst mit Balsamicosauce, Patatine und Salat oder Bärlauch-Cappelletti mit frischen Erdbeeren in Weißweinsud und mit Rumpsteak. So geht es munter durch alle Jahreszeiten: Wild trifft Risotto, Muscheln baden in Tomaten und mediterranen Kräutern, grüner Spargel macht die Pizza frisch.

Gemüse spielt in der italienischen Küche nicht nur die vernünftige Rolle des Vitaminlieferanten, sondern tritt selbstbewusst und unverfälscht auf in Aroma und Textur. Kein Wunder, dass immer mehr Vegetarier im *Generatione II* eine kulinarische Heimat finden. Gastgeber und Mitinhaber Thomas Falke kennt die Küche Dimuros aus dem Effeff und gibt auch in dieser Richtung köstliche Empfehlungen bis hin zur veganen Variante – auf Wunsch von ausgezeichneten Weinen begleitet. Falke macht das *Generatione II* samt Terrasse für manchen in Düren zum zweiten Wohnzimmer; verbreitet familiäre Stimmung wie kein anderer. Die Idee des „Lieblingsitaliener um die Ecke", sie scheint aus Düren zu stammen.

VEGANER HACKFLEISCHBURGER
MIT SELBSTGEMACHTEM FRISCHKÄSE
Dieses Rezept finden Sie auf der Seite 198

GENERATIONE II
Thomas Falke und Sandro Dimuro
Weierstraße 43, 52349 Düren
Telefon 0 24 21 / 9 94 70 33
info@generatione2.de
www.generatione2.de

DIE PFORTE

WELTKULTURERBE

ZUM PARADIES

KÖLNER DOM

Kölns Dom, die älteste gotische Kathedrale in Nordeuropa, ist auch prägend für das Lebensgefühl der Rheinmetropole.

Der Kölner Dom, UNESCO-Welterbestätte seit 1996, ist Deutschlands meistbesuchte Sehenswürdigkeit und in aller Welt bekannt.

Der Bau der größten gotischen Kathedrale Nordeuropas hat stolze 632 Jahre gedauert. Nur an der Chinesischen Mauer dürfte noch länger gebaut worden sein. Der Kölner Dom wurde im Jahr 1880 eingeweiht, seine Grundsteinlegung erfolgte 1248. Das Wahrzeichen der Rheinmetropole ist seit 1996 UNESCO-Welterbestätte und zählt zu den beliebtesten deutschen Kulturreisezielen. Gründe dafür gibt es viele. Die Hohe Domkirche St. Petrus, so der offizielle Name des Doms, sprengt Rekorde und darf als solitäres Meisterwerk mittelalterlich-gotischer Architektur bezeichnet werden. Die beiden Türme ragen 157,38 Meter in die Höhe. Damit ist der hochgotische Kathedralbau bis heute das dritthöchste Kirchengebäude der Welt. In Deutschland ist nur das Ulmer Münster höher.

Köln, die Millionenstadt am Rhein, ist ohne ihr steinernes Wahrzeichen nicht denkbar. Nur 250 Meter vom Ufer entfernt, hat der Dom seinen Platz. Wie ein gigantischer Wächter bestimmt er die Stadtsilhouette der bereits 50. n. Chr. von der römischen Kaisergattin Agrippina zur Stadt erhobenen Ubiersiedlung. Touristen und Wallfahrer kommen aus aller Welt zur Domplatte, um die einzigartige Fülle bedeutender Kunstwerke oder in Andacht die gewaltigen Ausmaße des Kirchenschiffes zu bestaunen.

Wer die Portale des mächtigen Kirchenbaus betritt, ist voller Demut ergriffen von dem, was ihm in Innern begegnet. 7.100 Quadratmeter groß ist die Westfassade. Das ist bis zum heutigen Tag Rekord im Kirchenbau. 4000 Plätze fasst der Dom. Wer bis auf die Turmspitze hinauf möchte, hat 533 Stufen zu absolvieren. Erzbischof Rainald von Dassel brachte im Jahr 1164 die Reliquien der Heiligen Drei Könige von Mailand nach Köln. In der Folge wurde der alte karolingische Dom nach und nach abgerissen; dafür begann der Bau des neuen Doms. Die Amtskirche des Kölner Bischofs musste sich als eine der bedeutendsten Wallfahrtskirchen Europas eine neue, großzügigere architektonische Form geben.

Rund 80 Jahre nach dem Start der Bauarbeiten (1248) konnte der gotische Chor eingeweiht werden. Bis etwa 1530 wurde weitergebaut und der Dom mit wichtigen Ausstattungstücken geschmückt. Gleichwohl blieb er für weitere 200 Jahre äußerlich ein Fragment. Geldmangel und Desinteresse stoppten den Fortgang des Baus. Erst 1801 wurde er wieder zum Gottes-

haus geweiht, ehe er mit der Errichtung der Türme 1880 auf Grundlage des historischen Fassadenplans aus dem Jahr 1280 fertig gestellt werden konnte. Den Zweiten Weltkrieg überstand der Dom in seinen Grundfesten, wurde aber von 14 schweren Fliegerbomben getroffen. Starke Umweltbelastungen und Witterungseinflüsse haben dem imposanten Bau in der Folge zugesetzt, so dass er landläufig als „ewige Baustelle" bezeichnet wird. Jährlich fließen über zehn Millionen Euro in den Erhalt der Substanz.

Seit dem 12. Jahrhundert ist der goldene Schrein mit den darin aufbewahrten Gebeinen der Heiligen Drei Könige Ziel vieler Tausend Gläubiger. Der um 1200 entstandene Dreikönigenschrein ist der größte erhaltene romanische Reliquienschrein und zugleich ein beeindruckendes Zeugnis rheinmaasländischer Goldschmiedekunst. Er gilt als künstlerisch bedeutendstes und inhaltlich anspruchsvollstes Reliquiar des Mittelalters. Der Dreikönigenschrein erhebt sich hinter dem Hochaltar und bildet das Zentrum des Doms, der vor fast 800 Jahren als steinernes Reliquiar für ihn errichtet worden war.

Zu den unbezahlbaren Kostbarkeiten zählt das 980 entstandene Gerokruzifix an der Ostwand der Kreuzkapelle. Das von Erzbischof Gero 976 gestiftete Holzkreuz ist die erste monumentale Darstellung des gekreuzigten Jesus im gesamten Abendland. Das reich verzierte Chorgestühl von 1308/11 ist mit seinen 104 Sitzen eines der größten erhaltenen mittelalterlichen Chorgestühle. Der Hochaltar sowie zahlreiche andere Altäre, die Grablege der Erzbischöfe, die „Mailänder Madonna", das älteste Mariengnadenbild (1280/90) des gotischen Doms und die einzigartige Kölner Domschatzkammer in den historischen Kellergewölben des 13. Jahrhunderts an der Nordseite des Domes manifestieren ebenfalls die Weltgeltung des 144 Meter langen Kirchenbaus.

Attraktionen und Superlative hat der Kölner Dom zahlreiche zu bieten, die Fülle der farbigen Glasmalereien etwa oder das beeindruckende Domgeläute mit der Petersglocke, der größten und bekanntesten unter den Glocken des Domes. Der „Dicke Pitter" wird nur am Vorabend kirchlicher Feste und beim Tod eines Papstes oder Erzbischofs geläutet. Musikalisch wird die größte schwingende Glocke der Welt mit ihrem tiefen C als einzigartiges Meisterwerk gepriesen. Die meistbesuchte Sehenswürdigkeit Deutschlands mit jährlich über sechs Millionen Besuchern ist in ihrer kunsthistorischen Relevanz und religiösen Dimension ein in Worte kaum zu fassendes Bauwerk von epochaler Bedeutung.

Wer den Dom besichtigt, kann sich daran kaum satt sehen – immer wieder gibt es neue Besonderheiten zu entdecken.

DIE KÜCHE DER ZUKUNFT?

Zwei Brüder geben mit Cross-Over-Variationen die Antwort

Kulturfreunde pilgern regelmäßig nach Pulheim und besuchen die Abtei Brauweiler, eine der bedeutendsten Klosteranlagen im nördlichen Rheinland – eine Bühne für Musik, Kunst und Theater. Ein vielfältiges Programm geistiger Nahrung kann auch Appetit auf kreative Kulinarik machen. Und die ist glücklicherweise ganz nah.

Im *Ristorante Il Paradiso* servieren die Brüder Sämi und Emir Moussa eine fantasievolle Cross-Over-Küche – im Restaurant ebenso wie als Catering für private Feiern in den historischen Räumen der Abtei. Als dritte Variante haben die Moussas das Live Cooking entdeckt und verwöhnen feinsinnige Genießer zuhause.

Wie schmeckt also die Küche der Zukunft? Ganz einfach: nach Erfahrung und Neugier! Die zwei jungen Männer waren zunächst viel unterwegs. Während Sämi die europäische Sternegastronomie entdeckte, machte sich Emir auf den Weg nach Australien. Wieder zurück bereichern sie trendbewusst die traditionelle italienische Küche des Vaters – ein Tunesier mit sizilianischen Wurzeln. Dabei zitieren sie Köstlichkeiten aus Frankreich, Deutschland und Übersee. Diesen aufgeweckten Jungs vertraut Papa Moussa gerne sein Restaurant an, das er im Jahr 1991 gründete.

THUNFISCHSTEAK ASIATISCH
MARINIERT UND GEGRILLT

Dieses Rezept finden Sie auf der Seite 198

Ihre weitläufigen Genusswelten erlebt man sowohl im Gastraum mit wohnlichem Charme als auch im luftigen „Weingarten". Tagesfrisch ist hier alles und wird darum „nur" auf der Tafel notiert. Vor allem für raffinierte Fischkreationen sind die Moussas bekannt. Daneben schmecken zum Beispiel Kalbsbäckchensalat an Couscous oder Wachtelbrust an Portweinsauce mit Linsengemüse. Pasta? Gibt es in vielen Variationen und wird hier liebevoll „Freestyle-Pasta" genannt. Süßes wie Creme brûlée von Tonkabohnen oder Schokoladensouflée mit Vanilleeis darf nicht fehlen. Erfreulich groß ist die Auswahl an italienischen und französischen Weinen – wie bei den Speisen gibt es auch hier Köstliches zu angemessenen Preisen.

„Wir sind quasi eine kochende Familie. Mit unserer Mutter als Gastgeberin schaffen wir eine sehr persönliche Atmosphäre – das lieben unsere Gäste so sehr wie unsere Küche", freuen sich die findigen Brüder.

RISTORANTE IL PARADISO
Sämi und Emir Moussa
Zehnthofstraße 26, 50259 Pulheim
Telefon 0 22 34 / 8 46 13
info@il-paradiso.de
www.il-paradiso.de

KUNSTWERK

WELTKULTURERBE SCHLÖSSER

DES ROKOKO

AUGUSTUSBURG UND FALKENLUST

Schloss Augustusburg gilt als Lieblingsschloss des Kölner Kurfürsten und Erzbischofs Clemens August aus dem Hause Wittelsbach.

Als erste herausragende Schöpfungen des Rokokostils in Deutschland waren Augustusburg und Falkenlust über ein halbes Jahrhundert Vorbild für viele deutsche Fürstenhöfe.

Die Kölner Erzbischöfe und Kurfürsten waren in der Stadt am Rhein mit dem in den Himmel ragenden Dom am Rheinufer nicht wirklich gerne gesehen. Das zwischen Bonn und Köln im heutigen Rhein-Erft-Kreis gelegene Brühl bot sich als Residenz und bevorzugter Aufenthaltsort an. Und auch als Bonn 1567 Sitz der kurfürstlichen Regierung wurde, residierte der Kurfürst weiterhin in Brühl am Rande der Ville. Dieser Präferenz hat es das heutige Brühl zu verdanken, mit den Schlössern Augustusburg und Falkenlust sowie den dazugehörigen Gartenanlagen zum UNESCO-Weltkulturerbe zu gehören. Seit 1984 sind den Anlagen durch den Welterbetitel geadelt, gelten sie doch als einzigartiges geschlossenes Gesamtkunstwerk und architektonische Meisterwerke des deutschen Rokoko.

Vor allem von Schloss Augustusburg, das 1768 nach 40-jähriger Bautätigkeit vollendet wurde, haben die meisten von uns ein Bild vor ihrem geistigen Auge. Dieses Bild zeigt eine Treppe, auf der sich die Großen ihrer Zeit zum Defilee einfanden: das weltberühmte Prunktreppenhaus, das Balthasar Neumann schuf und Carlo Carlone mit seinen Deckenfresken zum enthusiastischen Gesamtkunstwerk aus Marmor, Stuck, Bildhauerei und Malerei vollendete. Schloss Augustusburg diente dem Bundespräsidenten und der Bundesregierung bis zum Umzug nach Berlin als Repräsentationssitz.

Unzählige Staatsbankette und Empfänge wurden in der einmaligen Ambiance der einstigen Lieblingsresidenz von Erzbischof Clemens August (1700–1761), einem Wittelsbacher auf dem kurfürstlichen Sitz in Köln, abgehalten. Die gekrönten Häupter wie die Besucher von heute zeigten und zeigen sich tief beeindruckt von der ornamentalen Formensprache, die der bayerische Hofarchitekt Francois de Cuvilliés in der Nachfolge des westfälischen Architekten Johann Conrad Schlaun dem Schlossensemble angedeihen ließ. Und weil der Franzose Dominique Girard ab 1728 die barocke Gartenanlage nach französischem Vorbild schuf, spricht man heute zu Recht vom europäischen Geist, der in der Brühler Schloss- und

Gartenlandschaft als Ergebnis kongenialem Zusammenwirkens deutscher, italienischer und französischer Künstler und Architekten seinen schöpferischen Ausdruck fand. Die prachtvolle Inszenierung und die intime Dekoration der mit bemalten holländischen Fliesen ausgestatteten Sommerappartements und der Paradezimmer im Stil des Frührokoko gehören ebenso dazu wie das verspielt wirkende kleine Jagdschloss Falkenlust. Es entstand unter Leitung von Francois de Cuivilliés in der Zeit von 1729 bis 1737 in abgeschiedener Waldrandlage und hat im Vergleich zum repräsentativen Sommersitz eher den Charakter eines privaten, wohnlichen, gleichwohl kostbar eingerichteten Lustschlosses. Von hier aus ging der Kurfürst seiner Leidenschaft der Beizjagd mit Falken nach. Und hier lud im Jahr 1760 ein gewisser Casanova die Damen der Kölner Gesellschaft zum Galadiner ein. Nur drei Jahre später durfte in den aufwändig gestalteten Kabinetten von Schloss Falkenlust Wolfgang Amadeus Mozart samt Vater und Schwester konzertieren.

Die Brühler Gärten, die Augustusburg und Falkenlust umgeben und ebenfalls zum Welterbeensemble gehören, haben ihr ursprüngliches barockes Parterre auf Grundlage des originalen Gartenplanes in den 1930er Jahren zurückerhalten und genießen heute den Ruf eines der authentischsten Beispiele französischer Gartenkunst des 18. Jahrhunderts in Europa zu sein. Pünktlich zur „30-Jahrfeier Welterbe Brühler Schlösser" im Herbst 2014 präsentiert sich Schloss Augustusburg nach Renovierung in gewohntem Glanz.

Das Jagdschloss Falkenlust ließ Francois de Cuivilliés zwischen 1729 und 1737 errichten.

JEUNES
RESTAURATEURS
D'EUROPE
Bembergs
Häuschen

MULTIGENUSS FÜR FEINSINNIGE

Eine Burg vereint die Facetten von Gastronomie und Landlust

Natur erleben, raffinierte Küche schmecken und alles an einem historischen Ort genießen – gibt es dieses Allround-Paket für Feinschmecker? Ja, in der Eifel. Die *Landlust Burg Flamersheim* bietet diesen Multigenuss, erschaffen von einer neuen Gastgebergeneration. Sie besteht aus hervorragend ausgebildeten Köchen, Servicekräften und Kaufleuten, die Gastronomie ganzheitlich verstehen und umsetzen. Die Balance aus Weltoffenheit und regionalem Bezug macht ihr zeitgemäßes Konzept aus Speisen und Reisen für die Gäste zum sinnlichen Ausgleich in einer digitalen Wissensgesellschaft.

Zwei, die so ticken, sind Johannes von Bemberg und Oliver Röder. Das Schicksal führte sie während der Lehr- und Wanderjahre im Münchner Bayerischen Hof zusammen. Hotelkaufmann und Koch merkten: Zusammen können wir etwas Besonderes kreieren. Mit dem passenden Anwesen und dem kaufmännischen Know how von Johannes von Bemberg sowie der unerschöpflichen Energie und dem visionären Denken von Oliver Röder gründeten sie im März 2011 die *Landlust Burg Flamersheim*. Ein Familienunternehmen der modernen Art – nicht verwandtschaftliche Bindungen, sondern gezielt ausgesuchte Beziehungen mit befreundeten Profis prägen diese Gemeinschaft der Gastronomen. Und das hat Erfolg! Diverse Auszeichnungen hat die *Landlust Burg Flamersheim* inzwischen erhalten, darunter ein Michelin Stern für das Restaurant „Bembergs Häuschen".

Es ist eines der unterschiedlichen Elemente des Gastroanwesens. Neben dem Gourmetrestaurant „Bembergs Häuschen" kann man hier auch zwischen dem Gasthof „Eiflers Zeiten" und den Gesellschaftsräumen „Rinderlaufstall" wählen. Seit Sommer 2014 gibt es außerdem das „Nachtquartier" und die Kochschule. Alles ist umgeben von Terrassenanlagen, Wiesen und Wasser. „*Landlust Burg Flamersheim* – das steht nicht nur für eine breite Palette der Gastronomie, sondern jeder Bereich bietet außerdem eine hohe Qualität", erklärt Johannes von Bemberg ein Unternehmen, das zwar mit Köpfchen geplant ist, aber mit Herz verwirklicht wird.

Angenehm bodenständig genießt man im großen Saal von „Eiflers Zeiten“. Deftiges mit Sinn für das Exquisite steht hier auf der Karte: Moselzander, Kalbsleber Berliner Art, Felchen vom Laacher See, Carpaccio vom Eifelrind, Selleriecremesuppe mit Garnelenspieß oder Kohlroulade. Geschmortes sowie original Flammkuchen kommen aus dem mit Buchenholz befeuerten Steinofen. Urige Stimmung ohne jeden Kitsch verbreitet sich in dem hohen Raum und bei gutem Wetter auf der Terrasse. „Wir spiegeln die Eifel mit all ihren Facetten wider – eine Region, die im Trend liegt, eben weil sie keinem folgt. Diese Authentizität zeigen wir gerne“, schwärmt Oliver Röder für seine Wahlheimat, wo er sich mit seiner Frau Katharina – die Sommelière des Hauses – niedergelassen hat.

Diese unverfälschte Freude präsentiert der junge Spitzenkoch in kreativer Manier ein paar Schritte weiter im Gourmetrestaurant „Bembergs Häuschen“. War es im Jahr 2014 noch ein Geheimtipp, avancierte es schnell zur Topadresse im Westen. „Es soll Spaß machen und schmecken“, stellt Röder das Genussprinzip des Sternerestaurants vor und verleiht der Hochküche ein menschliches Gesicht. Köstliches Beispiel ist sein „Herrengedeck“. Die Zigarre fertigt er aus Ochsenschwanz im Filouteig, gefriergetrockneter Sellerie und Apfel bilden die Asche und im Cognacschwenker wartet die Ochsenschwanz-Consommée. Dass er die hohe Kunst des Kochens beherrscht, spürt der Gast auch, wenn er beim Gang „Beschwipste Jacobsmuschel“ auf die infusionierte Rieslingtraube trifft. Die hat Röder zunächst getrocknet, um ihre Zellen dann wieder mit Riesling aufzufüllen. Details, die zu großartigen Geschmackserlebnissen führen und einen Abend im stilvollen Ambiente unvergesslich machen.

HERRENGEDECK
Dieses Rezept finden Sie auf der Seite 199

Landlust Burg Flamersheim vermählt die Eifel mit ausgesuchter Raffinesse wie ein Geistlicher die Verliebten – Hochzeiten können übrigens direkt auf dem geweihten Boden im Garten von Burg Flamersheim stattfinden, der ältesten evangelischen Gemeinde im Rheinland. Selten findet man einen Ort mit einer derartigen Fülle des Lebens.

LANDLUST BURG FLAMERSHEIM
Johannes von Bemberg und Oliver Röder
Burg Flamersheim, 53881 Euskirchen
Telefon 0 22 55 / 94 57 52
info@landlustburgflamersheim.de
www.landlustburgflamersheim.de

INBEGRIFF DER

WELTKULTURERBE OBERES

ROMANTIK

MITTELRHEINTAL

Nur ein Katzensprung ist es von der Loreley hinüber zur Burg Katz, die zwischen 1360 und 1371 errichtet wurde.

Schloss Stolzenfels gilt als eines der berühmtesten Beispiele für die in der Welt geschätzte Rheinromantik.

Einem mächtigen Dampfer gleich thront sie auf einem Riff mitten im Rhein bei Kaub: die Burg Pfalzgrafenstein.

DAS FENSTER

WELTNATURERBE

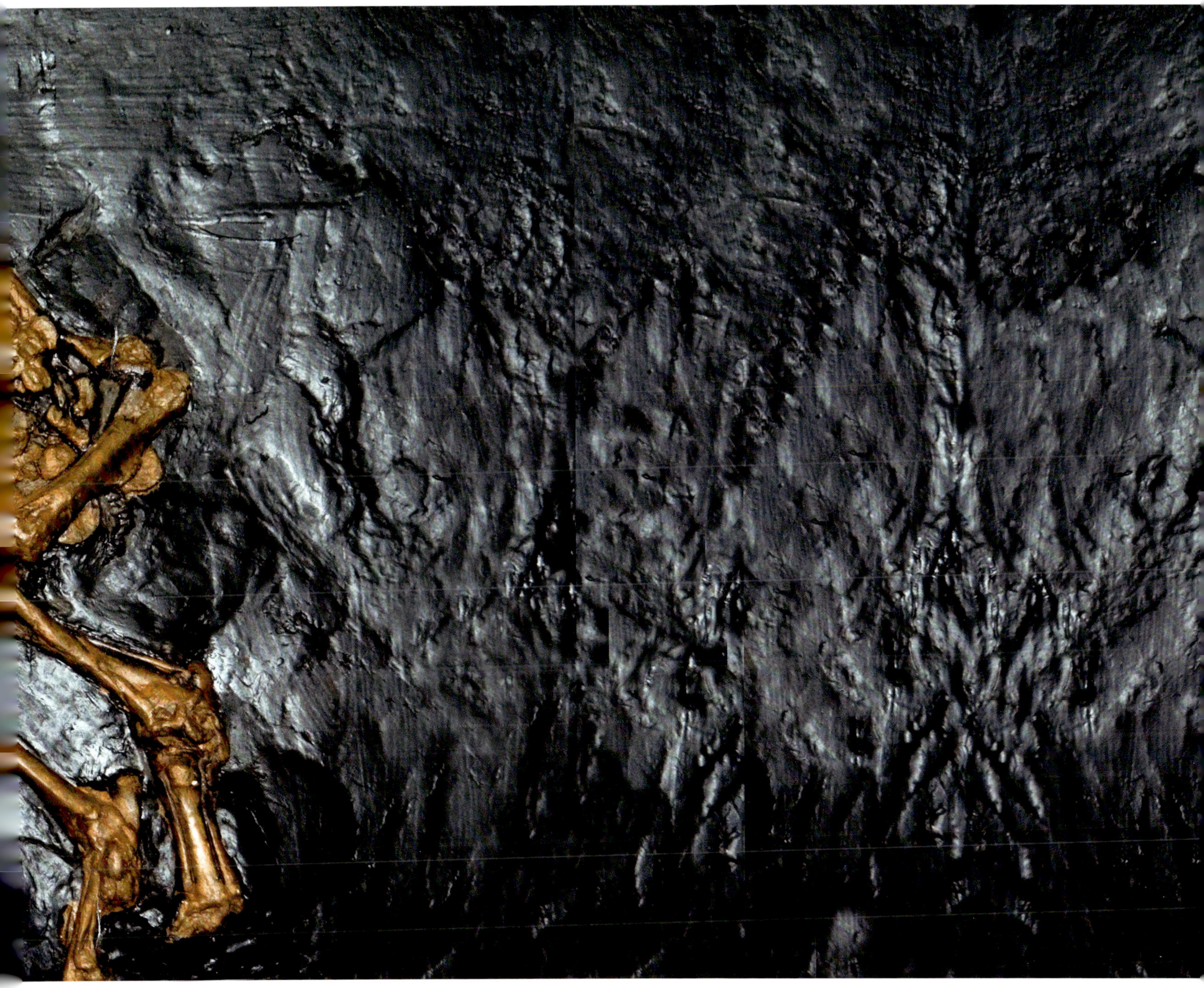

ZUR URZEIT

GRUBE MESSEL

Mit wissenschaftlicher Unterstützung können Besucher einen Ausflug in die Urzeit unternehmen.

Einen Trip zurück in die Urzeit ermöglicht die Grube Messel, Deutschlands erstes Weltnaturerbe. Im nördlichen Odenwald finden sich beeindruckende Zeugnisse von Fauna und Flora des Eozän.

Auf Zeitreise geht es ins fossile Geotop der Grube Messel, Deutschlands erstem Weltnaturerbe, gelegen am nördlichen Eingangstor zum Geo-Naturpark Bergstraße-Odenwald. Hier gibt es ein Rendezvous mit der Tertiärzeit, dem Eozän, das rund 47 Millionen Jahre zurückliegt. Damals herrschte im heutigen Hessen ein tropisches feucht-warmes Regenwaldklima. Irgendwann brach ein Maarvulkan aus, riss einen zwei Kilometer tiefen Krater in die Landschaft und ließ ein riesiges Seebecken entstehen. Tiere und Pflanzen kämpften ums Überleben, fielen hinab und versteinerten zu Fossilien, die heute wie seltene Diamanten geborgen werden.

Die Grube Messel wurde im Dezember 1995 in die Liste der UNESCO-Welterbestätten aufgenommen und so dauerhaft als besonders schützenswert eingestuft. Zu Recht, denn mit bislang über 40.000 Funden aus rund 230 verschiedenen Arten zählt die Ölschiefer- und Fossil-Lagerstätte mit ihrer Ausdehnung von 800 Meter Durchmesser und einer Tiefe von rund 65 Metern zu den ergiebigsten Säugetier- und Pflanzenfossillagerstätten der Welt. Für Geologen, Paläontologen und Geophysiker eine einzige Weihestätte, denn die hier geborgenen Fossilfunde sind von spektakulärer Qualität, zum Teil mit vollständiger Skeletterhaltung. In der Grube Messel wird das Wunder Evolution im wahrsten Sinne des Wortes ergreifbar. Sensationelle Pflanzen- und Säugetierfunde, darunter Überreste von filigranen Urpferdchen, Krokodilen (Erstfund im Jahr 1875) und der versteinerte Halbaffe namens „Ida“ als ältestes vollständig erhaltenes Primaten-Fossil machen sie zu einem beispiellosen „Fenster in das Leben der Tertiärzeit“, also die Epoche etwa 13 Millionen Jahre nach dem Aussterben der Dinosaurier.

Mit pädagogisch ausgebildeten Wissenschaftlern können Besucher auf Exkursion gehen und das Abenteuer „eozäne Lebensformen“ hautnah erleben. Es gibt eine Besucherplattform mit direktem Blick in die Tagebaugrube (bis 1962 wurde der Ölschiefer zur Rohölgewinnung abgebaut) sowie ein Besucherkino. Führungen gehen direkt ins Reich der Fossilien. In der Schatzkammer der Grube sind wertvolle Exponate ausgestellt. Der Gast kann virtuelle Bohrexpeditionen tief in die Erde hinein unternehmen und zuschauen, wie Forscher Ölschiefer freilegen und auf Fossilien untersuchen.

Der Dom St. Maria und St. Stephan ist ein in seinen spirituellen, architektonischen und historischen Dimensionen einmaliger Kirchenbau.

ECCE VIRGO CONCIPIET ET PARIET FILIUM

KAISERLICHES

WELTKULTURERBE

REICHSKLOSTER

KLOSTER LORSCH

Nach dem Nibelungenlied wurde das Kloster Lorsch von Ute nach dem Tod ihres Gatten Dankrat gestiftet.

Die Lorscher Denkmäler gehören zu den bedeutendsten Relikten vorromanischer Baukunst in Deutschland.

Lorsch, seit dem Jahr 2010 offiziell den Beinamen „Karolingerstadt" tragend, liegt als „Tor zur Bergstraße" in der Oberrheinischen Tiefebene im westlichen Odenwald. 2014 feierte die südhessische Kleinstadt ihr 1250-jähriges Bestehen, was urkundlich auf die Gründung des karolingischen Benediktinerklosters Lorsch im Jahr 764 verweist. Seit 1991 zählen die Abtei und die archäologische Überreste des nahen Klosters Altenmünster als eigentlichem Gründungsbau zum Weltkulturerbe.

Es ist ein „verlorenes Kloster", weil es kaum sichtbare Relikte aufzuweisen hat und der Besucher Kreuzgänge, Klausuren, die dreischiffige Basilika, das gerühmte Scriptorium, Gärten und Wirtschaftsbauten vergebens sucht. Nur die Torhalle aus dem Jahr 854, ein bauliches Fragment der romanischen Kirche, und Reste des mittelalterlichen Klosters lassen ahnen, wie mächtig und bedeutend die karolingische Benediktinerabtei als Reichskloster Karls des Großen gewesen sein muss. Zum Stadt- und Klosterjubiläum 2014 wurde ein Projekt ins Leben gerufen, um die Spurensuche nach der verlorenen Abtei „sichtbar" zu machen. Die Rekonstruktion eines karolingischen Herrschaftshofs und die Anlage eines neuen Kräutergartens sind zwei Maßnahmen, Hessens älteste Weltkulturerbe zu beleben.

Das einzig erhaltene Baudenkmal von europäischem Rang ist die über 1000-jährige Tor- oder Königshalle. Sie gehört mit ihren in römischer Mauertechnik errichteten Arkaden, Pilastern und dem aufwendigen Fassadenschmuck und buntem Außendekor als „Juwel der karolingischen Renaissance" zu den bedeutendsten Relikten vorromanischer Architektur nördlich der Alpen. Bis heute verbindet man mit dem Kloster Lorsch die herausragende Stellung der Abtei als mächtiges Reichs- und Königskloster und als Hort einzigartiger Leistungen europäischer Kulturgeschichte. Das „Lorscher Arzneibuch", um 795 geschrieben, ist die älteste erhaltene medizinisch pharmazeutische Handschrift deutscher Herkunft. Sie gilt als Codex für die Heilkunde und als Anfangswerk der wissenschaftlichen Medizin. Die 150-seitige Pergamentschrift wurde 2013 zum UNESCO-Weltdokumentenerbe erklärt. Die Abtei des Heiligen Nazarius war zudem der Begräbnisplatz der Könige des Ostkarolingischen (deutschen) Reiches.

BIO IST PROGRAMM

Die leise Art, für nachhaltiges Leben zu begeistern

Man könnte ihn auch als „Paradies" bezeichnen, den Bio-Supermarkt in Erbach. Seine Macher, Elke Ballmert und Dieter Weiler, haben einen weniger poetischen, dafür aber umso treffenderen Namen gefunden: *BioFactory*. Er soll zum Ausdruck bringen, dass gesunde Ernährung im Alltag machbar ist.

Auf 400 Quadratmetern finden Verbraucher mit ökologischem Bewusstsein alles für den täglichen Gebrauch. Obst und Gemüse der Saison begrüßen frisch und appetitlich. Hier darf man sich selber bedienen, ebenso wie in den Bereichen mit Getränken und Wein, Fleischwaren, Backwaren, Reis und Nudeln, Essig und Öl, Aufstrich und Saucen … Das Sortiment unterscheidet sich in der Struktur kaum von einem konventionellen Supermarkt. Aber hier stammt jedes – auch vegane – Produkt aus kontrolliert biologischem Anbau. Übrigens: Es finden sich auch Produkte, um traditionelle Gerichte aus Polen oder der Türkei zuzubereiten, beispielsweise Hülsenfrüchte und Getreide.

Über das gesamte Geschäft verteilt laden „Verkostungsinseln" ein, Neues kennenzulernen. Auf kleinen Tischen werden Spezialitäten offeriert. „Das ist unsere stille Verkostung. Wer mag, kann *BioFactory* direkt vor Ort probieren", erklärt Elke Ballmert. Zur entspannten Atmosphäre tragen auch die Mitarbeiterinnen bei. „Natürlich beraten wir alle Kunden gerne im persönlichen Gespräch. Aber wir drängen uns auch nicht auf", betont die Geschäftsführerin. Das Team organisiert seine Dienste eigenverantwortlich und identifiziert sich im hohen Maß mit den Produkten. Das spürt man deutlich an der Frischetheke: Vorlieben werden genauso freundlich abgefragt wie Kochrezepte vorgeschlagen. Ein Brötchen nach eigenem Gusto? Die gewünschten Zutaten werden frisch zusammengestellt. Wer im Laden etwas sucht, wird nicht „ferngesteuert", sondern persönlich dorthin geführt. Überhaupt lohnt es sich, direkt an Ort und Stelle eine Tasse Kaffee – lecker und aus fairem Handel – zu genießen. Die Abteilung für Nonfood-Artikel wie Putzmittel, Hygiene, Körperpflege und Kosmetik macht das Angebot so richtig rund.

Für die Menschen im Odenwald ist *BioFactory* die ideale Anlaufstelle, ökologisch nachhaltige Produkte an einem Platz zu erwerben – in angenehmer Atmosphäre und bestens beraten.

BIOFACTORY
Elke Ballmert und Dieter Weiler
Carl-Benz-Straße 15, 64711 Erbach
Telefon 0 60 62 / 9 55 62 66
www.biomarkt.de

EINGELEGTER HANDKÄS'
Dieses Rezept finden Sie auf der Seite 200

GANZHEITLICHES NASCHEN

Was Birkenrinde, Blüten und Himalaya mit Kuchen zu tun haben

Nicht auf das „Was", sondern auf das „Wie" kommt es an. Ein perfektes Beispiel ist *Café Konditorei Orth* in Bad König. Auf den ersten Blick ähnelt es vielen Cafés in der Republik mit seiner sonnengelben Fassade, den weißen Markisen und einer großen Terrasse. Für den Kuchen aber wird im Gegensatz zum Mainstream ausschließlich Dinkelmehl verwendet. Und auch sonst kommen Ingredienzien zum Einsatz, die für manch einen neu sein werden: Man süßt mit Blütenhonig, Vollrohrzucker sowie Xylit – aus der Birkenrinde gewonnen –, Erytrit oder Stevia. Weitere Zutaten sind unter anderem Natursauerteig, 100 Prozent Distelöl oder Himalaya Salz. Ergebnis: Der Kuchen sieht klasse aus und schmeckt auch so.

Diese etwas andere Art der Backkultur hat Manfred Orth selber entwickelt. Bald nachdem er mit seiner Frau Doris das elterliche Café übernahm, änderten sie privat ihre Ernährung und wurden Vegetarier. Da war es nur konsequent, das Angebot im Café zu überarbeiten. Man experimentierte, probierte und schließlich stand das heutige Sortiment. Insbesondere Allergiker, Menschen mit Laktoseintoleranz und Diabetiker naschen hier ganz ohne Reue.

Neben Kuchen-Klassikern schmeckt eine besondere Kreation des Hauses: „das kleinste persönliche Frühstücksbuffet", ein süß-herzhaftes Arrangement ähnlich den spanischen Tapas. Der Hirse-Buchweizen-Brei wird mit Kokosmilch zubereitet und ist für die vegane Ernährung geeignet. Der Sonntagsbrunch verbreitet Urlaubsfeeling – ohne Koffer packen und Stau. Bemerkenswert: Die Auswahl gesunder sowie außergewöhnlicher Teesorten.

„Immer wenn ich mich wohl fühle, bin ich mir am nächsten", erklärt Doris Orth und möchte dieses Wohlsein allen Gästen ermöglichen. Mit ihrer Schwiegertochter Nicole schafft sie in den Räumen des Cafés eine entspannte Stimmung. Literatur zum Themenkomplex Geist-Seele-Körper sowie biologische Tees und Gewürze, Nahrungsmittel im Geist der Hildegard von Bingen, basische Körperpflege und Nahrungsergänzungsmittel zur Entschlackung bietet der angeschlossene kleine Laden „Bewusstes Sein". Die Reise zum Selbst kann beginnen.

ODENWALD KIRSCHTORTE „CAFÉ ORTH"
Dieses Rezept finden Sie auf der Seite 201

CAFÉ KONDITOREI ORTH
Familie Orth
Königer Straße 32, 64732 Bad König
Telefon 0 60 63 / 14 13
e.orth@t-online.de
www.cafeorth.de

SINNLICH UND SINNVOLL

Ein Ressort definiert Luxus neu

EINGELEGTE BRATFORELLE „EISWOOG“
Dieses Rezept finden Sie auf der Seite 201

Am Ufer des Eiswoog, einem Weiher im Biosphärenreservat Naturpark Pfälzerwald-Nordvogesen, sollte man im *Seehaus Forelle* einkehren. Hier sitzt man regelrecht an der Quelle – für reines Wasser und vor allem für Freude.

Im traditionsreichen Haus startete Hotelier Jörg Maier im Jahr 2000 neu. Sein Konzept „mitarbeitergeführter Betrieb“ setzt auf Respekt und Wertschätzung im Team sowie im Umgang mit der Natur. Die Angestellten nennen sich locker-leicht „Forellchen“ und handeln eigenverantwortlich, während Jörg Maier das Geschehen lenkt. Nicht umsonst ist das *Seehaus Forelle* Mitglied der internationalen Hotelvereinigung „Green Pearls“ – Destinationen von Nachhaltigkeit sowie sanftem Tourismus. „Freiheit ist der Quell von Motivation. Diese Haltung überträgt sich auch auf unsere Gäste“, erklärt Jörg Maier den Erfolg und definiert Luxus auf diese Weise neu. „Zeit, Geschmack, Sinnlichkeit treten an die Stelle von Kaviar und Co.“

Nachhaltige Erholung weilt im Stil-Mix: hier restaurierte Gasträume, dort skandinavische Sachlichkeit des modernen Hotelanbaus „Haeckenhaus“ sowie des „Forsthaus“. Besonders beliebt sind die Terrasse mit Seeblick sowie der zum Massageraum umgebaute Schweinestall, der den BDA-Architekturpreis Rheinland-Pfalz 2006 erhielt; nur eine von verschiedenen Auszeichnungen für das gesamte Ensemble.

Für die Stärkung von Körper und Seele sorgt die kulinarische „Doppelspitze“ Ute Deigentasch und Marian Zaharescu. Sie verwenden frische Produkte überwiegend aus der Gegend, wie die Forellen der angrenzenden Fischzucht. „Regional und saisonal? Das ist für uns selbstverständlich“, betonen die zwei. „Wir kochen rational und emotional, denken und fühlen uns ein in Produkte und Lifestyle.“ Zudem sei ihre Küche so strukturiert, dass sie die große Zahl an Veranstaltungen neben Tagesgeschäft und Hotelbetrieb reibungslos versorgt.

Wer den Ort körperlich und geistig gut genährt verlässt, blickt auf den spiegelnden See und erkennt: Wie das Bild der Natur verdoppelt sich hier die innere Freude … mindestens.

SEEHAUS FORELLE
Jörg Maier
Eiswoog 1, 67305 Ramsen
Telefon 0 63 56 / 6 08 80
info@seehaus-forelle.de
www.seehaus-forelle.de

REZEPTE

GEDÄMPFTES FILET VOM GEANGELTEN STEINBUTT

Alte Feuerwache, Seite 144

ZUTATEN

4 Steinbuttfilets (küchenfertig à 90 g), 30 ml Weißwein, 20 g Butter, Fleur de Sel, Kräuter-Olivenöl-Emulsion, 50 g Lauch, 30 g Schalotten, 30 g mehlig kochende Kartoffeln (geschält), 50 g Champignonköpfe, 50 g grüner Sellerie, 20 g Butter, 300 ml Gemüsebrühe, 30 ml Olivenöl, 25 g blanchierte, pürierte Frankfurter Kräuter, Rote-Beete-Püree, 3 Rote Beete, 1 TL Wasabipaste, 20 g Butter, Garnitur, 4 Scheiben küchenfertiger Kalbskopf, 4 TL Saiblingskaviar, Erbsen-Spargel-Sprossen, Schwarzes Fleur de Sel, Salz, Cayennepfeffer,

ZUBEREITUNG

Steinbuttfilet mit Fleur de Sel würzen, danach bei 100 °C im Ofen in Weißwein und Butter ca. 12 Minuten dünsten. Lauch, Schalotten, Kartoffeln, Champignonköpfe und Sellerie feinblättrig schneiden, in Butter andünsten, mit Gemüsebrühe auffüllen, auf ein Drittel reduzieren und durch ein Haarsieb passieren. Mit Frankfurter Kräutern und Olivenöl mixen, mit Salz und Cayenne würzen und durch ein Microsieb passieren. Vor dem Anrichten nochmals mit dem Stabmixer mixen. Für das Püree die Rote Beete in Salzwasser und etwas Kümmel sehr weich kochen, kalt abschrecken, schälen, in kleine Würfel schneiden und in einer Kasserolle ausdampfen lassen. Rote Beete, Wasabi und Butter fein pürieren, mit Salz und Cayennepfeffer würzen. Für das Anrichten den pochierten Steinbutt mit dünn aufgeschnittenem Kalbskopf belegen und mit Oberhitze im Ofen leicht schmelzen lassen. Kaviar aufsetzen und mit schwarzem Fleur de Sel würzen. Kräuter-Olivenöl-Sud im tiefen Teller mit Steinbutt, Rote-Bete-Püree und Erbsen-Spargel-Sprossen anrichten. Falls gewünscht mit Chorizo-Öl verfeinern.

RINDERFILET „MARIENBILDCHEN"

Landgasthof Gut Marienbildchen, Seite 146

ZUTATEN

800 g Rinderfilet (pariert), 400 ml Rotwein (Spätburgunder, Blauer Zweigelt oder Côtes du Rhône), 100 ml Portwein (rot), 250 ml Kalbsfond, 1 kleine Schalotte, 20 g Butter, 80 g Preiselbeerkonfitüre, 20 g eingelegter grüner Pfeffer, Pfeffer, Salz, Fett zum Braten (Butterschmalz, Margarine)

ZUBEREITUNG

Die sehr fein gewürfelte Schalotte in Butter glasig dünsten, mit rotem Portwein und Rotwein ablöschen und auf die Hälfte einkochen. Den Kalbsfond hinzufügen und wiederum auf die Hälfte reduzieren und beiseite stellen. Das Rinderfilet in 4 Steaks teilen, mit Salz und Pfeffer würzen und im Bratfett von jeder Seite ca. 4 Minuten braten, sodass sich eine schöne Kruste bildet, die Steaks aber im Inneren noch schön saftig sind. Das Fleisch aus der Pfanne nehmen und warm stellen. Den Bratansatz in der Pfanne mit dem reduzierten Rotwein ablöschen, die Preiselbeeren hinzugeben und solange einkochen, bis die Soße eine sämige Konsistenz aufweist. Schließlich den grünen Pfeffer hineingeben und eventuell mit Salz abschmecken. Das Fleisch auf den vorgewärmten Teller legen und die Soße angießen. Dazu empfiehlt Chefkoch Jürgen Ziemons selbstgemachte Spätzle und marktfrisches Gemüse oder einen kleinen Salatteller.

MAQII EISKAFFEE

Maqii Röstmanufaktur, Seite 148

ZUTATEN

Maqii Summertime, grob gemahlen, Milch mit 3,5 % Fettgehalt

ZUBEREITUNG

Einen gehäuften Teelöffel Kaffeemehl „Summertime" pro Tasse à 125 Milliliter in ein feinporiges Sieb, zum Beispiel ein Tee-Sieb, geben. Das Sieb in die Tasse beziehungsweise das Gefäß stellen. Die Milch hineingießen; das Mehl sollte von Milch durchtränkt sein. Das Gefäß für ca. 3 bis 6 Stunden in den Kühlschrank stellen. Man erzielt ein mildes bis würziges Geschmackserlebnis. Das Sieb herausnehmen, abtropfen lassen und den Eiskaffee genießen. Röstmeister Sicco Kopka von der *Röstmanufaktur Maqii* erklärt, dass die Milch bei der kalten Extraktion – auch kaltes Aufbrühverfahren genannt – die Kaffeearomen aus dem Kaffeemehl löst. Ersatzweise kann auch kaltes Wasser verwendet werden; dabei können jedoch die fettgebundenen Aromen nicht aufgenommen werden.

REZEPTE

VEGANER HACKFLEISCHBURGER MIT SELBSTGEMACHTEM FRISCHKÄSE

Generatione II, Seite 152

ZUTATEN FÜR 4 PERSONEN

4 vegane Brötchen aus dem Reformhaus

Frischkäse *1 L Sojamilch, 1 Zitrone, Salz, Frische Kräuter nach Geschmack und Saison* Hackersatz *100 g Reiswaffeln, 2 Zwiebeln, etwas Tomatenmark für die Farbe, Paprikapulver pikant, 1 Knoblauchzehe, Salz und Pfeffer, Kräuter nach Belieben, Olivenöl*

ZUBEREITUNG

Für den Frischkäse die Sojamilch in einen Topf geben und unter ständigem Rühren aufkochen lassen. Den Topf vom Herd nehmen und die Milch 2 bis 3 Minuten mit einem Schneebesen kräftig durchschlagen. Die gestockte Masse durch ein Küchentuch passieren und einige Stunden in eine Schüssel abtropfen lassen. Die frischen Kräuter waschen, trocknen, hacken und untermischen. Den Frischkäse kräftig mit Salz und Pfeffer abschmecken. Zitrone auspressen und den Saft mit einer Gabel unterziehen, bis die Masse gerinnt. Den Frischkäse in Gläser füllen und später zum Burger servieren. Für den Hackersatz die Reiswaffeln mit den Händen grob zerkleinern. Die Brösel in eine Schüssel geben und mit 100 Milliliter Wasser begießen. Alle übrigen Zutaten unterheben und die Masse 15 Minuten stehen lassen. Dann alles noch einmal durchkneten. Burger Patties formen und in Olivenöl kräftig anbraten. Je nach Geschmack Soßen, Salat, Gurke, Zwiebel oder andere Gemüse mit dem Burger kombinieren. Der Hackersatz ist auch geeignet als Bolognese, für Frikadellen oder auch als Mettbrötchen. Je nach Konsistenz kann er mit Semmelbröseln abgebunden werden.

THUNFISCHSTEAK ASIATISCH MARINIERT UND GEGRILLT

Ristorante Il Paradiso, Seite 160

ZUTATEN

4 Thunfischfilets à 130 g

Marinade *6 EL Sojasoße, 4 EL Olivenöl, 1 TL geriebener Ingwer*

Avocadocreme *2 EL Sesamöl, 1 Limette, 1 reife Avocado, 1 Tomate, 1 EL Crème fraîche, Saft einer ½ Zitrone*

Julien-Gemüse *½ Paprika rot, ½ Paprika gelb, 1 Chilischote, 1 rote Zwiebel, 1 Möhre, 4 Stangen Frühlingslauch, 1 Pastinake, 8 Babymais, 100 g Kaiserschoten, 35 g Sojasprossen, 2 EL Pinienkerne, 2 Zweige Koriander oder Basilikum, 1 EL Pflanzenöl, 2 Zweige frischer Koriander*

ZUBEREITUNG

Für die Marinade die Hälfte der Sojasauce, Olivenöl, Limettensaft und die Hälfte des Ingwers vermischen. Die Thunfischsteaks damit marinieren und nicht kalt stellen. Für die Creme die Avocado schälen und den Kern entfernen. Die Masse mit Crème fraîche und Zitronensaft zu einer Creme mixen. Mit Salz und Pfeffer abschmecken. Die Tomate schälen, würfeln und unter die Creme ziehen. Noch einmal abschmecken. Für das Julien-Gemüse das Gemüse in feine Streifen schneiden. In einer Pfanne das Pflanzenöl erhitzen und das Gemüse darin dünsten, mit der restlichen Sojasauce und dem restlichen Ingwer abschmecken. Eine weitere Pfanne erhitzen und die marinierten Thunfischsteaks auf jeder Seite ca. 30 Sekunden grillen. Alle Zutaten auf einem Teller anrichten und mit dem frischen Koriander sowie den Pinienkernen dekorieren. Als Begleitung empfiehlt sich ein leichter Weißwein: Vernaccia di San Gimignano des Jahres 2012 aus dem Weingut Teruzzi & Puthod in der Toskana.

HERRENGEDECK

Landlust Burg Flamersheim, Seite 168

ZUTATEN

Ochsenschwanzragout *½ Ochsenschwanz (ca. 800g), 1 Karotte, 1 Stange Staudensellerie, 6 Schalotten, 1 El Tomatenmark, 100 ml Weißwein, 100 ml Madeira, 100 ml Rotwein, 1 l Rinderfond, 1 Knoblauchzehe, 2 Gewürznelken, 1 Lorbeerblatt, 3 Wacholderbeeren, 12 weiße Pfefferkörner, Thymianzweige, 2 geviertelte Tomaten, Mehl*

Ochsenschwanzsuppe *½ Ochsenschwanz (ca. 400g), 750 ml klare Rinderbrühe, Madeira, weißer Portwein, Sherry Nolly Prat, 1 große Zwiebel, Salz, weißer Pfeffer*

Asche *100 g geschälter Knollensellerie, 100 g geschälter Apfel*

Zigarrenrolle *4 Blätter Filoteig, 100 ml Ochsenschwanz-sauce*

ZUBEREITUNG

Den Ochsenschwanz in 4 Zentimeter große Stücke schneiden, würzen und anbraten. Für das Ragout die Schwanzstücke unter kaltem Wasser waschen und mit einem Tuch trocken tupfen. Salzen, pfeffern, mit Mehl bestäuben und in einer Pfanne mit etwas Öl rundherum anbraten. Karotte, Sellerie und Schalotten (jeweils in kleine Stücke geschnitten) im großen Topf mit wenig Öl anschwitzen, bis es etwas Farbe hat. Tomatenmark dazugeben und kurz mitrösten. Mit Weißwein, Madeira und Rotwein ablöschen und einkochen lassen, bis fast nichts mehr übrig ist. Rinderfond und den angebratenen Ochsenschwanz dazugeben und aufkochen. Nelken, Lorbeerblatt, Wacholderbeeren, Pfefferkörner, Thymianzweig, Tomaten und Knoblauchzehe dazugeben und zugedeckt bei 180 °C 2 Stunden im Ofen weich schmoren. Prüfen, ob der Ochsenschwanz weich ist, sonst für weitere 30 Minuten in den Ofen geben. Danach aus dem Sud nehmen, etwas abkühlen lassen und pulen. Den Sud auf mittlerer Hitze auf ca. die Hälfte einkochen und durch ein feines Sieb passieren. Den gepulten Ochsenschwanz von Fett befreien und grob schneiden, in einen kleinen Topf legen, etwas Soße dazugeben.

Für die Suppe den Ochsenschwanz bei 180 °C 45 Minuten auf dem Ofenblech anrösten. Geschälte Zwiebel halbieren und in einer Pfanne mit der Schnittseite nach unten bei höchster Temperatur anrösten, bis sie stark gebräunt ist. Geröstete Ochsenschwanzstücke mit der gebräunten Zwiebel in einen Topf geben und mit der Rinderbrühe auffüllen, den Topf bei schwacher Hitze 2 Stunden ziehen lassen. Schaum, der sich auf der Suppe sammelt, mit einer Kelle abnehmen. Dann die Suppe durch ein feines Sieb passieren. Zum Schluss nach Geschmack mit Madeira, weißem Portwein, Sherry, Salz und Pfeffer abschmecken.

Für die Asche Sellerie und Apfel in dünne Scheiben schneiden und ca. 20 Stunden im Ofen bei 50 °C trocknen, danach mit einer Küchenmaschine fein mixen. Für vier Zigarrenrollen ein Stück Backpapier (30 mal 30 Zentimeter) von einer Seite mit Öl bepinseln und um einen Holzstab drehen. Filoteig in 10 Zentimeter breite Bahnen schneiden und einzeln mit Soße dünn bestreichen, dann mit der unteren Seite drei Mal um die Stange wickeln, diese im Ofen festklemmen und bei 180 °C ca. 5 Minuten trocknen. Dann die Rolle vorsichtig vom Holzstaab ziehen und zurechtschneiden.

Ochsenschwanzragout im Topf mit Salz und Pfeffer abschmecken und in die Filoteigrollen füllen, die Ochsenschwanzsuppe in Cognac-Schwenker und die Asche in den Aschenbecher geben und mit einem Feuerzeug leicht bräunen.

REZEPTE

EINGELEGTER HANDKÄS'

BioFactory, Seite 190

ZUTATEN

4 Bauernhandkäs, Riesling zum Einlegen, 1 Zwiebel, 1 TL Kümmel, 1 TL Rosenpaprika, ½ TL Meersalz, ½ TL schwarzer Pfeffer (gemahlen)

ZUBEREITUNG

Die Bauernkandkäs in eine Schale legen und mit soviel Riesling begießen, dass sie bedeckt sind. Die Zwiebel fein würfeln und mit den Gewürzen dazu geben. Alles abdecken und ein bis zwei Tage kühl stellen. Dann mit kräftigem Brot, mit Butter bestrichen, und einem Glas Riesling oder Äppelwoi genießen.

ODENWALD KIRSCHTORTE „CAFÉ ORTH"

Café Konditorei Orth, Seite 192

ZUTATEN

15 Eier, 250 g Xylit, 200 g Mehl, 50 g Speisestärke, ½ TL Backpulver, 1 Glas Sauerkirschen, 5 EL Aprikosenmarmelade Buttercreme *1 Päckchen Vanillepuddingpulver, 300 g flüssige Sahne, 200 g Saft von den Sauerkirschen, 150 g Xylit, 500 g Butter (Zimmertemperatur), 2 EL Kirschwasser*

ZUBEREITUNG

Backofen auf 220 °C Ober- und Unterhitze vorheizen. Für die 5 dünnen Böden auf Backpapier 5 Kreise mit einem Durchmesser von 28 Zentimetern zeichnen. Sauerkirschen abtropfen lassen, den Saft aufbewahren. Eier trennen. Eiweiß mit 150 Gramm Xylit steif, Eigelb mit der anderen Hälfte des Xylit schaumig schlagen. Den Eischnee auf die Eigelbmasse geben und unterziehen. Mehl, Speisestärke und Backpulver vermischen. Über die Eimasse sieben und unterheben. Den Teig auf die 5 Backpapiere geben und rund aufstreichen. Sauerkirschen gleichmäßig auf den Böden verteilen. Böden einzeln ca. 8 bis 10 Minuten backen und sofort vom Blech nehmen. Für die Buttercreme Vanillepudding nach Anleitung kochen. Zucker durch 50 Gramm Xylit und Milch durch Sahne sowie Sauerkirschsaft ersetzen. Nach dem Kochen abkühlen lassen. Butter mit den restlichen 100 Gramm Xylit weiß-schaumig aufschlagen. Kirschwasser zugeben. Den kalten Vanillepudding nach und nach hinzufügen. Nochmals durchschlagen. Pudding und Butter sollten die gleiche Temperatur haben. Böden vom Backpapier befreien. Den ersten Boden mit Buttercreme bestreichen. Den zweiten Boden darauf legen und ebenfalls bestreichen. So weiter verfahren. Den letzten Boden mit der Seite, von der das Papier abgezogen wurde, mit Aprikosenmarmelade bestreichen und mit dieser Schicht nach unten auf die Torte setzen.

EINGELEGTE BRATFORELLE „EISWOOG"

Seehaus Forelle, Seite 194

ZUTATEN

8 Forellenfilets á 75–100 g, 1 rote Chilischote, 250 g rote Zwiebeln, 250 ml Weißweinessig, 400 ml Gemüsefond, 2 Sternanis, 1 Zimtstange, 5 Pimentkörner, 1 TL weiße Pfefferkörner, 5 EL Zucker, 1 TL Salz, 2 TL Senfkörner, 2 Lorbeerblätter, Pfeffer aus der Mühle, 5 EL Mehl, 6 EL Öl

ZUBEREITUNG

Die Chilischoten längs halbieren, Zwiebeln in 2 bis 3 Millimeter dicke Ringe schneiden. Beide Zutaten in einem Topf mit 200 Milliliter Wasser, Essig, Geflügelfond, Sternanis, Zimt, Piment, Pfefferkörnern, Zucker, Salz, Senfkörnern und den Lorbeerblättern rund 2 Minuten aufkochen und anschließend beiseite stellen. Die Fischfilets kalt abwaschen und sorgfältig trocken tropfen, rundherum mit Salz und Pfeffer würzen. Von beiden Seiten in Mehl wenden. Das überschüssige Mehl abschütteln. Öl in einer großen, beschichteten Pfanne erhitzen und die Forellenfilets darin bei mittlerer Hitze von beiden Seiten jeweils 3 bis 4 Minuten braten. Die Filets herausnehmen und nebeneinander in eine große Schale legen. Den Fisch mit dem noch heißen Gewürzsud so übergießen, dass alle Forellenfilets komplett bedeckt sind. Das Gericht bei Zimmertemperatur vollständig auskühlen lassen. Anschließend mit Klarsichtfolie abdecken und mindestens zwei Tage im Kühlschrank marinieren. Die Bratforellen werden kalt oder lauwarm serviert. Dazu passen knusprige Bratkartoffeln oder Salat sowie ein Glasriesling oder ein frisch gezapftes Bier.

MONUMENT

WELTKULTURERBE

DER ROMANIK

DOM ZU SPEYER

Die Kathedralkirche der katholischen Diözese Speyer ist die größte erhaltene romanische Kirche der Welt.

Der Dom zu Speyer ist seit 1981 Weltkulturerbe und fasziniert seit annähernd 1000 Jahren als eines der gewaltigsten Gotteshäuser der Welt.

Speyer, damals „Spira“ genannt, wurde um 600 das Zentrum des Speyergaus. Als freie Reichsstadt war sie eine der bedeutendsten Städte des Heiligen Römischen Reiches Deutscher Nation. In der über 2000 Jahre alten Stadt am Rhein steht mit dem Dom ein einzigartiges Monument der Romanik. Bis zum heutigen Tag beherrscht er das Land zwischen Odenwald und Pfälzer Wald. Gebaut um 1030 vom salischen Kaiser Konrad II. mit dem Ziel, die größte Kirche des Abendlandes zu erschaffen, ist die „Domkirche St. Maria und St. Stephan“ seit 1981 das zweite Bauwerk, das sich Weltkulturerbe nennen durfte. An dem weithin sichtbaren Wahrzeichen der Stadt Speyer wurde rund 30 Jahre gebaut, ehe es Heinrich IV., Enkel des Bauherrn Konrad II., 1061 einweihte.

Auf dem Grundriss eines lateinischen Kreuzes wurde der Monumentalbau errichtet. Dessen formvollendete Gestaltung mit der mächtigen dreischiffigen Gewölbebasilika sollte prägend und stilbildend für die romanische Architektur des 11. und 12. Jahrhunderts werden. Der Dom wurde die Grabeskirche salischer, staufischer und habsburgischer Herrscher sowie ihrer Gemahlinnen und ist steinernes Symbol des mittelalterlichen Kaisertums. Auch wenn er in der Folge bauliche Erweiterungen und Umformungen erlebte, blieben wesentliche Bestandteile der Ursprungsarchitektur bis heute erhalten – etwa die Krypta, mit 850 Quadratmeter überbauter Fläche Europas größte romanische Säulenhalle. Sie befindet sich unter dem Querhaus und dem Chor. Vor ihrem Hauptaltar steht ein um 1100 gefertigtes Taufbecken.

Die Kathedralkirche der katholischen Diözese Speyer ist nach der Zerstörung der Abtei Cluny in Burgund die größte erhaltene romanische Kirche der Welt, und unter den großen Sakralbauten eine der gewaltigsten. Der Kaiserdom wurde 1925 von Papst Pius XI. in den Stand einer „Basilica minor“ erhoben, von denen es weltweit nur rund 1600 gibt. Zumeist sind dies Wallfahrtskirchen, die mit dem Papstwappen und den gekreuzten Schlüsseln ausgestattet sind und in denen die päpstlichen Insignien am Kirchenbau angebracht sind.

Der fast 1000-jährige Dom ist ein geschütztes Kulturgut nach der Haager Konvention. Die kreuzförmige Pfeilenbasilika symbolisierte die Macht von gleich drei Kaiserdynastien. Bauherr Kaiser Konrad II. und sein Sohn Heinrich III. erlebten die Fertigstellung nicht mehr. Kaiser Heinrich IV. war es vergönnt, mit dem seinerzeit erstmals vollständigen Kreuzgrat-

gewölbe grundlegende Umbauten vorzunehmen. Er ließ den Dom zur Hälfte einreißen, um ihn noch größer wieder aufzubauen. Die flache Holzdecke wurde durch das größte Kreuzgratgewölbe im damaligen Reichsgebiet ersetzt, der Kirchenbau um beeindruckende fünf Meter erhöht. Das Ergebnis ist bis heute von erhabener Anmutung: Der 134 Meter lange Kaiserdom, mit seinem 33 Meter hohen, durch 24 Pfeiler gegliederten Langhaus und der symmetrischen Anordnung von vier Türmen ging als größtes Gotteshaus der damaligen christlichen Welt in die Geschichte ein.

Der Speyrer Dom ist eine königliche und kaiserliche Grablege. Hier ruhte als erster Salier-Kaiser Konrad II. in einem mit Eisenbändern versehenen Steinsarkophag. Im Jahr 1900 erfolgte eine provisorische Umbettung und Wiederbestattung der Herrscher. In der bis 1906 angelegten neuen Krypta unter dem alten Königs-Chor ruhen acht deutsche Könige und Kaiser sowie teils auch deren Gemahlinnen: Konrad II., Heinrich III., Heinrich IV., Heinrich V., Beatrix von Burgund, Philipp von Schwaben, Albrecht von Österreich, Rudolf von Habsburg und Albrecht von Österreich. Mit dem Epitaph Rudolfs von Habsburg befindet sich im Speyrer Dom das erste bekannte und überlieferte lebensechte Porträt einer Person des Mittelalters. In der Kathedrale wurde seit alters her eine Marienfigur verehrt, die „Patrona Spirensis", deren Original 1794 verbrannte. Seit 1930 ist eine von Papst Piux XI. im Jahr 1930 gestiftete und dem Vorbild nachempfundene Statue Ziel vieler Wallfahrer, vor allem am 15. August, dem Datum des Dompatroziniums.

Zur Geschichte des Doms gehören Zeiten, in denen die romanische Kirche Schauplatz von Verwüstungen war. Im Pfälzischen Erbfolgekrieg plünderten französischen Soldaten das Gotteshaus und steckten es in Brand. Wenige Jahre später wurde es während der Revolutionswirren von 1794 erneut verwüstet, seine komplette Innenausstattung ging verloren. Napoléon Bonaparte nutzte den baufälligen Dom als Viehstall und Futterlager. 1805 wurde sein Abriss verfügt, doch nach Intervention von Kaiserin-Gattin Joséphine de Beauharnais an die Speyrer Katholiken zurückgegeben. Nach einer Sanierung wurde der Dom im Jahr 1822 erneut geweiht und der Westbau mit Kaisersaal 30 Jahre später im neoromanischen Stil errichtet. Mitte des 20. Jahrhunderts erfolgte eine Rückrekonstruktion und Restaurierung in die ursprünglichen Zustände.

Nach einer Sanierung wurde der Dom im Jahr 1822 erneut geweiht.

Deutschland
45
2010
Oberdeutscher Fachwerkbau
1582 Eppingen

EIN DENKMAL LÄDT EIN

Das schönste Fachwerkhaus im Kraichgau

Mitten im Herzen von Eppingen steht das Baumannsche Haus aus dem Jahr 1582. Es gilt als das schönste Bürger-Fachwerkhaus zwischen Schwarzwald und Odenwald. Eine attraktivere Kulisse kann man sich für sein Hotel und Restaurant kaum wünschen. Und die Freude darüber ist den Brüdern Shaqir und Rame Shala ins Gesicht geschrieben.

Bereits seit dem Jahr 2000 haben sie den historischen Keller in ein Restaurant verwandelt. Der *Wirtskeller Sankt Georg* bietet 50 Gästen Platz. Diese haben direkte Sicht auf die offene Küche, in der Chefkoch Shaqir Shala seine Speisen zubereitet. Da gibt es Spezialitäten aus dem Kraichgau, die aus regionalen Produkte entstehen wie Lamm, Wild, Eppinger Schafskäse und Pilzen. Auf dem Holzfeuer grillt er krosse Köstlichkeiten mit Fleisch und Fisch. Aus dem Steinofen gibt es Pizza und Überbackenes. Außerdem werden frische Salate und Pasta gereicht. Immer wieder erinnert er kulinarisch an die Heimat seiner Familie, den Kosovo. „Ich liebe die offene Küche. Hier kann ich meiner Kreativität freien Lauf lassen", begeistert sich Shaqir Shala für seine Wirkungsstätte.

Sein Bruder Rame ist der Patron des *Altstadthotels Wilde Rose*, das dem historischen Bau geschickt angeschlossen ist. Wo seit 2010 eine familiäre Gastlichkeit gepflegt wird, stehen zehn komfortable Zimmer zur Verfügung. Von hier lassen sich fußläufig tolle Entdeckungen in der Fachwerkstadt Eppingen machen. Oder man durchwandert die Hügellandschaft Kraichgau. Zu empfehlen ist die *Wilde Rose* insbesondere wegen seiner imposanten Gesellschaftsräume. Die „Renaissance-Stube" wurde aufwändig gemäß der fränkischen Fachwerkbauweise restauriert, die Wandmalerei zitiert feine Schnitzereien. Inneres und Äußeres dieses besonderen Hauses bilden ein harmonisches Ganzes ähnlich der Gastlichkeit von Rame und Shaqir Shala. Die beiden arbeiten perfekt Hand in Hand.

Ob Tagung oder Hochzeit: Die Feiernden wählen mit der „Renaissance-Stube" ein ganz individuelles Ambiente. Für das leibliche Wohl sorgt dann natürlich die leckere Küche aus dem *Wirtskeller Sankt Georg*.

ALTSTADTHOTEL WILDE ROSE – WIRTSKELLER SANKT GEORG
Familie Shala
Kirchgasse 29–31, 75031 Eppingen
Telefon 0 72 62 / 9 14 00
info@altstadthotel-wilde-rose.de
www.altstadthotel-wilde-rose.de
mail@wirtskeller-sankt-georg.de
www.wirtskeller-sankt-georg.de

MEERSALZ STATT MEHR SALZ

Metzger, Koch und Tüftler: für das Gute auf dem Teller

KOTELETT VOM EPPINGER LANDSCHWEIN
AUF SPARGELGEMÜSE
Dieses Rezept finden Sie auf der Seite 246

Uwe Müller ist lang und dünn; sammelt er im Herbst Eicheln für den abwechslungsreichen Speiseplan der Schweinezucht seines Cousins, muss er sich ganz schön bücken. Aber dieser Koch und Metzger scheut keine Mühen, wenn es darum geht, beste Qualität zu erhalten. Denn in seinem Betrieb – Restaurant mit angeschlossener Metzgerei – wird ausschließlich Fleisch von Tieren aus regionaler und ihm bekannter Züchtung verwendet.

Und Müllers Sinn für Qualität geht noch weiter. „Eines Tages kam mir die Idee, das traditionelle Pökelsalz durch Meersalz zu ersetzen“, lüftet der Tüftler in Sachen Kulinarik eins der Geheimnisse seiner Küche. „Der Effekt ist verblüffend. Die Fleischaromen kommen viel besser zur Geltung!“ Eine stimmigere Verbindung von Produkt und Rezept als diese direkte, kann es wohl kaum geben.

In der Metzgerei Müller wird ausschließlich selbst geschlachtet. Das passiert mit viel Respekt vor dem Tier. Zur Handfertigkeit kommt Müllers Sinn für Aromen. Die Rindersalami würzt er mit Kürbis, die Lammsalami mit Fenchel. Manche Stücke vom Bullen lässt Müller bei trockener Luft extra lange abhängen – ein Import solch einer Spezialität aus Übersee kommt für ihn nicht in Frage. Seine Leckereien sind auch bei Kunden außerhalb von Eppingen so beliebt, dass sie als Vorrat in der Dose mit nach Hause wandern.

Im Restaurant serviert Ehefrau Karin sowohl regionale Speisen als auch die Haute Cuisine aus der Küche ihres Mannes. Das Eppinger Traditionsgericht „Kurz und Lang“ aus Siedefleisch verschieden langer Fasern oder die leckere Kartoffelwurst stillen den großen Hunger. Delikat geht es zu, wenn Rinderfilet „Rossini“, Hummer und Trüffel den Ton angeben. Auch Freunde von Innereien können diese bei Karin Müller gerne vorbestellen. Gekocht wird, was gefällt. Einen Tipp gibt Karin Müller noch mit auf den Weg: „Fisch bereitet mein Mann auf den Punkt genau zu.“ In der *Talschenke* gibt es also oft und viel Gutes auf dem Teller.

TALSCHENKE –
RESTAURANT, METZGEREI UND CATERING
Familie Müller
Talstraße 21, 75031 Eppingen
Telefon 0 72 62 / 83 67
talschenke@online.de
www.talschenke-eppingen.de

Guy Graessel

ZU TISCH, BITTE!

Im Kraichgau lockt die vergnügliche Art des guten Speisens

Wir Deutschen schmausen uns arm, schmausen uns krank, schmausen uns in die Hölle", klagte Philipp Melanchthon, der große deutsche Reformator und Sohn der Stadt Bretten im Kraichgau, bereits im 16. Jahrhundert.

Dass Speisen aber grundsätzlich eine feine Sache ist, zeigt heute Spitzenkoch Guy Graessel im *Restaurant Krone* nur ein paar Schritte von Melanchthons Geburtshaus entfernt; auch er ein Reformator, der die gehobene Küche auf den Boden der Tatsachen zurückbringt, ohne ihren Ausdruck zu schmälern. Graessel hält auf angenehme Weise Maß und sagt im Scherz: „Wie es bei mir schmeckt? Grässlich natürlich!"

Die enge Beziehung zu den Jahreszeiten prägt Graessels Kulinarik. Immer zur Hand: frische Eier aus dem eigenen Hühnerstall. Daraus fertigt er zu Mittag goldgelbe Spätzle. Und am Abend? Da verwöhnt er die Feinschmecker gerne mit einem Sieben-Gänge-Menü der leichten Art. Französische Raffinesse trifft dann auf badische Bodenständigkeit. Festlegen lässt sich der gebürtige Elsässer nicht. Ehrlich schmecken muss es halt. „Ich gebe die Begeisterung meiner bevorzugten Erzeuger an die Gäste weiter. Im Herzen bin ich ein Gärtner – wenn alles wächst und gedeiht, ist das toll", schwärmt Graessel. Er ist davon überzeugt, dass sogar in unserer hektischen Welt jeder ausreichend Zeit habe, sich gut und gesund zu ernähren.

Diese Mission vermittelt Graessels Kochschule ganz charmant. Es wird zunächst an den Produkten gerochen, getastet, roh geschmeckt. Dann erst kocht man gemeinsam. Die Gäste sind von der Veranstaltung „Kochen mit Guy" so begeistert, dass eine frühzeitige Reservierung empfehlenswert ist. Gastgeberin Birgit Graessel unterstützt tatkräftig die Gastrogeschicke ihres Mannes, begleitet die Gäste herzlich durch die kulinarische Welt des *Restaurant Krone* und empfiehlt gerne die Weine für genussvolle Momente. Graessel sei Dank: Die Hölle, vor der Melanchthon warnte, kann noch warten.

ELSÄSSER NUDEL-FETZEN

Dieses Rezept finden Sie auf der Seite 246

RESTAURANT KRONE
Guy Graessel
Marktplatz 2, 75015 Bretten
Telefon 0 72 52 / 71 38
kontakt@restaurant-krone.de
www.restaurant-krone.de

Lucullus

SEHNSUCHT NACH SOMMER

Ein Italiener wärmt Körper und Seele

Olivenöl – das fand man im Jahr 1978 im Gegensatz zu heute nicht in jeder deutschen Küche. So „exotische" Zutaten hatten vielleicht schon die Haushalte in München, Frankfurt oder Hamburg erreicht. Im beschaulichen Bretten hingegen gehörte selbst der Besuch eines italienischen Restaurants noch zur Ausnahme. Deshalb war der Zeitpunkt Ende der 1970er Jahre wohl genau richtig, den Mama und Papa Gagliardi für die Eröffnung des *Ristorante Calabria* wählten.

Seither erfreut sich das gemütliche Restaurant großer Beliebtheit. Bald musste man von 35 auf 70 Plätze vergrößern. Als Sohn Vincenzo mit seiner Frau Pina die Geschicke im Jahr 1998 übernahmen, war das *Ristorante Calabria* längst zu einer Institution in Bretten geworden.

Das Licht scheint schräg durch die alten Fenster und beleuchtet ein keinesfalls geradliniges Inneres. Das Haus ist über 300 Jahre alt und auf sympathische Art krumm und schief. Die Gäste lieben diese Charakterstärke und ebenfalls die typischen Gerichte. Als Gruß kommt aus der Küche eine Spezialität Kalabriens auf den Tisch: Die Paste „'Nduja" besteht aus Salami sowie rotem Pfeffer und regt, mit frischem Brot serviert, den Appetit kräftig an.

Von der Pizza bis zur Pasta wird alles selbst gekocht. Je nach Angebot bietet die Küche Fischspezialitäten, Ossobuco, Saltimbocca alla romana oder Kalbsleber venezianische Art. Als Nachtisch schmecken frisch aufgeschlagene Zabaione, Tiramisu und im Sommer Erdbeeren mit Mascarpone. Wer es nicht so süß mag, bestellt geräucherten Ricotta oder jungen Pecorino. Eine Käseauswahl ist immer servierbereit.

Im Sommer veranstalten die Gastgeber ihr „Parmaschinkenfest" und im Winter locken regelmäßig Wildspezialitäten. „Reservierungen sind an Weihnachten notwendig", weiß Vincenzo Gagliardi. Dann sei Stockfisch auf der Karte. „So wie wir den gesalzenen Fisch präsentieren, schmeckt er wohl vielen gut", freut sich der Patrone und stellt ein Glas Primitivaó Salento, direkt vom Fass gezapft, neben die duftenden Speisen. Da weht auch schon ein Hauch von Sommer durch das Restaurant. Salute!

RISTORANTE CALABRIA
Vincenzo Gagliardi
Pforzheimer Straße 22, 75015 Bretten
Telefon 0 72 52 / 4 14 48
info@calabria-bretten.de
www.calabria-bretten.de

M. ARNEGGER

ALLES IM GRÜNEN BEREICH

Ein Hotel-Restaurant macht den Schwarzwald-Trip unvergesslich

KOHLRABI-PFIFFERLING-SALAT MIT WALNÜSSEN, TRAUBEN UND GEBRATENEM HIRSCHRÜCKEN
Dieses Rezept finden Sie auf der Seite 247

Der Schwarzwald lockt Erholungssuchende seit Jahrzehnten mit seiner unberührten Natur. Das *Hotel-Restaurant Arneggers Adler* ist hier ein ebenso modernes wie gemütliches Domizil. Bereits in fünfter Generation pflegt man familiäre Gastlichkeit, die sich zeitgemäß entwickelt. Ein Beispiel ist die heutige Gastgeberin.

Eine Frau gehört an den Herd? Zumindest im Fall von Melanie Arnegger-Becker kann jeder und jede zustimmen. Die Spitzenköchin zeigte schon als Kind ihr großes Talent in der Küche von *Arneggers Adler*. Später sollte sie im hitzigen Takt verschiedener Sterneküchen souverän ihren Posten beziehen. Die staatlich geprüfte Gastronomin und Küchenmeisterin kehrte mit kostbaren Erfahrungen in den schönen Schwarzwald zurück. Seit dem Jahr 2009 führt sie dort gemeinsam mit ihrem Mann Dirk Becker sowohl Hotel als auch Restaurant.

Schon der Papa hatte die Gäste mit gehobener Küche verwöhnt. Melanie Arnegger-Becker fügt nun ihrerseits regionalen Spezialitäten wie Saftgulasch mit Spätzle, Maultaschen oder Schweizer Wurstsalat – natürlich alles selbst gemacht – eine Auswahl asiatisch inspirierter Köstlichkeiten hinzu. „Unsere Gäste lieben, dass bekannte Speisen einen Hauch Extravaganz erhalten“, erklärt Arnegger-Becker ihren weltoffenen Kochstil.

Zum 140-jährigen Bestehen im Jahr 2014 strahlen Hotel und Restaurant mit sowohl rustikalem wie elegantem Ambiente. In der gemütlichen Jagerstube genießt man à la carte. *Adlerstube und Bankett-Restaurant Poesie* sind geeignet für private und geschäftliche Veranstaltungen. Bei gutem Wetter allerdings lieben es die Gäste, im Gartenrestaurant zu speisen – ein Kurzurlaub in natürlicher Idylle insbesondere für Geschäftsreisende.

Mit ihrem Mann Dirk Becker bietet die Gastgeberin Abwechslung in Sachen Hotel und Kulinarik: vom „Gourmet-Traum“ über das „Golf-Arrangement“ bis zum Sonntagsbrunch mit Musik und vielfältigen Speisen. In diesem Haus kann man im besten Sinne immer etwas erleben.

HOTEL-RESTAURANT ARNEGGERS ADLER
Melanie Arnegger-Becker
Tiefenbronnerstraße 20, 75233 Tiefenbronn
Telefon 0 72 34 / 9 53 53 – 0
Arneggers-Adler@t-online.de
www.arneggers-adler.de

SPEISEKAMMER? SCHATZTRUHE!

Die Goldstadt Pforzheim glänzt mit gutem Geschmack

Erneut erhält Delikatessenhändler Helmut Müssle eine Auszeichnung für sein Wirken rund um erlesene Köstlichkeiten – dieses Mal im März 2014 durch das Consorzio del Prosciutto di Parma. Die Freude darüber ist mindestens so groß wie die bei einer Entdeckungsreise im Jahr 1998. Seinerzeit stieß er mit seiner Frau Gabi und dem kleinen Sohn Maximilian auf einer Tour durch Norditalien auf die schönste „Schweinerei" der Region – das Gut Massanera, wo das selten gewordene Sienner Gürtelschwein gezüchtet und zu exzellentem Schinken sowie aromatischer Salami verarbeitet wurde. Ist Müssle ein Jäger des verlorenen Schatzes? Eher ein Sammler, Hüter und Arrangeur delikater Pretiosen.

Müssle Spezialitäten, gegründet 1976, ist eines der schönsten Geschäfte für lukullische Schätze in Deutschland. Linker Hand befindet sich die „Markthalle". Obst, Gemüse, Kräuter – einfach alles, was die frische Küche braucht, ist hier appetitlich arrangiert. Auf der anderen Seite bieten fachkundige wie freundliche Mitarbeiterinnen Salate, herzhafte Brote und Snacks, raffiniert in Komposition und Zubereitung. Die Speisen stärken gesund und lecker im Büro oder schmecken gemütlich daheim. Noch mehr: Müssles Catering sowie vielfältige Events begleiten die Feste der Region.

In den Regalen entdeckt man Wein, Essig und Öl, Antipasti, Aufstriche – herzhaft und süß –, Gebäck ... eine detaillierte Aufzählung ist müßig und ein Besuch angeraten, denn das große Angebot wird ständig aufgefrischt. „Feinkost muss modisch sein", behauptet Helmut Müssle. „Unsere Kunden erwarten Überraschungen. Auf unseren Reisen sehen wir ein Produkt und wissen, wem es in der Heimat schmecken wird."

Gut, dass dieses Konzept von den Kindern Maximilian – er hat seine Ausbildung beim Kollegen Käfer in München absolviert – sowie Tochter Jana und Schwiegersohn Daniele Fedele weiter geführt wird. Diese Familie lebt die Freude an gutem Essen; verwandelt die Speisekammern in Pforzheim zu Schatztruhen des guten Geschmacks. Delikat essen – mit Müssle.

MÜSSLES ITALIENISCHER SPARGELSALAT

Dieses Rezept finden Sie auf der Seite 248

MÜSSLE SPEZIALITÄTEN
Familie Müssle
Marktplatz 8, 75175 Pforzheim
Telefon 0 72 31 / 10 28 86
info@muessle-spezialitaeten.de
www.muessle-spezialitaeten.de

Gilbert N.

DAS PRINZIP TÊTE-À-TÊTE

Ein Koch, seine Frau und sechs Tische für das Glück

MEERESFISCHE, ZITRONENGRASSUD, PAK CHOI
Dieses Rezept finden Sie auf der Seite 248

Fragt man Patron Gilbert Noesser, was die Gäste an seinem Restaurant besonders lieben, antwortet der Spitzenkoch lächelnd: „Meine Frau!" Noesser spricht nicht laut und lange über seine Küche. Auf diese charmante Art lädt er vielmehr dazu ein, einfach im Restaurant zu verweilen – mittags oder am Abend – und entspannte Momente zu erleben. Zeit für ein Gespräch bleibt dem erfahrenen wie ausgezeichneten Koch eh nicht: Er waltet in seinem Reich alleine. Ehefrau Claire kümmert sich derweil liebevoll um die Gäste.

Diese private Atmosphäre macht das Restaurant *Chez Gilbert* so einzigartig und beliebt. Eine Reservierung ist angesichts der begrenzten Tischanzahl dringend zu empfehlen. Die Ausstattung des Gastraums mit warmem Zirbelholz, das im Laufe des über 30-jährigen Bestehens an Schönheit sogar noch gewonnen hat, unterstreicht das Gefühl, willkommen zu sein.

Das Paar hat über die Jahre schon Generationen kulinarisch beglückt – ein Beispiel für die zeitlose Eleganz französischer Kochkunst, wenn sie so professionell und detailverliebt zubereitet wird. Die Karte zeigt immer eine Auswahl verschiedener Fisch- und Fleischgerichte sowie Dessertvariationen – eine Fülle der Genüsse und alles aus einer Hand. Zu Klassikern avancierten Gilbert Noessers Trilogien von der Gänseleber oder der Schwarzwaldforelle sowie der Salat von Meeresfrüchten. Àpropos Fisch: Da setzt der Elsässer auf Produkte aus Frankreich, während er Gemüse und Fleisch regional einkauft. Und sonst bestimmt die Jahreszeit, was den Gaumen erfreut.

Pforzheim kann sich glücklich schätzen, in schnelllebigen Zeiten einen Hort der Verlässlichkeit zu haben. Bei Noessers wird die Rieslingsauce noch mit Butter gebunden und adrett gefaltete Servietten schmücken den Tisch. Für Feierlichkeiten im Kreise der Familie oder der Mitarbeiter ist das Restaurant *Chez Gilbert* zur guten Stube geworden. Wer schließlich geht, sagt einfach „au revoir".

RESTAURANT CHEZ GILBERT
Claire und Gilbert Noesser
Altstädter Kirchenweg 3, 75175 Pforzheim
Telefon 0 72 31 / 44 11 59
restaurant-chez.gilbert@web.de
www.chez-gilbert.de

MONOCHROM WAR NIE BUNTER

Ein kulinarischer Purist schafft vielfältige Geschmackserlebnisse

Kleider- und Kühlschrank sind chronisch leer. Obwohl von allem mehr als genug da ist … Der Überfluss hat unsere Welt fest im Griff, wir merken es nur nicht.

Tina und Dietmar Rübenacker haben den Durchblick behalten. Immer wieder schärfen sie den Blick für das Wesentliche – und das kommt an. Durch ihr Geschick ist *Rübenacker´s Restaurant* im Laufe von 20 Jahren zu einer der ersten Adressen in Baden-Württemberg geworden. Weltenbummelnde Feinschmecker entschleunigen bereits bei der Anreise durchs Grüne. Öffnen sie die Tür zur Gaststube, sagen Gefühl und Geist: angekommen. Der Gaumen folgt, garantiert.

Nichts lenkt hier von den Kreationen des Spitzenkochs ab. Der Raum besticht durch eine Mischung von spartanischer Schönheit und warmen Materialien. Holzvertäfelung, Dielenböden, Vorhänge umgeben ohne zu erdrücken.

Die Speisen entzünden ein Feuerwerk an Sinneseindrücken. Pointiert setzt Rübenacker jeweils ein Produkt in Szene, variiert die Textur, bringt es mit zwei weiteren Komponenten in einen Dialog – und das war´s. Was so schlicht klingt, schmeckt fulminant. Das Aroma ist der Star – wird mal exotisch, mal mediterran, mal badisch begleitet. Festlegen lässt sich die weltoffene Küche des Dietmar Rübenacker nicht, außer auf Qualität und Kreativität. Koch oder Künstler? „Diese Poesie entsteht durch professionelles Handwerk. Ich bin Fleischer, Koch, Küchenmeister, aber auch Kommunikator", verrät Rübenacker, der auch immer wieder aus der Zeit im Restaurant Waldhorn mit der Fusionsküche von Albert Bouley schöpft, und erklärt: „So inspiriert mich regelmäßig der Austausch mit unserem Sohn Lukas. Er ist Fotograf und lenkt meinen Blick immer wieder neu." Mit ihm entwarf er das Konzept monochromer Speisen, gleichermaßen genussvoll für Auge und Gaumen.

Klug und einfühlsam rundet Restaurantfachfrau und Weinberaterin Tina Rübenacker die Speisenfolge samt Getränken ab. Wenn es passt, öffnet sie eine Flasche von Rübenacker´s Querdenker in Rot, Rosé oder Weiß: ein selbst komponierter Cuvée, der Charakter zeigt. So wie bei Rübenackers üblich.

ZWEIERLEI VOM WEIDERIND UND ROTE BEETE

Dieses Rezept finden Sie auf der Seite 249

RÜBENACKER'S RESTAURANT
Familie Rübenacker
Bachstraße 41, 75210 Keltern
Telefon 0 72 36 / 62 89
info@ruebenackers-kaiser.de
www.ruebenackers-kaiser.de

SATT VOR GLÜCK

Ein Koch hat sein Rezept fürs Leben gefunden

Koch? Das war schon immer mein Traumberuf!", gesteht Richard Kientzel. Als junger Mann hat der Elsässer dieses klassische Handwerk erlernt. Dass er nach vielen Jahren noch voller Enthusiasmus am Herd steht, ist seinem freundlichen Gemüt sowie einem harmonischen Miteinander im *Hotel-Restaurant La Cigogne* zu verdanken.

Das ehemalige Fachwerkhaus hat Kientzel mit seiner Frau Marianne bereits 1995 in ein Gasthaus mit rustikalem Charme verwandelt. Alte Eichenbalken wurden in der Gaststube wiederverwendet und verbreiten zusammen mit der beheizten Kachelbank behagliches Flair. Der Storch, das inoffizielle Wappentier des Elsass, ziert nicht nur den Eingang, sondern auch verschiedene Ecken des Raums. Kientzel zeigt auf angenehme Weise seinen Nationalstolz, denn er liebt sein Elsass. Anflüge von Heimweh überwindet er – zum Glück für seine Gäste – mit elsässisch-französischen Spezialitäten.

Das Studium der Karte lässt ahnen: Hier tritt man bereits mit dem Aperitif eine charmante kulinarische Zeitreise an. Andernorts bereits vergessen stimmen im *La Cigogne* Picon mit Bier, Pernod oder Ricard auf die klassisch-elegante Küche ein. Bei Kientzel findet man Königinpastete, gratinierte Zwiebelsuppe, Fischsuppe „Marseillaise", Schnecken und geräucherte Gänsebrust mit Zwiebelmarmelade. Als Dessert locken der typische Munsterkäse oder ein Profiterole mit Eis. Im Laufe der Jahre wurden eigene Interpretationen von Flammkuchen entwickelt. Bei Kientzel werden Weißbrotscheiben mit einer Quark-Sahne-Mischung sowie Speck und Zwiebeln belegt und mit Käse überbacken: der beliebte „Ofenschlupfer". Raffiniert würzt er Spinat- und Wirsingsalat mit Roquefort und Himbeeressig. Die kulinarische Welt ist hier noch in Ordnung. Und das scheint sogar die Jugend in und um Waldbronn zu freuen. Das Publikum im *La Cigogne* ist erfreulich bunt gemischt.

Das angeschlossene Hotel überzeugt durch familiären Service sowie behagliche Atmosphäre. Besonders Geschäftsreisende machen bei der Familie Kientzel gerne Station – landen quasi im gemachten Nest.

LAMMCHOP À LA CIGOGNE

Dieses Rezept finden Sie auf der Seite 249

HOTEL-RESTAURANT LA CIGOGNE
Familie Kientzel
Ettlinger Straße 97, 76337 Waldbronn/Busenbach
Telefon 0 72 43 / 5 65 20
info@la-cigogne.de
www.la-cigogne.de

EIN DENKMAL

WELTKULTURERBE

FÜR DIE EWIGKEIT

KLOSTERSTADT MAULBRONN

Im 14. und frühen 15. Jahrhundert erlangte die Klosterstadt ihre wirtschaftliche und geistige Blüte.

Die Klosterstadt Maulbronn hat eine über 850-jährige Tradition. Die bauliche Geschlossenheit des ehemaligen Zisterzienserklosters ist einmalig. 1993 erfolgte die Ernennung zum Weltkulturerbe.

Maulbronn und sein berühmtes Zisterzienserkloster – eine Geschichte, die vor über 850 Jahren im Kraichgau begann. An ihrem Anfang stand eine Legende. Ihr zufolge stiftete der Edelfreie Walter von Lomersheim sein Erbgut zur Gründung eines Zisterzienserklosters, in das er selbst als Laienbruder eintreten wollte. Auf der Suche nach dem passenden Standort beluden der aus dem Elsass entsandte Abt und dessen zwölf Mönche einen Esel mit einem Geldsack. Dort, wo heute der Eselsbrunnen im Brunnenhaus steht, soll das Maultier auf eine Quelle gestoßen sein. Der Ritter sah darin ein Zeichen des Himmels und ließ hier das Kloster errichten. Die Anlage, die aufgrund ihrer Ausmaße auch als Klosterstadt bezeichnet wird, ist die am vollständigsten erhaltene mittelalterliche Klosteranlage nördlich der Alpen.

In rund 400 Jahren haben die Zisterziensermönche die umliegende Kulturlandschaft geprägt. Ihre Architektur spannt einen epochenübergreifenden Bogen vom 12. bis zum 14. Jahrhundert. Sie vereint romanische, gotische und spätgotische Einzelleistungen von europäischem Rang. Seit 1993 gehört die Klosterstadt Maulbronn zum UNESCO-Weltkulturerbe.

Der Bau des Klosters begann 1147. Die dreischiffige, 1178 geweihte Basilika, und die Klausur sind im romanischen Stil errichtet, während der namentlich nicht bekannte Paradiesmeister mit dem Bau der Kirchenvorhalle und des Herrenrefektoriums erste Versuche in Deutschland unternahm, die aus Burgund stammenden Elemente der Frühgotik umzusetzen. Kapitelsaal, Kreuzgang und Brunnenhaus erfuhren im 14. und frühen 15. Jahrhundert eine spätgotische Modernisierung. In dieser Zeit gelangte die Klosterstadt zu ihrer wirtschaftlichen und geistigen Blüte.

Dem Besucher ist es auf einzigartige Weise möglich, Leben und Arbeit des Zisterzienserordens vom 12. bis zum 16. Jahrhundert nachzuvollziehen. Der Mönchschor mit seinem Chorgestühl aus dem 15. Jahrhundert und den 92 Sitzen ist nur einer von zahlreichen Höhepunkten der Klosterausstattung, die der Konvent zu diesem Zeitpunkt erreichte. Im Zuge der Reformation wurde das Kloster aufgelöst und eine evangelische Klosterschule eingerichtet. Noch heute wird hier mit dem altsprachlichen Internats-Gymnasium an die großartige Tradition als Lernort angeknüpft.

BEIM
SCHUPI
badisch gut!

QUALITÄT IST DER STAR

Spielt frisch auf: ein Ensemble aus Genuss, Kultur und Verweilen

B*eim Schupi* ist so fröhlich, wie es sich anhört. Hinter dem Spitznamen verbirgt sich ein einzigartiges Konzept rund um genussvolles Leben. Die historische Gebäudeanlage im Westen von Karlsruhe beherbergt Hotel, Restaurant, Theater sowie Biergarten. Regie in diesem komplexen wie geselligen Ensemble führt seit dem Jahr 2000 Hotelfachfrau Britta Schloß.

„Qualität und Bürgernähe – das passt prima zusammen. Alle Angebote sind erlesen und zugleich erschwinglich", erklärt die ambitionierte Gastgeberin. Sie hat das Projekt stufenweise entwickelt und zu großer Beliebtheit geführt. Inzwischen arbeitet Britta Schloß mit einem engagierten Team und kann sich so der Qualitätssteigerung des Hauses widmen.

Kein Bereich sollte besonders hervorgehoben werden – für jeden Gast ist etwas anderes von Belang. Wer leichte und zeitgemäße Unterhaltung möchte, bucht einen Abend bei der „Badisch Bühn", wählt Konzert, Lesung oder Musical. Hier gibt es Deftiges und Raffiniertes für Gaumen und Geist. Die Bestellung wird vor und während der Aufführung serviert. Das Dessert bereichert die Pause und nach Vorstellungsende bleiben viele Besucher auf ein Getränk im Gastraum.

In der charmanten Atmosphäre des Restaurants wird natürlich auch außerhalb der Theaterzeit die typisch badische Küche serviert. Das Team um Küchenchef Christian Mattke kocht mit Produkten der Region und serviert Leckeres wie klassisches Wiener Schnitzel vom Kalb, Steaks vom deutschen Jungrind, frischen Bachsaibling aus dem Schwarzwald und überbackene Maultaschen mit pikantem Tomatensugo. Speziell Vegetarier und Menschen mit Allergien schätzen das vielseitige, gesunde Angebot. Alle Speisen werden auch im Biergarten mit altem Baumbestand serviert. So ist *Beim Schupi* immer was los.

Ruhe findet der Gast im familiär geführten Hotel. Die Räume im Landhausstil lassen keinen Komfort vermissen und sind ein echter Geheimtipp bei Touristen wie Geschäftsreisenden. Und wer eine private oder geschäftliche Feier plant, ist *Beim Schupi* bestens aufgehoben. Vorhang auf für die Gastfreundschaft!

LEICHTES FRIKASSEE VOM FREILANDHUHN
Dieses Rezept finden Sie auf Seite 250

BEIM SCHUPI
Britta Schloß
Durmersheimer Straße 6, 76185 Karlsruhe
Telefon 07 21 / 5 59 40
info@schupi.de
www.schupi.de

EINE LEGENDE ERFINDET SICH NEU

Feines aus Küche und Keller erfreut in Karlsruhe seit 1918

Restaurants können magische Orte sein. Die charakterstarke Mischung aus Küche, Gastlichkeit und Ambiente macht ein Lokal unvergleichlich. Wer heute die *Oberländer Weinstube* betritt, wird genau von dieser Melange berührt.

Hat sich in der kleinen Gaststube seit der Gründung im Jahr 1918 durch Familie Rinderspacher etwas verändert? Dunkle Holzvertäfelung lässt die Majolika-Kacheln aus der Karlsruher Manufaktur erstrahlen. Die Lampenschirme sind aus Glas gearbeitet und zeigen handbemalt die Zünfte. Ölgemälde der vorletzten Jahrhundertwende schmücken die Wände. Zum Greifen nah scheint die Szene, als Honoratioren der Stadt sich auf ein Glas Wein trafen. Die besten Tropfen kamen damals aus dem „Oberland", dem heutigen Markgräflerland – der Name war geboren. Jahrzehntelang wurden Feinschmecker angezogen von diesem Weinkeller mit seinen 1 000 Positionen, teils seltene und extrem lagerfähige Jahrgänge; dazu gesellte sich bald exquisite Küche. Bei Sternekoch Günter Buchmann war der heutige Chefkoch Jörg Hammer von 1995 bis 1998 tätig. Ihm vertraute Peter Rinderspacher, der letzte Patron und Enkel des Gründers, das Haus im September 2013 gerne an im Vertrauen auf eine sanfte Revolution.

„Ich bin zu sehr Franke, als dass ich es mit der Molekularküche versuchen würde. Aber eine im Vakuum gegarte Kalbsleber behält wunderbar die Struktur", erklärt Hammer seine Beziehung zu Innovationen und setzt Sülze vom Tafelspitz mit Pfifferlingsvinaigrette, gebratenen Seeteufel auf Couscous oder Schaufelbraten vom Rind mit Süßkartoffel auf die Karte. Sein Gemüse und Obst bezieht der Koch von einem Bauernhof in Graben-Neudorf, der sich auf alte Gemüsesorten spezialisiert hat.

Diana Hammer, seine Frau, ist auch ein „Gewächs" des Hauses – weinkundige Gast- und Ideengeberin für Hammers Kulinarik. Hier in der *Oberländer Weinstube* lernten sie sich beruflich schätzen und entdeckten bald ihre Zuneigung. Seitdem führen sie gemeinsam ein traditionsreiches Haus in die Moderne.

MAIBOCKRÜCKEN MIT DÖRROBSTPOLENTA UND KARAMELLISIERTEM BLUMENKOHL

Dieses Rezept finden Sie auf der Seite 250

OBERLÄNDER WEINSTUBE
Diana und Jörg Hammer
Akademiestraße 7, 76133 Karlsruhe
Telefon 07 21 / 2 50 66
kontakt@oberlaender-weinstube.de
www.oberlaender-weinstube.de

Confiserie anno 1932
Confiserie anno 1932

ENDLES(S) LOVE

Eine Familie lebt die Passion für Pâtisserie und Kaffeehaus

FRUCHTIGES SAVARIN À LA ENDLE
Dieses Rezept finden Sie auf der Seite 251

Bei *Confiserie Endle* fängt sie erst an: die Kunst, aus Alltäglichem etwas Besonderes zu machen. Ein Croissant, ein Kuchen, eine Praline, ein Eis, ein Sandwich … landauf und landab findet man nur wenige Spezialisten, die aus besten Rohstoffen so köstliche Träume erschaffen.

„Gutes entsteht nur aus dem Besten" – seine Weisheit zitiert Oliver Endle mit angenehmer Nonchalance. Darf er auch. Der junge Chef des Traditionshauses an der Kaiserstraße in Karlsruhe ist ein ausgezeichneter Konditor. Er hat in ersten Häusern gelernt und gearbeitet, auch in Frankreich, dem Mutterland der süßen Verführung. Nach Paris sowie Brüssel reist er regelmäßig. Schaut, kostet, erinnert und blickt voraus. Zuhause formiert er die Eleganz französischer Dessertkultur mit dem kommunikativen Geist des Wiener Kaffeehauses; führt das Werk der Großeltern und Eltern zeitgemäß fort.

Wer die attraktive Auslage erblickt, ahnt, mit wie viel Aufwand, Leidenschaft und Professionalität gearbeitet wird. Die Manufaktur im ersten Geschoss unterteilt sich in Bereiche für Gebäck, Torten und Pralinen. Mit sicheren Handgriffen fertigt das Team akkurate wie kreative Köstlichkeiten – alles in Handarbeit. Bis ein Stück Torte auf dem Teller des Gastes liegt, sind zig Handgriffe notwendig; an einer Praline arbeiten im Verlauf einer Woche vier Personen. Und bei Endle wird zum Beispiel der Boden für Quiche und Apfelkuchen zweimal vorgebacken. Solch ein Knusper bringt die Konsistenz und Aromatik des Belags erst richtig zur Geltung.

Die Eltern gaben dem Café 1992 ein modernes Äußeres und Sohn Oliver entwickelt kontinuierlich das frische Erscheinungsbild. So ergänzt er das beliebte Sortiment durch Novitäten wie den Brotaufstrich „Gaumenschmeichler" auf Schokoladenbasis mit Sauerkirsche und Rosinen oder liefert Herzhaftes als „Verwöhnmeeting" in die Chefetagen der Umgebung. Höhepunkt des Jahres ist ohne Frage die Weihnachtszeit mit unermesslich vielen Leckereien … stets mit Endles(s) Liebe zubereitet.

CONFISERIE ENDLE
Oliver Endle
Kaiserstraße 241a, 76133 Karlsruhe
Telefon 07 21 / 2 46 78
info@endle.de
www.endle.de

Gasthaus
zum
Ochsen

MIT SANFTER KRAFT

Eine Grande Dame der Küche begrüßt in Durlach

PAVÉ VOM ATLANTIK-BIO-LACHS, GRÜNE UND WEISSE SPARGELSPITZEN, ORANGEN-SENF-MOUSSELINE

Dieses Rezept finden Sie auf der Seite 251

Es ist heiß, die Saucen brodeln, das Gemüse dampft – in der typischen Szenerie einer Küche behält Anita Zoller-Jollit die Ruhe. Souverän widmet sie sich exklusiven Produkten wie Atlantik Wildsteinbutt, Wildfang St. Pierre, schottischem Lammrücken und Étouffée-Taube; kombiniert mit saisonalen Gemüsen gestaltet sie daraus Speisefolgen der feinen französischen Art.

Seit 1981 führt die Gourmetköchin mit Ehemann Gérard Jollit die Gaststätte ihrer Eltern. Gemeinsam haben sie die gutbürgerliche Küche des Vaters so weiter entwickelt, dass ab 1989 ein Michelin-Stern für zwölf Jahre das *Restaurant Zum Ochsen* krönte. Heute ist das elegante Haus nach wie vor beliebt bei Feinschmeckern aus nah und fern. Insbesondere die Vinothek, betreut durch den erfahrenen Sommelier Serge Schwentzel, hat sich einen Namen in der Weinszene gemacht.

Erlesene Tropfen, sachkundig wie unterhaltsam präsentiert, begleiten die Haute Cuisine von Anita Zoller-Jollit in einem Ambiente perfektionierter Nonchalance. Gedeckte Farben, warme Hölzer, edle Stoffe und weiches Licht prägen die Optik von Restaurant und gelbem Salon, einem Raum für besondere Anlässe.

Entspannte Noblesse umfängt den Gast, deren Ursache klar auszumachen ist: In jungen Jahren startete das Ehepaar Jollit seine Karriere als Gastgeber im Savoy Hotel London, einer Ikone der Hotellerie; sie an der Rezeption, er in der Küche. Die zwei mochten sich, heirateten und gingen nach Paris. Dann kam der Ruf des Vaters und man zog in die neue alte Heimat. Und hier passierte der Wandel. Gérard übernahm die Rolle des Gastgebers und Anita entdeckte ihr Talent für die Küche.

Dem Restaurant ebenbürtig sind die sechs stilvoll eingerichteten Zimmer im Obergeschoss, benannt nach beliebten wie berühmten Regionen Frankreichs. Hier lässt sich göttlich residieren. Das *Hotel und Restaurant Zum Ochsen*: ein Haus comme il faut.

HOTEL UND RESTAURANT ZUM OCHSEN
Familie Jollit
Pfinzstraße 64, 76227 Karlsruhe
Telefon 07 21 / 94 38 60
info@ochsen-durlach.de
www.ochsen-durlach.de

Konrad Sluga

EXPRESSIV UND KREATIV

Ein Haus zeigt wieder die Palette kulinarischer Künste

Im Jahr 2010 küsste Gastgeberpaar Sluga das *Restaurant Künstlerkneipe*, eine kulinarische Institution im idyllischen Stadtteil Daxlanden, regelrecht wach. Das Haus aus dem Jahr 1657 war seit Mitte des 19. Jahrhunderts als Gasthof Krone im Besitz der Familie Schwall. Hier stärkten sich zunächst fleißige Rheinfischer. Bald entdeckten Künstler den gastlichen Ort, gaben ihm den heutigen Namen und machten ihn legendär – bezahlte doch mancher die Zeche mit seiner Kunst. Bis heute schmücken die Gemälde namhafter Kunstschaffender das Ensemble aus verschiedenen Gasträumen.

Apropos Küssen: Die Muse traf hier manchen Maler und in den 1950er Jahren gab es Bussis bei der privaten Party nach der Bambi-Verleihung. Maria Schell, O. W. Fischer, Hansjörg Felmy, Toni Sailer … und sogar Sophia Loren soll dagewesen sein. Das *Restaurant Künstlerkneipe* hatte einen Lauf und im gleichen Tempo entwickelte sich die Küche – über Jahre durch einen Stern ausgezeichnet, bis rund um die Jahrtausendwende der Nimbus sank.

Und heute? Küche und Service haben sich modern und zeitgemäß gewandelt. Geblieben sind die kulinarische Kreativität und das charmante Ambiente. Kein Stuhl, Tisch, Bild hat seinen Platz geändert. Lediglich Stoffe, von Martina Sluga liebevoll arrangierte Accessoires und Farbgebung wurden aufgefrischt und unterstreichen die Romantik des Ortes.

Die Küche wird zum Atelier: Konrad Sluga kreiert expressive, kreative Speisen auf spontane Art. „Die Gäste wollen nicht rätseln, wenn der Teller kommt“, findet der Spitzenkoch mit Stern-Erfahrung. Das Produkt gibt den Impuls und wird von ihm respektvoll interpretiert. Während im dreigliedrigen Restaurant sowie in der intimen Eglerstube gehobene Küche vorherrscht, wird in der Weinstube sowie im mediterranen Kronengärtle Rustikales serviert. Für Festlichkeiten empfiehlt Gastgeberin Martina Sluga den Ballsaal, ein architektonisches Kleinod. Wie gemalt – das *Restaurant Künstlerkneipe*.

RÜCKEN VOM SALZWIESENLAMM IM HEU GEGART

Dieses Rezept finden Sie auf der Seite 252

RESTAURANT KÜNSTLERKNEIPE
Martina und Konrad Sluga
Pfarrstraße 18, 76189 Karlsruhe
Telefon 07 21 / 16 08 99 57
info@kuenstlerkneipe.com
www.kuenstlerkneipe.com

ROCKCHEF
zu

365 TAGE SONNENSCHEIN

Ganzjährig willkommen in Haus und Küche

Von der Sonne verwöhnt – dass in Baden nicht nur die Trauben klimatisch profitieren, sondern auch die Menschen, zeigt Familie Radtke. Die freundlichen Gastgeber aus Eggenstein-Leopoldshafen tragen die Sonne im Herzen und lassen ihre Gäste daran teilhaben. Im *Landgasthof Zum Goldenen Anker* herrscht eine heitere Stimmung, sowohl im Hotel als auch im Restaurant.

Stephanie und Armin Radtke haben ihre Erfahrungen in der Sternegastronomie gesammelt und bringen diese zeitgemäß im Familienbetrieb ein. Im Jahr 2007 übernahmen sie die Verantwortung für das Haus – sie bauten das Restaurant komplett um und renovierten die Hotelzimmer peu à peu. „Die Urgroßeltern würden sich wohl über die moderne Gestaltung der ehemaligen Wirtschaft aus dem 19. Jahrhundert freuen", glaubt die tatkräftige Gastgeberin.

Die junge und kreative Küche Badens macht den *Landgasthof Zum Goldenen Anker* kulinarisch attraktiv. Küchenchef Armin Radtke kreiert mit seinem Team täglich frische Speisen. Es wird gekocht, geräuchert, geröstet und vieles mehr. Im kollegialen Miteinander entstehen Köstlichkeiten wie Zwiebelrostbraten mit Speckbohnen und Spätzle oder Lammrücken in der Kräuterkruste. Zum Abschluss lieben die Gästen Crème brûlée von der Tonkabohne oder geeiste Rieslingsuppe mit gratinierten Erdbeeren. Schöne Weine zu den Schlemmereien, insbesondere Weißweine aus Baden und der Pfalz, sucht Restaurantleiterin Franziska Dunke aus. Die Schwester der Inhaberin folgt dem Motto: Essen gehen soll Spaß machen; darum stimmen Preis, Leistung und Service überein. Und sie hat noch eine weitere Mission. Regelmäßig besuchen Schülerinnen und Schüler der neunten Klasse das Restaurant, genießen ein Vier-Gänge-Menü und erlernen dabei Benimmregeln.

Diese lebendige Atmosphäre setzt sich bis auf die Terrasse fort. Im Sommer ein idealer Ort, bei gutem Essen und aufmerksamer Bedienung zu entspannen. Über die Adventszeit verwandelt sich der Platz in einen Mini-Weihnachtsmarkt. Es gibt weißen Glühwein, Früchtepunsch, Flammkuchen und unwiderstehlich leckere Waffeln.

BADISCHER STANGENSPARGEL, KRATZETE, SAUCE HOLLANDAISE
Dieses Rezept finden Sie auf der Seite 252

LANDGASTHOF ZUM GOLDENEN ANKER
Familie Radtke
Hauptstraße 16–20, 76344 Eggenstein-Leopoldshafen
Telefon 07 21 / 70 60 29
info@hotel-anker-eggenstein.de
www.hotel-anker-eggenstein.de

HOTEL-RESTAURANT

WO DIE ZEIT IHREN LAUF UNTERBRICHT

Ein Refugium in der Pfalz lädt ein, bei bester Küche zu verweilen

Fast mediterranes Flair verbreitet die Sonne in der südpfälzischen Rheinebene. Mildes Klima, das nicht nur Weinreben, sondern auch Tabakpflanzen gut tut – ein Markenzeichen der Gemeinde Herxheim. Deren malerischer Ortsteil Hayna ist auf andere Weise bekannt geworden: durch das für Gastlichkeit und Spitzenkulinarik vielfach ausgezeichnete *Hotel-Restaurant Krone*. Hier wiederum gedeihen Bananenstauden, 200 Jahre alte Oleanderbüsche sowie reich tragende Feigenbäume. Sie sorgen – insbesondere bei Gästen aus nördlichen Gefilden – für beglücktes Staunen, das so schnell kein Ende nimmt ob der nahezu paradiesischen Entdeckungen.

Nirgendwo anders als in Hayna möchten die Familien Kuntz und Schlindwein, Gastgeber an diesem Platz in dritter Generation, leben. Obwohl sie vom guten Wetter naturgemäß nicht so profitieren wie ihre Gäste. Unermüdlich, aber stets zufrieden, kümmern sie sich um deren Wohl, wie schon Großeltern und Eltern. Speziell Karl Kuntz, Vater der heutigen Protagonisten – Sternekoch Karl-Emil Kuntz und Gastgeberin Karin Schlindwein, geborene Kuntz –, gab dem Haus ein unverwechselbares Gesicht; er verwandelte die ländliche Gastronomie in eine Topadresse. Inzwischen finden Reisende unter dem Motto „Ihr Daheim auf Zeit" stilvolle Zimmer, Suiten und Apartments, Wellness vom Feinsten und Kulinarik, die nonchalant mit der Zeit geht. Kann man sagen, dass die Idee vollendet ist? In den Augen der Gastgeber zumindest nie! Seit Jahrzehnten entwickelt das Geschwisterpaar mit Ehepartnern und Kindern in familiärer Vertrautheit das *Hotel-Restaurant Krone* weiter – für Feinschmecker und Erholungssuchende, die in der Südpfalz das Besondere suchen.

Bezeichnend dafür ist die Kulinarik von Spitzenkoch Karl-Emil Kuntz. Wie kaum ein anderer seiner Zunft fühlt er sich der heimischen Küche zugetan und beherrscht zugleich die Spielarten der Haute Cuisine. Sein Können zeigt er gleich auf zwei Bühnen. Regionale Spezialitäten, die der Meisterkoch schlicht als

„Heimat auf dem Teller“ definiert, werden in den viel gelobten „Pfälzer Stuben“ serviert – das sind verschiedene Räumlichkeiten von gepflegter Gastlichkeit. Romantisches tête-à-tête oder repräsentatives Meeting? Der aufmerksame Service von Ehefrau Martina Kuntz macht hier wie im „Kronen-Restaurant“ jedes Essen ihres Mannes zum Ereignis mit Erinnerungsfaktor.

Seit 1986 und ohne Unterbrechung lässt ein Michelin-Stern die kulinarische „Perle der Pfalz“, wie Feinschmecker das „Kronen-Restaurant“ nennen, schimmern. Unübertroffen: der Reigen von Amuse-Bouches. Dieses Feuerwerk an Kreativität entfacht beim Gast die Liebe zum Detail, zur Qualität, zur Sinnlichkeit, die Sternekoch und Perfektionist Kuntz mit jedem folgenden Gang bestätigt. Dass solch ein Könner Gründungsmitglied der Vereinigung „Jeunes Restaurateurs Deutschland“ ist, verwundert nicht und macht den nimmermüden Koch besonders stolz. Gründe dafür liefern außerdem eine Vielzahl weiterer Anerkennungen, die ihm von führenden Fachmedien verliehen wurden. Aber insbesondere das persönliche Lob und Gespräch sind dem Familienmensch Kuntz wertvoll, davon zehrt er regelrecht.

„Sei menschlich, bleibe so wie du bist und versuche, dich trotzdem ständig zu verbessern“, formuliert Kuntz das Credo des Hauses und spricht im Namen der gesamten Familie. Sie alle sorgen mit großer Aufmerksamkeit und Akkuratesse für die Gäste – Prominente wie einfache Bürger. Gerade die familiäre Herzlichkeit macht das *Hotel-Restaurant Krone* zum beliebten Hideaway für private wie geschäftliche und offizielle Anlässe. In der Rolle des Gastgebers wählen deutsche Regierungen regelmäßig für ihre Staatsgäste das *Hotel-Restaurant Krone* als Begegnungsstätte mit entspannt-persönlicher Atmosphäre.

Wie Karl-Emil Kuntz Kraft schöpft für sein Werk? Indem er joggen geht. Wenn sich dabei seine Schritte zu einem dynamischen Fluss fügen, hat er im Wortsinne einen Lauf. Das gilt beim Joggen ebenso wie in der Gastronomie. Den Lauf der Zeit allerdings unterbricht er für die Gäste seines Hotel-Restaurants gern.

SÛPREME VOM WEISSEN HEILBUTT
IM ESTRAGON-BLINI POCHIERT
Dieses Rezept finden Sie auf der Seite 253

HOTEL-RESTAURANT KRONE
Familien Kuntz und Schlindwein
Hauptstraße 62-64, 76863 Herxheim-Hayna
Telefon 0 72 76 / 50 80
info@hotelkrone.de
www.hotelkrone.de

REZEPTE

KOTELETT VOM EPPINGER LAND-SCHWEIN AUF SPARGELGEMÜSE

Talschenke – Restaurant, Metzgerei & Catering, Seite 210

ZUTATEN

4 Kotelett à 200 bis 220 g, Meersalz, weißer Pfeffer aus der Mühle, 1 EL Schweineschmalz, 500 g weißer Spargel (geschält), 500 g grüner Spargel, Salz, Pfeffer, Zucker, 200 g Sahne, 1 EL Speisestärke, 50 g kalte Butter

ZUBEREITUNG

Weißen Spargel schälen. Grünen Spargel waschen und an den Enden 2 Zentimeter abschneiden. Wasser in einem Topf mit Salz, Pfeffer und Zucker zum Kochen bringen. Den Spargel 8 bis 10 Minuten weich kochen, herausnehmen und auf einer Platte abkühlen lassen. In einer Pfanne Schmalz erhitzen, Koteletts darin von jeder Seite ca. 4 bis 5 Minuten knusprig anbraten. Für die Spargelsauce ca. 300 Milliliter Spargelkochwasser und Sahne in einen Topf geben, aufkochen lassen und mit in etwas kaltem Wasser aufgerührter Speisestärke sämig abbinden. Spargelstangen in 3 bis 4 Zentimeter schräge Stücke schneiden, Spargelsoße mit kalter Butter kurz aufmixen (Stabmixer), Spargelstücke in heiße Spargelsoße geben, Spargelgemüse auf vorgewärmten flachen Teller in der Mitte anrichten, darauf je ein Kotelett platzieren und mit Meersalz und weißem Pfeffer würzen. Als Beilage schmecken dazu neue Kartoffeln.

ELSÄSSER NUDEL-FETZEN

Restaurant Krone, Seite 212

ZUTATEN

500 g Mehl, 4 Eier, 6 Eigelb, 1 Prise Salz, 4 Lauchzwiebeln, 2 Tomaten, 400 ml Sahne, Schnittlauch nach Geschmack, Estragon nach Geschmack, 150 g Crème fraîche

ZUBEREITUNG

Eier und Eigelb aufschlagen. Langsam das Mehl dazugeben und alles so lange zu einem Teig verarbeiten, bis dieser nicht mehr an den Händen klebt. Den Teig in Klarsichtfolie einschlagen und ruhen lassen. Den Teig mit dem Nudelholz dünn auswellen. Falls eine Nudelmaschine zu Hand ist, Stufe 3 wählen, ansonsten mit dem Nudelholz arbeiten. Mit einem Kuchenrad die Nudelplatten in ungleichmäßige Fetzen schneiden. Diese in kochendem Salzwasser bissfest garen, in Eiswasser abschrecken und auf einem Sieb abtropfen. In einer Pfanne Lauchzwiebeln mit etwas Olivenöl und Tomaten andünsten. Mit Sahne ablöschen, Nudel-Fetzen zugeben und mit Schnittlauch und Estragon, sowie Salz und Pfeffer abschmecken. Zum Schluss mit Crème fraîche abschmecken. Mit einem Wildkräutersalat servieren.

KOHLRABI-PFIFFERLING-SALAT MIT WALNÜSSEN, TRAUBEN UND GEBRATENEM HIRSCHRÜCKEN

Hotel-Restaurant Arneggers Adler, Seite 216

ZUTATEN

1 Kohlrabi und feine junge Kohlrabiblätter zur Dekoration, 1 Prise Salz, 1 Prise Pfeffer, 1 Prise Zucker, 20 ml Walnussessig oder Sherryessig, 40 ml Walnussöl, 60 g Walnusskerne, 300–400 g frische Pfifferlinge, 1 kleine weiße Zwiebel, Sonnenblumenöl zum Dünsten, 40 ml Weißwein, 16 Trauben, ½ Bund Petersilie, 2 kleine Petersilienwurzeln, 400 g parierter Hirschrücken, 2 Rosmarinzweige zum Braten, Balsamicocreme zur Dekoration

ZUBEREITUNG

Kohlrabi waschen und schälen. Mit einer Aufschnittmaschine in feine Scheiben schneiden. Diese Scheiben dann in dünne Stifte schneiden. Die jungen zarten Kohlrabiblätter waschen und zur Seite legen für die Dekoration. Die Kohlrabistifte in Salzwasser bissfest blanchieren. Nicht abschrecken, sondern noch warm mit Salz, Pfeffer, Zucker, Essig und Öl marinieren. Die Walnusskerne grob zerhacken und in einer Pfanne trocken rösten. Diese dann zum Kohlrabisalat zugeben und abschmecken. Pfifferlinge waschen, trocken tupfen. Zwiebel schälen und in feine Würfel schneiden. Die Zwiebelwürfel in Sonnenblumenöl hell dünsten, die Pfifferlinge dazugeben, mit Salz, Pfeffer würzen. Mit Weißwein ablöschen, bissfest garen. Lauwarm abkühlen lassen. Trauben waschen, halbieren und entkernen. Petersilie waschen, trocknen und hacken. Pfifferlinge und Trauben zum Kohlrabisalat zugeben und mit der gehackten Petersilie abschmecken. Petersilienwurzel waschen, schälen und fein hobeln. Die Scheiben in 140 °C heißem Öl goldgelb frittieren. Den Hirschrücken salzen, pfeffern und in einer heißen Pfanne mit dem Rosmarin auf beiden Seiten anbraten. Im vorgeheizten Backofen bei 170 °C für 8 bis 12 Minuten rosa garen. Kohlrabi-Pfifferling-Salat auf einem Teller anrichten, die feinen Kohlrabiblättchen und Petersilienwurzelblätter dekorieren. Den Hirschrücken schneiden und auf den Salat legen. Das Fleisch noch mal pfeffern und nach Belieben mit Balsamicocreme dekorative Streifen ziehen. Falls gewünscht schmeckt der Kohlrabi-Pfifferling-Salat auch in Kombination mit anderen Salaten der Saison wie Radicchio oder Rucola.

REZEPTE

MÜSSLES ITALIENISCHER SPARGELSALAT

Müssle Spezialitäten, Seite 218

ZUTATEN FÜR 8 PERSONEN

600 g weißer Spargel, 500 g grüner Spargel, 400 g Kirschtomaten, 120 ml Olivenöl, 1TL Zitronen-Olivenöl, 4 EL weißer Balsamico-Essig, 1 EL Senf, Salz, 1 TL Zucker, weißer Pfeffer, 1 Bund Rucola, 1 Zwiebel, 1 kleiner schwarzer Perigord-Trüffel

ZUBEREITUNG

Spargel schälen und die Enden abschneiden. Spargelstangen schräg in ca. 4 Zentimeter lange Stücke schneiden. Weißen Spargel in reichlich Salzwasser ca. 8 Minuten blanchieren. Grünen Spargel ca. 2 Minuten blanchieren, in Eiswasser abschrecken. Zwiebeln pellen und in feine Würfel schneiden. Vom Olivenöl einen Esslöffel in einer Pfanne erhitzen. Zwiebeln darin kurz anbraten. Zucker zugeben, leicht karamellisieren und mit weißem Balsamico-Essig ablöschen. Karamellisierte Zwiebel in eine Schüssel geben, Senf, restliches Olivenöl, Salz, Pfeffer und Zitronen-Olivenöl zugeben und zu einer Vinaigrette verrühren. Weißen Spargel in die Vinaigrette legen und ca. 30 Minuten ziehen lassen. Tomaten halbieren, auf ein Backblech legen und ca. 30 Minuten bei 180 °C (Umluft) im Backofen trocknen. Herausnehmen und abkühlen lassen. Stiele vom Rucola abschneiden und Blätter waschen. Grünen Spargel, weißen Spargel, Rucola und Tomaten mischen. Abschmecken und auf einer Platte anrichten. Schwarzen Trüffel mit Trüffelhobel in Scheibchen darüber hobeln und servieren.

MEERESFISCHE, ZITRONENGRASSUD, PAK CHOI

Chez Gilbert, Seite 220

ZUTATEN

4 Seezungenfilets, 4 Seeteufel Medaillons, 4 Rotbarbenfilets, 100 ml Fischfond Sauce *100 ml Noilly Prat, 100 ml Weißwein, 250 ml Fischfond, 1 Schalotte, ½ Tomate, 3 Stangen Zitronengras, Saft von ½ Zitrone, 50 g Butter* Pak Choi *2 kleine Pak Choi, 1 Knoblauchzehe, 1 Schalotte, 10 ml Thai-Fischsauce, Salz, Sezuan Pfeffer, Olivenöl*

ZUBEREITUNG

Pak Choi Blätter vom Strunk lösen und blanchieren. 4 Blätter für den Fisch zur Seite legen. Die Stiele längs in 2 und später in 3 Zentimeter lange Stücke schneiden und ebenfalls blanchieren. Blätter und Stiele in Olivenöl sautieren. Knoblauch und Schalotten hacken und dazu geben. Mit Thai-Fischsauce ablöschen. Mit Salz und Pfeffer würzen. Stiele in die Blätter einrollen, später mit Fisch und Sauce anrichten. Die Seezungenfilets leicht plattieren und würzen. Filet von der Innenseite mit blanchierten Pak Choi Blättern belegen und einrollen. Eine Porzellanform buttern und die Fischrollen hineinlegen. Den Backofen auf 180°C vorheizen. Fischfond dazugeben, mit Alufolie abdecken und ca. 8 Minuten glasig garen. Geschuppte und entgrätete Rotbarbenfilets leicht würzen. Olivenöl in einer beschichteten Pfanne erhitzen und die Filets für ca. 2 Minuten pro Seite kurz braten. Die Seeteufelmedaillons würzen und für 4 bis 5 Minuten grillen oder braten. Für die Sauce die Schalotte würfeln, das Zitronengras grob schneiden. Beides mit Fischfond, Wein, Noilly Prat und Tomate zum Kochen bringen. Die Flüssigkeit auf die gewünschte Konsistenz einkochen. Mit kalter Butter abbinden. Mit Salz und Zitronensaft abschmecken und absieben. Alle Zutaten anrichten und Sauce angießen.

ZWEIERLEI VOM WEIDERIND

Rübenacker's Restaurant, Seite 222

ZUTATEN

Mariniertes Rindfleisch *400 g Rinderfilet am Stück, Salz, Pfeffer aus der Mühle, Olivenöl zum Anbraten* Marinade *4 EL Olivenöl extra vergine, 2 EL Balsamico Essig, Salz, Pfeffer* Tatar *200 g Rindfleisch, 4 Cornichons, 16 Kapern, 1 gestrichener TL grober Senf, 4 Eigelb* Rote Beete variiert *500 g Rote Beete (roh), Salz, 2 Lorbeerblätter, 10 g Kümmel, 15 g Puderzucker, 30 g Isomalt, 5 g Glukose, Salz, Pfeffer aus der Mühle, Balsamico Essig, Olivenöl, Honig*

ZUBEREITUNG

Rote Beete waschen und am Stück in Salzwasser mit Lorbeerblättern und Kümmel bissfest kochen. Sofort in kaltes Wasser legen, auskühlen lassen und schälen. Davon 100 Gramm in Würfel schneiden, 160 Gramm für den Krokant verwenden und den Rest für die kalte Sauce. Rote Beete-Würfel mit Salz und Pfeffer, Honig, Olivenöl und Balsamico abschmecken. Für den Krokant 160 Gramm Rote Beete mit Puderzucker, Isomalt und Glukose bei 80 °C pürieren. Die Masse auf eine Silikon-Backmatte 2,5 Zentimeter breit ausstreichen, bei 120 °C für 25 Minuten backen. Im Anschluss über ein Metallrohr rollen und zu einem Ring formen. Für die kalte rote Sauce die restliche Rote Beete in einen hohen Behälter geben, mit Salz und Pfeffer würzen und mit dem Mixstab pürieren. Für das Tatar das Rindfleisch mit dem Messer in feine Würfel schneiden. Cornichons und Kapern fein hacken, mit dem Fleisch vermengen und alles nochmals durchhacken. Senf und Eigelb zugeben. Mit Salz und Pfeffer würzen, rund formen und kalt stellen. Für die marinierten Scheiben das Rinderfilet mit Salz und Pfeffer würzen. In einer Pfanne das Olivenöl erhitzen und das Filet rundum kurz anbraten. In der Pfanne lassen und bei 100 °C für 8 Minuten in den Ofen schieben. Fleisch aus der Pfanne nehmen, in Alufolie rollen und ruhen lassen. Dann aus der Folie nehmen, in dünne Scheiben schneiden und mit der Marinade bepinseln. Die marinierten Scheiben, Tatar, Rote Beete-Würfel, Sauce und Krokant auf einem Teller anrichten.

LAMMCHOP À LA CIGOGNE

Hotel-Restaurant La Cigogne, Seite 224

ZUTATEN FÜR 4 PERSONEN

250 g Mehl, 5 Eier, Salz, 750 ml Milch, 20 ml Öl, 8 Lammchop, 800 g Bohnen, 1 Dose geschälte Tomaten à 850 ml, 100 g Butter, 8 Knoblauchzehen, Kräuter der Provence, 100 g Emmentaler Käse, Kräuterbutter

ZUBEREITUNG

Für den Pfannkuchenteig das Mehl in eine Schüssel geben. Mit Eiern und einer Prise Salz zu einem Teig schlagen. Danach die Milch langsam unterrühren und 10 Milliliter Öl dazu geben. Teig 20 Minuten ruhen lassen. Das gesamte Fett vom Fleisch entfernen. Salzen, pfeffern und mit Kräutern der Provence auf beiden Seiten würzen. Das Fleisch von beiden Seiten ca. 5 bis 8 Minuten – je nach Dicke – rosa braten. Danach ca. 10 Minuten im Warmen ruhen lassen. Die Pfannkuchen – Durchmesser 12 Zentimeter – in sehr wenig Öl backen. 5 Knoblauchzehen schälen, hacken und in Butter anbraten. Geschälte Dosentomaten dazugeben und ein wenig einkochen lassen. Salzen und pfeffern. Bohnen putzen, bissfest kochen. Butter in einer Pfanne erhitzen. 3 Knoblauchzehen schälen, hacken und darin glasig anbraten. Die Bohnen hinzufügen und schwenken. Bohnen in Pfannkuchen einrollen, Knoblauch-Tomaten darauf verteilen. Käse grob raspeln und darauf verstreuen. Im Backofen mit Oberhitze kurz gratinieren. Vor dem Servieren noch etwas Kräuterbutter auf die Chops legen.

REZEPTE

FRIKASSEE VOM FREILANDHUHN

Beim Schupi, Seite 230

ZUTATEN FÜR 6 PERSONEN

1 Freilandhuhn (ca. 1,5 kg), 1 Sellerieknolle, 2 Karotten, 1 Petersilienwurzel, 1 Zwiebel, 1 Lauchstange, 5 l Wasser, 500 ml trockener Riesling, 500 ml Sahne, 80 g Butter, 50 g Mehl, 30 g Kapern im Glas, 300 g Langkornreis, 50 g Salz, 20 Pfefferkörner schwarz, 10 Korianderkörner, 3 Lorbeerblätter, 10 Pimentkörner, 10 Wacholderbeeren, 3 Flügel vom Sternanis, 1 Bund Schnittlauch

ZUBEREITUNG

Wasser und Riesling mit Gewürzen in einem großen Topf aufkochen. Das küchenfertige Huhn kalt abwaschen, ins kochende Wasser geben, aufkochen und ca. 30 Minuten köcheln lassen. Gemüse würfeln und dazugeben. Ist das Gemüse gar, dieses herausschöpfen und auf einem Blech ausgebreitet auskühlen lassen. Nach ca. 1,5 Stunden Gesamtkochzeit Huhn herausnehmen, etwas auskühlen lassen, im noch warmem Zustand Fleisch von der Karkasse lösen und in mundgerechte Stücke zupfen. Den Fond passieren. Kapern abgießen und auf einem Küchentuch trocken tupfen. Leicht melieren und im vorgeheizten Ofen auf einem Blech bei 200 °C Umluft 3 bis 5 Minuten backen. In einem mittelgroßen Topf 50 Gramm Butter schmelzen lassen, Mehl einrühren und leicht anrösten bis sich eine cremige Masse ergibt. Nach und nach mit ca. 1,25 Litern des Fonds auffüllen. Gut verrühren, um Klümpchen zu vermeiden. Sauce etwa 5 Minuten unter Rühren köcheln lassen, dann Sahne zugeben und aufkochen lassen. Suppenhuhnfleisch und Gemüsewürfel zur Sauce geben. Nochmals kurz aufkochen lassen, mit Salz und gemahlenem Pfeffer abschmecken. Reis in ca. 2 bis 2,5 Liter siedendes Salzwasser geben und 16 bis 18 Minuten köcheln. Überschüssiges Kochwasser abschütten und Reis noch warm mit 30 Gramm Butter vermengen. Reis und Frikassee anrichten und mit den gebackenen Kapern und frisch gehacktem Schnittlauch bestreuen.

MAIBOCKRÜCKEN MIT DÖRROBST-POLENTA UND BLUMENKOHL

Oberländer Weinstube, Seite 232

ZUTATEN

Maibockrücken *500 g parierter Maibockrücken, 2 EL Butter, 3 Thymianzweige, 2 Rosmarinzweige, Salz, schwarzer Pfeffer aus der Mühle* Karamellisierter Blumenkohl *200–300 g Blumenkohl, 2 EL Butterschmalz, Salz, Pfeffer, Puderzucker* Dörrobst-Paste *100 g Softbirnen, 50 g Softpflaumen, 50 g Softaprikosen, 100 ml Orangensaft, 1 Zimtstange, Zucker* Polenta *170 g Instantpolenta, 500 ml Geflügelfond, 500 ml Milch, Madeira, Sherry, Salz, Pfeffer, Muskat, Koriander (gemahlen), 100 g Dörrobst-Paste, 80 g geriebener frischer Parmesan*

ZUBEREITUNG

Maibockrücken fest in Klarsicht- und dann in Alufolie einrollen. 18 Minuten in 80 °C heißem Wasser garen. 5 Minuten ruhen lassen, aus der Folie holen und in schäumender Butter mit den Kräutern von allen Seiten kurz anbraten. Blumenkohl in 2 Millimeter dicke Scheiben schneiden und in heißem Butterschmalz beidseitig anbraten, salzen und pfeffern. Mit Puderzucker bestreuen und karamellisieren lassen. Der Blumenkohl sollte knackig bleiben. Für die Paste das Dörrobst klein schneiden, mit Zimtstange, Zucker und Orangensaft aufkochen. 1 Stunde ziehen lassen, Zimtstange entfernen und alles im Mixer mixen. Für die Polenta Milch mit dem Geflügelfond, Madeira und Sherry zum Kochen bringen. Mit Salz, Pfeffer und Koriander abschmecken. Die Dörrobst-Paste dazugeben und so verrühren, dass keine Klumpen entstehen. Die Polenta dazugeben und noch einmal 5 Minuten lang leicht köcheln lassen, dabei immer umrühren, damit nichts anbrennt. Parmesan dazu geben, vermengen und in einen Rahmen abfüllen und erkalten lassen. Die kalte Polenta in acht mal drei Zentimeter große Rechtecke schneiden und in heißem Butterschmalz von allen Seiten anbraten.

FRUCHTIGES SAVARIN À LA ENDLE

Confiserie Endle, Seite 234

ZUTATEN FÜR 10 STÜCK

Savarinteig *150 g Mehl, 12 g Hefe, 75 g Milch, 18 g Zucker, 1 Ei, 3 g Salz, 60 g aufgelöste Butter* Rumtränke (Orangenpunsch) *250 g Orangensaft, 250 g Läuterzucker, 100 g Aprikosensaft, Saft einer ½ Zitrone, 1 Vanillestange, 100 g Jamaika Rum, 50 g hochwertiger alter Rum* Vanillesahne *100 g Vanillepudding, 50 g aufgeschlagene Sahne* Obst nach Belieben

ZUBEREITUNG

Für den Vorteig etwas Mehl in eine Schüssel sieben und eine Mulde bilden. Die Hefe hinein bröckeln. Einen Teil des Zuckers und der Milch hinzufügen. Alles zu einem Vorteig kneten und an einem warmen Ort für 15 bis 20 Minuten gehen lassen. Den restlichen Zucker, Milch und Mehl sowie Eier, Salz und aufgelöste Butter hinzufügen. Den Teig mit einer Küchenmaschine ca. 8 Minuten verkneten, bis er Blasen wirft und sich vom Schüsselrand löst. Den Teig z. B. in Savarinförmchen einfüllen und weitere 15 bis 20 Minuten gehen lassen, bis sich das Volumen verdoppelt hat. Den Backofen auf 180 °C vorheizen und für 20 bis 25 Minuten backen. Savarins auf ein Kuchengitter stürzen und leicht erkalten lassen. Für die Rumtränke den Orangensaft, Läuterzucker, Zitronensaft und die Vanillestange aufkochen. Die Vanillestange entfernen und den Jamaika Rum zufügen. Die Savarins mit dem Boden aufwärts in die Tränke legen und regelmäßig beträufeln, bis sie saftig sind. Vorsichtig aus dem Punsch nehmen, bäuchlings auf ein Gitterblech setzen und durchsickern lassen. Anschließend in Dessertschalen platzieren. Die restliche Tränke mit dem hochwertigen alten Rum mischen und mit einem Trichter über die Savarins verteilen. Für die Vanillesahne den Vanillepudding mit etwas Sahne verrühren und die restliche Sahne vorsichtig unterheben. Inmitten des Savarins eine Rosette Vanillesahne spritzen und mit Obst nach Wahl ausgarnieren.

PAVÉ VOM ATLANTIK-BIO-LACHS, GRÜNE UND WEISSE SPARGELSPITZEN, ORANGEN-SENF-MOUSSELINE

Hotel und Restaurant Zum Ochsen, Seite 236

ZUTATEN

400 g Bio-Lachs, 8 grüne Spargel, 8 weiße Spargel, 250 ml Orangensaft, 1 TL Orangenabrieb, 2 EL weißer Essig, 1 EL Orangensenf, 2 Eigelbe, 100 g zerlassene Butter, Salz, Pfeffer, 2 EL geschlagene Sahne

ZUBEREITUNG

Den Bio-Lachs in vier gleich große Stücke teilen. Die Lachs-Schnitten würzen. In einer Pfanne etwas Fett erhitzen und den Fisch auf der Haut anbraten. Den Ofen mit Funktion für Niedertemperatur auf 85 °C vorheizen und den Fisch für ca. 15 Minuten glasig garen. Grünen und weißen Spargel putzen und im Salzwasser al dente kochen. Für die Sauce Orangensaft, Essig und Abrieb leicht einkochen und den Senf zugeben. Statt Orangensenf kann alternativ scharfer Dijon-Senf verwendet werden. Die Flüssigkeit mit Eigelb aufschlagen und flüssige Butter dazu rühren. Zum Schluss die geschlagene Sahne unterheben. Mit Salz und Pfeffer abschmecken, eventuell noch 2 Spritzer Zitronensaft zugeben.

REZEPTE

RÜCKEN VOM SALZWIESENLAMM IM HEU GEGART

Restaurant Künstlerkneipe, Seite 238

ZUTATEN FÜR 4 PERSONEN

1 Lammrücken, frisch gemähtes Heu von den Kräuterwiesen, 1 Knoblauchzehe, 1 Rosmarinzweig, 1 Thymianzweig, 2 Artischocken, 500 ml Milch, ½ TL Rosmarin, ½ TL Thymian, 70 g Butter, 125 g Maisgrieß, 25 g Parmesan, 3 Eigelb, Salz, Pfeffer

ZUBEREITUNG

Ausgelösten Lammrücken und Karree anbraten. Mit frischem Heu, Kräutern und Knoblauch in eine Kasserolle geben. Im Ofen bei 160 °C garen – Rücken ca. 7 Minuten medium, Filet ca. 3 Minuten medium, Karree ca. 12 Minuten medium. Artischocken putzen, kochen und die Artischockenböden in kleine Ecken schneiden. Die Artischockenecken in einer Pfanne mit Olivenöl anbraten und mit Salz und Pfeffer abschmecken. Für die Polentaecken die Milch mit den Kräutern und der Butter aufkochen. Das Maisgrieß einrühren und kurz aufkochen. Parmesan und Eigelb einrühren, die Masse rasch auf ein Blech streichen und kalt stellen. Nach dem Erkalten in beliebiger Form ausstechen und anbraten.

BADISCHER STANGENSPARGEL

Landgasthof Zum Goldenen Anker, Seite 240

ZUTATEN FÜR 4 PERSONEN

20 Stangenspargel, 1 Prise Salz, 1 TL Zucker, 20 g Butter, 1 Scheibe Zitrone Kratzete *160 g Mehl, 500 ml Milch, 3 Eier, 2 EL Schnittlauch (geschnitten), Salz, Butterschmalz* Sauce Hollandaise *1 EL Butter, 100 ml Weißwein, 2 EL Weißweinessig, 200 ml Gemüsefond (Spargelfond), 6 schwarze Pfefferkörner, 1 Lorbeerblatt, 2 Schalotten, 4 Zweige Kerbe, 4 Zweige Estragon, Salz, Cayennepfeffer, Zitrone, 3 Eigelb, 200 ml flüssige Butter ohne Molke*

ZUBEREITUNG

Spargel schälen und holziges Ende abschneiden. Wasser mit Salz, Zucker, Butter und Zitronenscheibe im Spargeltopf aufkochen. Spargel darin ca. 15 Minuten bei kleiner Flamme gar köcheln. Sauce Hollandaise: Schalotten fein würfeln. In einem Topf Butter glasig anschwitzen, mit Weißwein und -essig ablöschen. Sud auf die Hälfte reduzieren, mit Fond aufgießen. Pfefferkörner, Lorbeerblatt und Kräuter zugeben. Alles auf ca. 100 Milliliter reduzieren. Leicht abgekühlte, warme Weißweinreduktion durch ein Haarsieb in eine Rührschüssel abgießen. Die Eier trennen. Eigelbe und eine Prise Salz dazugeben, alles über einem Wasserbad bei mittlerer Hitze dickschaumig aufschlagen. Butter zuerst in Tröpfchen, dann fließend in den Eischaum geben. Dabei ständig weiter schlagen. Mit Zitronensaft und Cayennepfeffer abschmecken. Kratzete: Eier trennen. Mehl in eine Rührschüssel geben und mit Milch glatt rühren. Eigelbe und geschnittenen Schnittlauch unter die Mehl-Eimasse rühren. Mit Salz würzen und den Teig 20 Minuten quellen lassen. Das Eiweiß steif schlagen und unter die Masse heben. Masse 1 bis 2 Zentimeter in beschichtete Pfanne einfüllen. Pfanne bei 160 °C für ca. 10 Minuten im Backofen goldgelb backen. Den Pfannkuchen auseinander zupfen („kratzen").

SÛPREME VOM WEISSEN HEILBUTT IM ESTRAGON-BLINI POCHIERT

Hotel-Restaurant Krone, Seite 242

ZUTATEN FÜR 4 BIS 6 PERSONEN

300 g schieres Heilbutt-Filet, 2 Scheiben Räucherlachs (8 x 13 cm), 200 g Fischfarce, 2 Estragon-Blinis, 1 Spinatmatte, 16x30 cm, Salz, Pfeffer Estragon-Kartoffel-Blini *200 g Kartoffeln (gekocht und durchs Sieb gestrichen), 2 Eigelb, 1 EL Kartoffelmehl, 1 EL Mehl, 1 ½ EL saure Sahne, Estragon (gehackt), Muskat (gerieben), Salz, Pfeffer* Fischfarce *100 g Fischfiletabschnitte (Zander, Steinbutt, Heilbutt), 1 Ei, 100 g Sahne (leicht angefroren), je 1 Prise Salz und Pfeffer* Spinatmatte *große frische Spinatblätter* Daikon-Rettich (erhältlich im Asia-Laden) *50 ml Weißwein, 50 ml weißer Balsamico, 25 g Zucker, 10 g Salz, Pfeffer aus der Mühle* Erbsenmousseline *300 g frische Erbsen, Meersalz, 150 ml flüssige Sahne, 50 ml Fleischbrühe, 3 EL Crème double, 40 g Haselnussbutter, 1 TL Dijonsenf, 1 Prise Muskat (frisch gerieben), 1 EL Sahne (geschlagen), 5 g eingelegten Ingwer (gehackt), 1 Apfel*

ZUBEREITUNG

Blinis: alle Zutaten zu einem Teig verarbeiten. Eine Pfanne buttern, Teig darin ausstreichen und beidseitig bei schwacher Hitze garen. Pfanne in Crash-Eis erkalten lassen, wieder einfetten und Vorgang mit dem restlichen Teig wiederholen. Kalte Blinis auf 8 mal 15 Zentimeter zuschneiden. Fischfarce: Abschnitte fein schneiden und nochmals gut durchkühlen lassen. Mit Ei und Sahne zu einer glatten Farce mixen und wieder durchkühlen. Farce durch ein feines Sieb streichen, nochmals mit Salz und Pfeffer abschmecken. Spinatmatte: Spinatblätter waschen und blanchieren. Auf Küchenkrepp trocken tupfen, zwischen zwei feuchten Tüchern nebeneinander überlappend auslegen, mit dem Nudelholz flach wellen und auf 16 mal 30 Zentimeter zuschneiden. Für die Roulade kalte Blinis auf einem Tuch auslegen und dünn mit Farce bestreichen. Das Heilbuttfilet in die Spinatmatte einrollen. Rest der Matte abschneiden. Lachsscheiben mit Farce bestreichen. Heilbutt-Spinatrolle darauf legen und eindrehen. Diese Rolle wiederum in die Blinis einrollen. Roulade stramm in gebutterte Alufolie eindrehen, in 76 °C heißem Wasser ca. 12 Minuten pochieren, aufschneiden bei Bedarf. Daikon-Rettich: Weißwein, Balsamico, Zucker und Gewürze aufkochen, kalt beiseite stellen. Daikon-Rettich in hauchdünne Scheiben schneiden, kurz in Salzwasser blanchieren und im kalten Essig-Fond mindestens 24 Stunden einlegen. Mousseline: Erbsen mit Sahne, Ingwer und Brühe weich schmoren, bis die Flüssigkeit fast verkocht ist. Crème double dazugeben, nochmals aufkochen. Im Mixer fein pürieren, nach und nach die Haselnussbutter dazugeben. Mousseline durch ein Sieb streichen und mit Senf und Muskatnuss abschmecken. Kurz vor dem Servieren die geschlagene Sahne unterheben. Den Apfel in hauchfeine Spalten schneiden und diese nach Gusto auf dem Teller drapieren. Die Speise außerdem mit kleinen, ausgestochenen Weißbrotchips, mit Rosmarin und Olivenöl gebacken, dekorieren.

ERLEBBARE

WELTKULTURERBE

GESCHICHTE

„VÖLKLINGER HÜTTE“

Der Themen- und Erlebnispark kombiniert die Vergangenheit und Geschichte des Eisenwerkes mit der Kultur von heute.

Die „Völklinger Hütte" ist seit 1994 Weltkulturerbe und als kultureller Erlebnis- und Lernort eine touristische Top-Attraktion im Saarland.

Völklingen an der Saar. Mittelstadt im Regionalverband Saarbrücken. In der einst bäuerlichen Siedlung führten Eisen- und Kohlefunde zu einer frühen Industrialisierung. Im Jahr 1873 wurde die Völklinger Eisenhütte gegründet, die acht Jahre später von den Brüdern Röchling übernommen und in der Folgezeit zum stadtbildprägenden Industriestandort von Weltruf ausgebaut wurde. Zu ihrer Blütezeit in den 1960er Jahren arbeiteten knapp 20.000 Menschen in der Eisenhütte, ehe sie Mitte des folgenden Jahrzehnts von der weltweiten Stahlkrise erfasst wurde. Am 4. Juli 1986 war die „Eisenzeit" in Völklingen vorbei. Die Hütte wurde stillgelegt und als Industriedenkmal unter Denkmalschutz gestellt.

Wegen ihrer überragenden Bedeutung und aufgrund ihres weltweit einmaligen vollständig erhaltenen Bestandes wurden die Völklinger Anlagen 1994 als erster Industriebau des Montanwesens in die UNESCO-Liste des Welterbes integriert. Heute bietet sie auf über 600.000 Quadratmetern einen sinnlichen Abenteuerparcours und eines der attraktivsten Tourismusziele in der Region Saar-Lor-Lux. In diesem Themen- und Erlebnispark haben es die Betreiber vorbildlich verstanden, Vergangenheit und Geschichte des Eisenwerkes mit einer kulturell geprägten Neunutzung zu vereinen. So ist etwa die über 6.000 Quadratmeter große Gebläsehalle mit ihren imposanten Maschinen, die einst die Luft in die Hochöfen lenkten, als Glanzstück technischer Ingenieurleistung von Anfang des 20. Jahrhunderts zu bestaunen. Ebenso beeindruckend ist der Hüttenpark mit sechs Hochöfen. Wer mag, erklimmt die Gichtbühnen, von denen aus einst Koks und Erz in die Hochöfen gefüllt wurden, in knapp 30 Metern Höhe.

Das Erlebnis Völklinger Hütte ist spektakulär inszeniert. Der Besucher kann tief ins Innere des gigantischen Eisenwerkes absteigen, etwa beim Erkunden der dunklen Gänge der Möllerhalle. In der Sinteranlage wird die Hütte von den Anfängen bis zur Gegenwart multimedial präsentiert. Von der Aussichtsplattform der Hochofengruppe lässt sich der einzigartige Panoramablick über die Industrieanlage genießen. Über eine 20 Meter lange Wendelrutsche gelangt man über das Kohlegleis in die Gebläsehalle mit ihren Kolossen aus Eisen und Stahl. Rund fünf Kilometer lang ist der Rundgang durch die einstige hoch technisierte Industrielandschaft.

Heute ist der Standort nicht nur als Veranstaltungsort lebendig, auch die Natur hat sich ihr Terrain zurückerobert. „Das Paradies", so lautet der beispielgebende Dialog von Industriekultur und Natur, der in der Völklinger Hütte erfolgreich als „Gartenreich" inszeniert wurde. In zwölf thematischen Gartenräumen entstand unter Federführung der Landschaftsarchitektin Catherina Ruffing Gräfin Bernadotte af Wisborg von der Insel Mainau ein malerischer Garten der Sinne, von dem es in der Welt an einem Industrieort in dieser Allianz keinen zweiten gibt. Auf 33.000 Quadratmetern Fläche rund um den historischen Stahlkohleturm von 1897, der Kokerei und den Koksbatterien mit ihrem flankierenden Wasserbecken, wurde ein Landschaftsgarten konzipiert, der über klug gesetzte Sichtachsen faszinierende Ein-, Aus- und Seitenblicke auf die Weltkulturerbestätte erlaubt.

Der Besuch der südwestlich der Innenstadt, unmittelbar am Bahnhof gelegenen Hütte, ist ein generationenübergreifendes Erlebnis. Die mächtige Gebläsehalle wurde zu einer beliebten Spielstätte für Theater, Performance, Avantgardekunst und multimediale Installationen entwickelt. Nirgendwo sonst versammeln sich an einem Hochtechnologiestandort so viele bahnbrechende Patente im Hüttenwesen wie in Völklingen. An diese große Tradition knüpft das „Ferrodrom®" an. In diesem Science-Center gehen neugierige Gäste auf eine Entdeckungsreise rund um Feuer, Wasser, Erde, Luft, Stahl und Eisen. Schon der Empfang in der Möllerhalle mit dem weltweit größten inszenierten Feuertornado beeindruckt. Im Hüttenlabor experimentieren Groß und Klein mit dem Magnetismus oder sie folgen über Hängebahnen, Aufzüge und Förderbänder dem Transportkreislauf der Materialien und Rohstoffe. Das Ideenlaboratorium® der Hütte hat sich in der vormaligen Erzhalle als Zukunftswerkstatt und Denkfabrik etabliert.

Als Rohstoffe dienen heute nicht mehr Erz und Kohle, sondern die Erfahrungen und Visionen der Menschen, die den Dialog mit der Zukunft vielfältig und interdisziplinär beflügeln und den Strukturwandel kreativ und nachhaltig befördern. Dort wo einst lothringisches und schwedisches Erz mit Hilfe saarländischer Kohle in Eisen umgewandelt wurde, wird heute das ruhmreiche Jahrhundert aus Arbeit und Stahl der Hütte in der weltweit einmaligen Authentizität ihrer technischen Einrichtungen als sinnlich inszeniertes Gedächtnis für die Nachwelt „erlebbar".

Der Besuch der unmittelbar am Völklinger Bahnhof gelegenen Hütte ist ein generationenübergreifendes Erlebnis.

DER MEISTERKOCH IN UNS

Eine Kochschule weckt mit Gefühl die Lust an Küche und Co.

VARIATION VON DER SCHOKOLADE
Dieses Rezept finden Sie auf der Seite 306

Aller Anfang ist schwer – die Fahrt zur Kochschule von Kai Mehler ist ganz schön kurvig und steil, lohnt sich aber. Denn ganz oben auf dem Berg hat der Meisterkoch einen Raum für mannigfaltigen Genuss geschaffen: *Kochkultour* – die erste Kochschule im Saarland – empfängt ihre Teilnehmer seit 2014 mit puristischer, nahezu japanisch anmutender Architektur und einem grandiosen Blick über die hügelige Landschaft des Saarlandes.

Zur Einstimmung auf den Kochkurs schmeckt Winzersekt, dann geht es los. Die Messer sind gewetzt, die Produkte vorbereitet, die Stimmung steigt – ein freundliches Du macht die Runde. Kai Mehler mag es locker, auch im Hinblick auf die Auslegung von Rezepten. In seinen Kursen gibt es keine eindeutigen Antworten, vielmehr lässt er seinen Schülern beim Kochen großzügige Freiheiten. „Es gibt natürlich immer ein Rezept, das jedoch kreativ abgewandelt werden kann. Ich möchte kulinarisches Gefühl fördern", beschreibt Mehler seine einfühlsame Methode – mit einer Ausnahme: „In der Pâtisserie muss man genau sein."

Bereits ein Blick auf die angebotenen Kochkurse macht Spaß: „Am Anfang war das Feuer" informiert Einsteiger über die Grillkunst, „Märchenhafte Gewürze" entführt in die indische Küche und „Der Bliesgau bittet zu Tisch" bietet ein Menü mit ausgewählten regionalen Produkten. Messer schleifen? Cocktails perfekt schütteln? Im Freien fürstlich tafeln? Kai Mehler und sein Team machen`s möglich. Sogar eine Hochzeitsfeier als Kochevent hat er schon gestaltet – Liebe geht halt durch den Magen.

Bei aller Lässigkeit: Kai Mehler plant sein vielfältiges Angebot lange im Voraus. Zweimal im Jahr veröffentlicht er sein Programm für Anfänger und Profis, probiert und tüftelt, bis die Menüs zusammengestellt sind. Geht es dann in medias res, entsteht das „echte" Rezept gemeinsam mit den Teilnehmern. So wird hier jeder ein Meisterkoch.

KOCHKULTOUR,
DIE KOCH- UND PATISSERIESCHULE
Kai Mehler
Rebenstraße 21, 66453 Gersheim
Telefon 0 68 43 / 9 63 91 84
info@kochkultour.de
www.kochkultour.de

Gräfinthaler-Hof
PARK

UMGEBEN VON NATUR

Kulinarik über Jahrzehnte gewachsen und gediehen

An manchen Stellen ist das Saarland schon fast von einem unverschämten Grün. Es umgibt etwa das liebliche Mandelbachtal im Biosphärenreservat Bliesgau, einer von der UNESCO geförderten Modellregion. Der Weg führt durch sanfte Hügel zu einem besonderen Ort: dem Gräfinthaler Kloster. Seine wechselvolle Vergangenheit macht es zu einem Magnet für historisch interessierte Menschen. Nur wenige Meter entfernt kommen Kulturfreunde mit dem Programm der Freilichtbühne auf ihre Kosten. So viel Geist – und der Körper? Darum kümmert sich Familie Künzer bereits in vierter Generation mit dem *Restaurant Gräfinthaler Hof*.

Das ehemalige Brauhaus des Klosters zeigt einen gelungenen Mix aus rustikaler Bodenständigkeit und französischer Eleganz. Während der vordere Teil des Restaurants mit dunklen Hölzern und einem offenen Kamin den Gästen heimelige Gemütlichkeit spendet, empfangen Wintergarten und die übrigen Räume mit hellem Leder und Marmorboden. So delikat das Ambiente, so filigran angerichtet ist das Essen aus der Frischeküche von Jörg Künzer.

Der findige Koch schöpft aus dem reichhaltigen Angebot der Region: Bliestaler Lamm und Saibling sowie Ziegenkäse und Wild bezieht er direkt von den Produzenten. Vom jeweiligen Charakter des Produkts inspiriert präsentiert er dieses in verschiedenen Texturen pro Gang. Etwas zünftiger geht es am Wochenende zu; dann wird auch auf dem Buchenholzfeuer gegrillt.

„Qualität über Jahrzehnte macht den *Gräfinthaler Hof* zu einer beliebten kulinarischen Adresse im Saarland", weiß Miriam Künzer, die Ehefrau des Chefkochs. Sie begleitet die Gäste nicht nur durch die kulinarische Welt ihres Mannes, sondern öffnet für sie die begehbare Vinothek. Hier lagern wohltemperierte Weißweine aus Deutschland sowie Rote aus dem benachbarten Frankreich. Ein Gläschen davon kosten die Gäste wiederum bei Sonnenschein auf den Terrassenplätzen unter den alten Kastanienbäumen. So beschützt und aufmerksam umsorgt genießen Feinschmecker ganzjährig im *Gräfinthaler Hof*.

RESTAURANT GRÄFINTHALER HOF
Familie Künzer
Gräfinthal 6, 66399 Mandelbachtal
Telefon 0 68 04 / 9 11 00
info@graefinthaler-hof.de
www.graefinthaler-hof.de

SELEZIONE
"ALTA SALUMERIA"

GUSTO E QUALITÀ

Kulinarische Freuden für die italienischen Momente

Für Liebhaber der italienischen Küche zählt nur eins: Gusto e Qualità, Geschmack und Qualität. „Danach richten wir uns", sagt Vincenzo Vitolo. Seit mehr als 20 Jahren bietet er im Herzen von Homburg gemeinsam mit seinem Bruder Francesco auf charmante Weise alle denkbaren Köstlichkeiten aus seiner Heimat an.

Die Fülle der Spezialitäten, die die Vitolos, übrigens Vorreiter der Slowfood-Bewegung in Deutschland, im *Issimo Feinkost* vorhalten, ist beeindruckend. So muss Italien schmecken, mag sich der Gast denken. Und dann häufig gar nicht wissen, wofür er sich angesichts dieser Vielfalt entscheiden soll. Die Palette reicht von kaltgepresstem Olivenöl und Aceto Balsamico di Modena über Culatello di Zibello – auch der König des Schinkens genannt – und Prosciutto di Norcia aus den Bergen Umbriens bis hin zu Käse und eingelegten Spezialitäten. Wer die mediterrane Küche liebt, mag darüber hinaus auf Trüffel nicht verzichten. Muss er auch nicht. Je nach Saison sind bei *Issimo* schwarze Sommer- oder Wintertrüffel sowie weiße Trüffel aus dem Piemont erhältlich.

Die Brüder Vitolo stellen aus all diesen Zutaten gern individuell und kreativ Buffets zusammen, auch für die Feier zuhause. Die Delikatessen lassen sich aber ebenso gut liebevoll auf dem Antipasti-Teller angerichtet nahe den Olivenbäumen auf der hauseigenen Terrasse oder bei einem Glas Wein an der Bar der Enoteca genießen.

Überhaupt der Wein ... Weiße und rote Tropfen aus den besten Anbaugebieten Italiens, viele davon aus autochthonen Trauben gekeltert, lagern in den *Issimo*-Regalen. Die Inhaber stehen ihren Kunden gern beratend zur Seite, erkundigen sich nach ihren Vorlieben und präsentieren ihnen ihre neuen Errungenschaften bei Degustationen. „Selbstverständlich können Gäste auch eine private Weinprobe bei Franco oder mir buchen", fügt Vincenzo Vitolo mit einem Schmunzeln hinzu. So geht Service heute!

ISSIMO ITALIENISCHE FEINKOST
Francesco und Vincenzo Vitolo
Uhlandstraße 7, 66424 Homburg
Telefon 0 68 41 / 1 22 22
issimo@issimo-feinkost.de
www.issimo-feinkost.de

ROSIGE AUSSICHTEN

Wenn ein Bouquet von Annehmlichkeiten den Gast erfreut

Auf einer Reise durch den Westen der Republik findet man immer wieder Einzigartiges – zum Beispiel die Rosenregion, den Landkreis Neunkirchen im Saarland. Die Königin der Blumen verleiht hier einem Ort besonderer Gastlichkeit den Namen: *Rosenhotel-Restaurant Scherer* in Schiffweiler.

Durch die Pflege der Familie Scherer, heute in dritter Generation, erblühte die ehemalige „Gastwirtschaft von A. Strauß" zum ersten Haus am Platz. Die Großeltern und Eltern des heutigen Gastgebers Martin Scherer passten die Architektur den jeweiligen Wünschen der Gäste an. Heute zeigt sich das *Rosenhotel-Restaurant Scherer* als zeitgemäßer Ort, der vielfältigen Wünschen gerecht wird.

Mit seiner Frau Evi, die sich um die administrativen Belange kümmert, hat Martin Scherer das harmonische Ganze im Blick. Zentral ist seine hochwertige Frischeküche. Der Chefkoch kreiert tagesaktuell Speisen von klassischer Eleganz. Dabei verwendet er Fisch und Wild aus der Region; regelmäßig finden sich Kalbsleber, Maibock und Wildschwein auf der Karte. Dazu empfiehlt der Küchenchef Weinspezialitäten aus Perl. Als Mitglied des IHK-Prüfungsausschusses bildet Martin Scherer für Küche und Service aus und engagiert sich so für die Qualität im Lande: „Sind die Auszubildenden besser als wir, haben wir alles richtig gemacht." An seinen Sohn wiederum gibt er bei Angelausflügen die Liebe zum Saarland und zur Natur weiter – eine kleine Auszeit, die beide genießen.

WILDSCHWEINRÜCKENSTEAK MIT ROSENGELEE

Dieses Rezept finden Sie auf der Seite 307

Das Hotel mit zehn modernen Zimmern ist eine ideale Unterkunft für Touristen und Geschäftsreisende in der Region. Großzügige Gesellschaftsräume runden das Angebot für die Menschen in Schiffweiler perfekt ab. Das *Rosenhotel-Restaurant Scherer* konzentriert alle Facetten moderner Gastlichkeit und hat dabei seinen familiären Charme erhalten. Wer anruft, spricht in der Regel direkt mit dem Chef persönlich. So viel Zeit muss sein.

ROSENHOTEL-RESTAURANT SCHERER
Familie Scherer
Klosterstraße 3, 66578 Schiffweiler
Telefon 0 68 21 / 6 97 38
info@hotel-scherer.de
www.hotel-scherer.de

Rauch-
zeichen

EIN HAUCH VON EXTRAVAGANZ

Die Renaissance von Whisky und Pfeife passiert in St. Wendel

Vielleicht gönnte sich der Namensgeber des Städtchens St. Wendel ab und zu den Genuss einer Pfeife, während er die Schweine hütete: Wendelin war wohl ein Adeliger irisch-schottischer Herkunft, der sich für ein Leben als gläubiger Eremit entschied und durch sein Wirken schließlich zum Heiligen wurde. Ob er auch einen Schluck Whisky dazu genommen hätte, bleibt fraglich, zeichnete doch Bescheidenheit seine Lebensweise aus.

Der Weg zu solch irdischen und teils irischen Genüssen wäre für Wendelin heute kurz. Im Zentrum von St. Wendel hat Tobias Susewind für Liebhaber von Tabakwaren und Spirituosen sein Spezialgeschäft *Rauchzeichen* etabliert. Nach fünf erfolgreichen Jahren vergrößerte er seinen Laden 2014 nur ein paar Schritte weiter und zeigt eine exquisite Auswahl an Zigarren und Zigarillos im begehbaren Humidor. Exotische Aromen von Tabak umschmeicheln die Nase – auch für Nichtraucher ein Erlebnis.

„Wer abseits vom Massenprodukt Zigarette das Rauchen genießen will, findet irgendwann Gefallen an der Pfeife", weiß der passionierte Raucher Susewind. Neben Schlips und Manschettenknopf ist sie eins der wenigen Accessoires für den kultivierten Mann unserer Zeit. Im *Rauchzeichen* findet er davon eine große Auswahl: vom Klassiker im Dunhill-Shape bis zur Freestyle-Schnitzerei ist fast alles in den Vitrinen und Schubladen zu besichtigen und ab 19 Euro aufwärts zu erwerben.

Gestopft werden die individuellen Pfeifen mit Tabaken wie „Spring Time Flake", einer Mischung aus verschiedenen Virginias und einem im Sherryfass gereiften Louisiana Perique … rund 200 Tabake bietet Susewind an. Solch aromatische Vielfalt zeigen auch über 200 Whiskys sowie 50 Sorten Rum, die im *Rauchzeichen* lagern. Einige Tropfen dieser Sammlung absoluter Raritäten stehen immer zur Verkostung bereit. Ein Sortiment von Gläsern sowie Feuerzeugen und anderer nützlicher Accessoires macht das *Rauchzeichen* zum Magnet für Genießer im Saarland – und verleiht ihm einen Hauch von Extravaganz.

RAUCHZEICHEN
Tobias Susewind
Balduinstraße 56, 66606 St. Wendel
Telefon 0 68 51 / 9 99 95 69
mail@rauchzeichen-wnd.de

KÜCHE ALS GESAMTKUNSTWERK

In Dillingen erfreut ganz individuelle Kochkunst

MOELLEUX AU CHOCOLAT UND MASCARPONEEIS

Dieses Rezept finden Sie auf der Seite 308

Viel Platz bedeutet viel Freiheit und die wird in der Stadthalle Dillingen glücklicherweise auch kulinarisch voll ausgenutzt. Auf der ersten Etage findet man seit 2011 die Gastronomie der Familie Bertrand – inzwischen eine köstliche Institution der Stadt.

Schon das Auge isst mit: Liebevoll gestaltete Séparées gliedern das *Bistro Chez Fabrice*. Accessoires entführen etwa nach Paris oder dokumentieren die Liebe des Chefkochs zur legendären „Ente" von Citroën. Hier gibt es mittags und abends anspruchsvolle Speisen zu moderaten Preisen. Die französische Bistroküche trifft auf exotisch Asiatisches, deftig Deutsches und leichtfüßig Italienisches. Ein kreativer Mix, der für jeden Geschmack etwas auftischt und sich als „Tages-Blitz-Gericht" großer Beliebtheit bei Berufstätigen erfreut.

Etwas Muße sollte man für den Besuch des *Restaurant La Bécasse* mitbringen. So flink wie lecker die Brigade im Bistro den Hunger stillt, so bedächtig widmet sich wiederum Chefkoch Bertrand den raffinierten Kreationen der gehobenen Küche. Sensibel bindet er die Kunst der Molekularküche ein in die Haute Cuisine – ein Vergnügen für Connaisseure. „Warum sollte die aufregende Periode des großen Ferran Adrià schon vorbei sein? Es kommt, wie immer, auf die richtige Balance an", preist Bertrand den Innovator und verbindet gerne das Beste der Kochgeschichte mit der aktuellen Wirklichkeit. Foie gras trifft Ananas-Chutney und Kaffeeperlen; zartes Lamm unter der Olivenkruste erhält diskrete Säure von Rhabarberschaum. Die Aromen tariert Bertrand so exakt aus wie die Texturen … ein besonderer Genuss, den Ehefrau Paola in der Atmosphäre eines privaten Salons serviert. Angenehme Eleganz von individuellem Charakter strahlt der Raum aus und macht ein Essen im *La Bécasse* zum Erlebnis, das man am besten in der Lounge ausklingen lässt. Neben Kaffee und Digestifs erfreuen an der Bar kreative und klassische Cocktails. Santé!

RESTAURANT LA BÉCASSE
UND BISTRO CHEZ FABRICE
Paola und Fabrice Bertrand
Berckheimstraße 1, 66763 Dillingen
Telefon 0 68 31 / 6 01 47
info@la-becasse.de
www.la-becasse.de

Reweschnier

REFUGIUM DER VIELFALT

Zu jeder Jahreszeit herrlich entspannen

Man kommt an und möchte am liebsten 365 Tage bleiben. Das *Hotel Restaurant Reweschnier* in Blaubach zeigt so viele Facetten der Gastlichkeit, dass Besucher der Westpfalz ständig etwas Neues erleben können. Entweder genießen sie die vielfältigen kulinarischen und unterhaltsamen Angebote des Hauses oder sie starten in eine Region touristischer Höhepunkte.

Seit 1984 – damals eröffneten die Eheleute Clos ihr Hotel im alpenländischen Stil – wird in ruhiger Lage familiäre Gastfreundschaft gepflegt und inzwischen von der zweiten Generation zeitgemäß weiterentwickelt. Ein echtes Familienunternehmen: Sohn und Chefkoch Jürgen Clos prägt mit seinen internationalen und regional akzentuierten Speisen die Kulinarik. Ihm zur Seite steht Heiko Fickert. Der Küchenchef ergänzt die Raffinesse mit Bodenständigkeit. Gemeinsam präsentieren sie nicht nur Schmackhaftes für jeden Tag, sondern auch kulinarische Events wie Whisky-Tastings, Weinproben, romantische Candle-Light-Dinner, Gourmetträume oder auch das gemeinschaftliche Adventsbacken.

Das Hotel startet mit dem „Silvesterkrachen" beschwingt ins neue Jahr. Es folgen Angebote für Familien, Wanderer, Fahrradtouristen, Kegelfreunde … einfach alle, die sich erholen möchten. Familienfeiern jeder Art erhalten hier einen ebenso festlichen wie individuellen Rahmen. Bei der Planung hilft Sonja Fickert, geborene Clos. Touristen und Einheimische vertrauen sich gleichermaßen ihrer freundlichen und individuellen Beratung an.

Heike Hübner, die jüngste Tochter der Gründer, rundet dieses Wohlfühlpaket perfekt ab. Die Kosmetikerin verwöhnt im Wellnessbereich „Auszeit" Körper und Seele. Bei Hochzeiten nutzen die Damen gerne ihren Schminkservice.

Es fehlt also an nichts – außer vielleicht an einer Erklärung für den ungewöhnlichen Namen des Hotels. Eine Sage berichtet über den „Reweschnier" und sollte am besten direkt vor Ort erkundet werden …

KNEPP UND GRUMBEERE

Dieses Rezept finden Sie auf der Seite 308

HOTEL-RESTAURANT REWESCHNIER

Familien Clos und Fickert

Kuseler Straße 1, 66869 Blaubach

Telefon 0 63 81 / 92 38 00

info@reweschnier.de

www.reweschnier.de

BRASIL
SANTOS
100 gr - 2,15 €
250 gr - 5,38 €
500 gr -10,75 €
1011
Tesorito
caffè
TESORITO
CREMA
100 gr - 2,35 €
250 gr - 5,88 €
500 gr -11,75 €
1015

NICHTS FÜR TRÜBE TASSEN

Wache Geister mögen privat gerösteten Kaffee

Wer die Kommerzialisierung des Prenzlauer Bergs in Berlin beklagt, findet mit dem Nauwieser Viertel im Zentrum von Saarbrücken noch unberührte Subkultur. Punk und Publizist, Millionär und Muskelmann leben hier mehr oder weniger friedlich nebeneinander.

Eine Tasse Kaffee, von Daniela Wiedemann fachgerecht produziert und liebevoll dekoriert, sorgt im bunten Umfeld für willkommene Entspannung. Ganz klar: Die erfahrene Privatrösterin hat den Nerv der Zeit getroffen, indem sie der Szene und allen Feinschmeckern seit 2007 den Stoff fürs Leben liefert.

Äußerlich tough verfügt die Selfmadewoman und gebürtige Saarbrückerin durchaus über italienisches Temperament und Herz. Der schöne Schein ist nicht ihre Welt – sie spricht Klartext und so ehrlich schmecken auch ihre Produkte.

Das sind sorgfältig ausgewählte Espresso- und Kaffeesorten, die sie punktgenau und in kleinen Chargen röstet. Als Bohne oder passend gemahlen gibt es die Köstlichkeiten für zuhause oder direkt zum Probieren. Ein echtes Vergnügen, den eigenen Tesorito – auf Spanisch „kleiner Schatz" – im attraktiven Ambiente der Ladenrösterei zu entdecken.

Neben Kaffeespezialitäten erfreuen hochwertige Teesorten, köstliche Trinkschokoladen, frisch gepresster Orangensaft, kühle Getränke sowie Sandwiches und Backwaren von der Biobäckerei direkt aus dem Viertel. Angesagt sind Aromen wie Amaretto, Mandel oder Chai, die dem Kaffee individuellen Pfiff verleihen. Erlesene Accessoires runden das Angebot ab. Übrigens: Ein bisschen *Tesorito* kann sich jeder bequem per Onlineshop nach Hause oder als Erfrischung für unterwegs bestellen.

„Qualitativ hochwertiger Kaffee als Begleitung für die ausgezeichnete Küche sollte mehr beachtet werden – dem Wein vergleichbar", wünscht sich Daniela Wiedemann, die nicht nur von der Fachpresse für ihre Leistungen ausgezeichnet wurde, sondern auch Mitglied der deutschen Röstergilde ist. „Denn was ist ein tolles Essen ohne einen mindestens so guten Espresso?"

KAFFEERÖSTEREI TESORITO CAFFÈ
Daniela Wiedemann
Cecilienstraße 16 / Eingang Försterstraße
66111 Saarbrücken
Telefon (06 81) 9 10 16 55
info@tesorito.de
www.tesorito.de

DIE SCHOKOSEITE DES LEBENS

Rund, eckig, marmoriert – süße Träume in Bestform

„Jeder sollte seinen wahren Talenten folgen", erklärt Anne Cécile Bourdon, Inhaberin des kleinen und feinen Geschäfts *Chocolat* in der malerischen Saarbrücker Fröschengasse, – und lächelt dabei passenderweise aus schokoladenbraunen Augen. „Darum überlasse ich die Herstellung ausgezeichneter Produkte den Profis und freue mich, diese Köstlichkeiten zu empfehlen." Diese sympathische Selbsteinschätzung und die konsequente Haltung der gelernten Werbekauffrau sind wohl der Schlüssel für den Erfolg von *Chocolat*.

Auf den ersten Blick scheint die charmante Französin lediglich mit süßen Produkten zu handeln. Aber in Wahrheit verkauft sie kleine Träume. Stammkunden naschen mittags im *Chocolat* nur ein oder zwei Pralinen, trinken dazu einen perfekten Espresso und machen sich so fit für die zweite Tageshälfte – ein echter Luxus im Alltag.

Auf kleinem Raum zeigt Bourdon erstaunliche Vielfalt. Ihre Chocolatiers kommen aus Deutschland, Frankreich, Österreich, Spanien, Italien, Belgien und der Schweiz. Was sie eint, sind beste Qualität, Charakter und in vielen Fällen der faire Handel. Wie bei einem exklusiven Juwelier ist die süße Schatzkiste im *Chocolat* arrangiert. Es gibt in der mattschwarz lackierten Holzvertäfelung sogar exakt ausgesparte Vertiefungen für die Kunstwerke internationaler Chocolatiers; die Klimaanlage hält auch bei sommerlichen Temperaturen alles frisch.

Von der klassischen Vollmilch bis zu exotischen Kreationen mit Pfeffer oder sogar Spargel hält Bourdon ihr Sortiment ständig en vogue. Neben speziellen Geschmacksrichtungen oder aufregenden Texturen erhalten Aspekte wie „vegankompatibel", „Null-Nuss" oder „maltitgesüßt" bei Allergie oder Laktoseintoleranz immer mehr Bedeutung.

Kompetente Beratung ist da das A und O. Ob Verträglichkeit oder Vorliebe: Anne Cécile Bourdon und ihr Team nehmen sich viel Zeit und finden das ideale Geschenk – sowohl für liebe Menschen als auch das eigene Vergnügen.

CHOCOLAT
Anne Cécile Bourdon
Fröschengasse 15, 66111 Saarbrücken
Telefon 06 81 / 9 38 38 02
info@chocolat-saarbruecken.de
www.chocolat-saarbruecken.de

FRONTMANN FÜR FEINSCHMECKER

In Saarbrücken wird der Grill gerockt

DREIERLEI FÜR GRILLGENUSS
Dieses Rezept finden Sie auf der Seite 309

Einmal im Monat geht es in der Nähe des St. Johanner Marktes heiß her: Dann greifen Rocker zur Gitarre und Pianisten in die Tasten; sie verwandeln das *Steakhaus Gusto* in einen begehrten Musikschuppen. Und an den übrigen Tagen? Gibt Erstklassiges vom Lavasteingrill den Ton an.

„Frontcooking? Das mache ich aus Prinzip! Der Kontakt zu den Gästen ist für mich wichtig und die Transparenz wird geschätzt", erklärt Multitalent Esad Puzic. Der Chefkoch im eigenen Hause hat nämlich nicht nur einen feinen Gaumen und das Gespür für die optimale Zubereitung, sondern als Maler auch eine kreative Ader. Kunst und Musik machen das *Steakhaus Gusto* zu mehr als einem Spezialitätenrestaurant.

Romantik der Gauchos trifft auf farbige Lichtführung: Das Interieur verbindet Rustikales und Modernes. Die Wände ziert eine Installation aus Weinkisten; eine ist leicht gekippt – das Restaurant fällt eben angenehm aus dem Rahmen.

Auf weißem Design-Geschirr serviert Puzic puren Fleischgenuss, darunter Steak vom Black Angus Rind, direkt importiert aus den USA und weiter gereift im Spezialkühlschrank vor Ort. Erst nach einer Mindestreifezeit von vier Wochen darf man das Fleisch „Dry Aged Beef" nennen. Professionell zubereitet schmeckt das aromatische Kraftpaket nach Nuss und Butter und weist die typische Textur „außen knusprig und innen zart" auf. Eine Sauce würde den Geschmack nur überlagern. Die gibt es aber zum knackigen Salat, ist eine Kreation des Chefs und basiert auf der Frische von fein pürierter Petersilie.

Die Jugend bestellt gerne Burger-Variationen. Das Patty – also das flach geformte Hack „für dazwischen" – fertigt Puzic aus hochwertigem Rindfleisch oder japanischem Wagyu. Tomate, Gewürzgurke und Zwiebel geben Geschmack, aber lenken nicht ab. Die Karte sorgt mit Pastagerichten in schlichter italienischer Raffinesse sowie Tapas und Antipasti für Abwechslung. Und ist damit keine lange Partitur, sondern ein echter Evergreen. Klingt gut, oder?

STEAKRESTAURANT GUSTO
Esad Puzic
Saarstraße 11, 66117 Saarbrücken
Telefon 06 81 / 9 65 78 23
info@gusto-sb.de
www.gustosteakhaus.com

SURRAU
BARRIU
ROCCA
DI MONTEGROSSI

WER WAGT, GEWINNT

Spielarten der italienischen Küche

JAKOBSMUSCHEL-RAVIOLI

Dieses Rezept finden Sie auf der Seite 309

Für viele ist die italienische Küche einfach ideal. Im Baukastensystem bietet sie schlichte Basisprodukte, die saisonal und regional variiert werden und seit Jahrhunderten köstlich schmecken. Natürlich gibt es Klassiker wie Vitello Tonnato, Saltimbocca alla Romana oder Ossobuco. Hier dulden Köche wie Gäste keine Veränderung. Aber Pasta und Risotto rufen geradezu nach Interpretation.

Dieser Einladung folgt Chefkoch Antonio Salamone gerne und erfolgreich seit 30 Jahren. Der Wahlsaarbrücker wird von seinen Stammgästen liebevoll und mit einem leichten Anflug von Ehrfurcht „Maestro" genannt. In seinem Restaurant *Il Gabbiano* verwöhnt er die Gaumen mit Bekanntem wie Neuem alla italiana – immer auf hohem Niveau in Qualität und Zubereitung.

Selber bevorzugt Salamone die hausgemachte Pasta in Kombination mit Kirschtomaten, Basilikum, Parmesan und hochwertigem Olivenöl. Für seine Gäste kreiert er auch Eigenwilliges. Und die danken es ihm. Pasta-Degustationen im *Il Gabbiano* gehören seit vielen Jahren zum großen Vergnügen der Feinschmecker in der Region und sind regelmäßig ausgebucht. Bandnudeln aus der eigenen Manufaktur serviert Salamone mit geschmortem Rindfleisch, das einen Akzent von Lakritz setzt. Oder Gnocchi werden mit Vanille aromatisiert und erhalten eine Sauce aus Kartoffeln und Kalbsbrühe. „Dieses Spiel der Texturen entlockt einer schlichten Knolle erstaunlich vielfältige Aromen und begeistert sensible Freunde der italienischen Küche", berichtet der Chefkoch aus seiner reichhaltigen Erfahrung.

Das Ambiente strahlt elegantes Understatement aus. Helle Farben, hohe Fenster, große Spiegel lassen Raum für die Genussküche des Innovators. Die Terrasse präsentiert sich als ein mediterraner Garten mitten in der City von Saarbrücken. Die italienischen Weine aus dem reichhaltigen Vorrat des Meisters – von ihm selbst getestet, gewählt und importiert – schmecken allerdings nicht nur bei warmem Wetter. Auf Antonio Salamones Geschmack ist Verlass.

OSTERIA – RISTORANTE IL GABBIANO
Antonio Salamone
Gersweilerstraße 39, 66117 Saarbrücken
Telefon 06 81 / 5 23 73
Il-Gabbiano-saarbruecken@gmx.de

KOCHKUNST
Kurt Haas

GENAU AUF DEN PUNKT

Das kleine Saarland genießt großes Catering

Fast jede Familie im Saarland hat schon einmal von einem Buffet aus dem Hause Haas genascht. Zumindest kann man diesen Eindruck gewinnen. Auf rund 2 000 Veranstaltungen pro Jahr stillt *Partyservice Haas* den Hunger der Gäste. In Hinsicht auf Größe, Stil oder Kategorie ist alles möglich.

Dabei multipliziert Chefkoch Kurt Haas nicht einfach die Mengenangaben. Er trifft den Charakter jeder Speise so gut, dass er sie von restauranttypischer Dimension auf Veranstaltungen mit bis zu 1 000 Personen umrechnen kann. Jedes Gericht – vom exotischen Fingerfood bis zum aufwändigen Gourmetteller – schmeckt, als wäre es punktgenau für diese Person erdacht und gemacht.

Ob Festessen in privater Atmosphäre mit acht Personen oder Galaempfang mit viel Prominenz in der Landeshauptstadt: Kurt Haas und seine Ehefrau Melitta beraten Gastgeber, wie ihre Feier garantiert zum Genuss wird – kompetent, sicher im Geschmack und individuell: „Auf Wunsch liefern wir von A wie Austernzange bis Z wie Zirkuszelt passend zu den Speisen das Equipment", berichtet das dynamische Ehepaar. „Und auf unsere Servicekräfte ist Verlass."

Dass dieses Unternehmen einmal eine Vielzahl an Mitarbeitern fest beschäftigt, über eine Küche von 1 000 Quadratmetern verfügt und rund um den weißen Sonntag auf Jahre ausgebucht ist, hätte sich Saarlands jüngster Küchenmeister des Jahres 1984 nicht träumen lassen.

Bei allen Superlativen: Abgehoben ist Kurt Haas nicht. Hausmannskost schmeckt dem Tausendsassa privat am besten. Und lässt der Terminplan es zu, engagiert sich Haas für Menschen, die weniger Glück im Leben haben. Regelmäßig organisiert er Benefizveranstaltungen – unter anderem mit der Fußballmannschaft Deutscher Spitzenköche und Restaurateure. In diesem Team spielt übrigens noch ein anderer Haas mit: Sohn Christian. Der hat die Liebe zur Küche schon als Kind entdeckt und sammelt nach der Ausbildung bei den Großen der Zunft wie Harald Wohlfahrt wertvolle Erfahrungen. Auch langfristig für den elterlichen Betrieb? Dem Saarland wäre es zu wünschen …

POCHIERTES KALBSFILET MIT PESTO UND PAPRIKANUDELN

Dieses Rezept finden Sie auf der Seite 310

PARTYSERVICE HAAS
Kurt Haas
Dorfstraße 26, 66265 Obersalbach
Telefon 0 68 06 / 7 88 44
info@partyservice-haas.de
www.partyservice-haas.de

GESCHMACK, ABER VOLLE KANNE

Dieser Kaffee erfreut Gaumen und Gewissen

Carsten Schäfer interessierte eigentlich schon immer die Bohne – die Kaffeebohne. Als Elektroinstallateur reparierte und wartete er im väterlichen Betrieb Kaffeemaschinen für das Saarland. Dabei trank er Tee, denn was diese Automaten produzierten, überzeugte den jungen Mann nicht. Der Zufall half ihm, es besser zu machen. Das *Café Plaisir* mit hauseigener Rösterei im Zentrum von Saarlouis stand zum Verkauf und Ehefrau Nadine erkannte das Potenzial: ein Mann mit Fachkenntnissen, eine eingeführte Adresse und ein begeisterungsfähiges Publikum sollten doch eine erfolgreiche Mélange ergeben, oder?

So ist es seit 2007. Mit Fleiß, Neugier und hohem Anspruch an Qualität und Nachhaltigkeit bereitet das Ehepaar Schäfer den Bewohnern und Besuchern von Saarlouis individuellen Kaffeegenuss. Zunächst wurde im Café geröstet; inzwischen veredelt man hochwertige Kaffeespezialitäten mittels schonendem Trommelröstverfahren in der externen Rösterei. Hier werden mehrmals wöchentlich 40 verschiedene Kaffeesorten in kleinen Mengen produziert sowie Seminare angeboten.

Zum Thema Nachhaltigkeit erklärt der Coffeologe und SCAE zertifizierte Barista: „Die Würdigung von Kaffee als hochwertiges Produkt sowie der faire und direkte Handel mit den Bauern liegen uns genauso am Herzen wie Informationen über Qualität und Zubereitung." Die Schäfers sind so engagiert, dass sie im Frühjahr 2014 eigens eine Reise zu den Kaffeebauern Brasiliens unternahmen.

Neben Rohprodukt und Röstung ist nicht zuletzt die Zubereitung entscheidend für den guten Geschmack von Espresso und Co. Die Mühlen werden penibel gesäubert und täglich neu justiert. Ein Adler ziert die imposante, glänzende Kaffeemaschine. Sie produziert Spezialitäten, die wahrhaftig beflügeln. Das Team des *Café Plaisir* serviert nicht nur schnell und freundlich, sondern beantwortet dank guter Schulung alle Fragen rund um Kaffee. So wird dieses Café zum echten Vergnügen. Und für zuhause gibt es sowohl Kaffee als auch passende Utensilien zu kaufen.

CAFÉ PLAISIR
Nadine und Carsten Schäfer
Engelstraße 2, 66740 Saarlouis
Telefon 0 68 31 / 4 88 02 96
info@cafeplaisir.de
www.cafeplaisir.de

CAFÉ PLAISIR
RÖSTEREI
Bachtalstraße 357,
66773 Schwalbach

HAUTE COUTURE DES WOHLSEINS

Restaurant und Hotel bieten Maßgeschneidertes für unsere Zeit

Nicht viele Menschen erkennen natürliche Schönheit. Tamara und Stefan Burbach allerdings verfügen über diese Gabe und haben den Familienbesitz – eine historische Mühle und Wiesen am Ufer des Flusses Nied – in ein extravagantes Refugium verwandelt.

Das Selfmade-Paar startete im Jahr 1990. Mit viel Fleiß, Professionalität und vor allem Einfühlungsvermögen etablierten sie in ihrer Heimat Rehling-Siersburg mit dem *Restaurant Niedmühle* einen kulinarischen Treffpunkt für gehobene Ansprüche. Küchenchef Stefan Burbach setzte dabei von Anfang an auf erstklassige Ware. Was er nicht in der Region erhält, wird aus Luxemburg geliefert. Mit Steinbutt, Gänsestopfleber, Hummerschwänzen oder Label-Rouge Geflügel zelebriert Burbach die französische Hochküche auf leicht moderne Art. Vom Brot über Fonds bis zur Praline werden die übrigen Komponenten selbst produziert. Kräuter und Gemüse kommen sogar direkt aus dem eigenen Garten, der das Anwesen auf unprätentiöse Weise ziert. Dessen Pflege hat übrigens ein guter Freund und Nachbar übernommen: Landarzt Dr. Martin Hoffmann. Diese Küche ist also nicht nur extravagant, sondern auch überaus gesund …

Das Haus scheint feinsinnige ebenso wie lebensfreudige Menschen geradezu anzuziehen: „Wir sind inzwischen eine gefragte Anlaufstelle für junge Köche aus der Sternegastronomie. Davon profitiert neben dem Team vor allem der Gast. Kulinarisches Wissen bleibt durch den Austausch im Fluss", erklärt Burbach das Phänomen Niedmühle. Die Küche kredenzt Gastgeberin Tamara Burbach mit ihrem freundlichen Team ganz unkompliziert in der Genuss-Bar oder als intensives Erlebnis im Restaurant.

Dem Wunsch vieler Gäste nach einem ähnlich gestalteten Hotel kam das Ehepaar Burbach im Jahr 2011 gerne nach und gründete das *Land & Genuss Hotel*. Auch hier trifft Nobles auf Design und setzt sich als entspanntes Lebensgefühl mit dem Loungebereich auf der Terrasse und im Park fort. Ein Stil, der passt.

RESTAURANT NIEDMÜHLE –
LAND & GENUSS HOTEL
Tamara und Stefan Burbach
Niedtalstraße 13–14, 66780 Rehlingen-Siersburg
Telefon 0 68 35 / 6 74 50
info@restaurant-niedmuehle.de
www.restaurant-niedmuehle.de

BLASIUS
CHAINE DES ROTISSEURS
1248 – 1950

KÖSTLICH UND KLUG

Merzig: feine Küche trifft bequemes Wohnen

Auf erfrischende Weise verbindet die *Ratsstube Blasius* Tradition mit gastronomischen Trends in Merzigs historischer Mitte. In zweiter Generation und bereits seit den 1960er Jahren hat sich das Restaurant stetig und bedacht als beliebtes Ziel für reisende wie ortsansässige Feinschmecker etabliert. Nicht nur die professionelle wie köstliche Küche des Chefkochs Peter Blasius trägt den Erfolg, sondern auch die innovative Gastlichkeit, die Ehefrau Ursula im Restaurant und seit 2007 auch nebenan im *Gästehaus Blasius* realisiert.

„Wir üben uns in der Kunst, Gutes zu bewahren und Neues zu wagen – sowohl in der Küche als auch im Service und der Hotellerie", verrät das Ehepaar. Schmackhafte Beispiele zeigt die französisch akzentuierte und saisonale Frischeküche: Spargelravioli mit Eismeerlachsfilet, Salat „Café de Paris", Filet vom Bachsaibling in Mandelbutter oder Cordon Bleu vom Kalb. Klassiker wie das Schweinefilet Madagaskar genießt man ganzjährig. Das Rezept für die feurig-pfeffrig Sauce ist zwar geheim, die Küche jedoch transparent: Offen gestaltet gewährt sie den Blick auf die Zubereitung von leichten Mittagsmenüs und abendlichen Schlemmereien. Karte und aufmerksamer Service informieren detailliert über die ausgesuchte Herkunft der Produkte; Kräuter und Früchte kommen direkt aus dem hauseigenen Bauerngarten. Selbstverständlich werden die Speisen auch Allergikern und Vegetariern gerecht. Eine erlesene Auswahl ausgesuchter Weine – aus Deutschland, Luxemburg und Frankreich – begleitet Merzigs feine Küche, die Gäste auf der vorderen historischen Terrasse, im modern gestalteten Gastraum oder im Grünen des rückwärtigen Gartens genießen können.

Das *Gästehaus Blasius* im Haus nebenan ist ideal für Reisende, die gerne bequem und modern wohnen. Die Unterkünfte wurden von Gastgeberin Ursula Blasius funktional angelegt. Schiebetechnik bei Türen und Schränken gewährt eine offene Raumsituation sowie viel Stauraum. Das Frühstück gibt es in privater Atmosphäre im eigenen Zimmer. Die Zutaten werden abends im Kühlschrank bereitgestellt; am Morgen setzt man sich dazu selber einen frischen Kaffee oder Tee auf und stärkt sich mit frisch gelieferten Brötchen. Angebote wie Waschmaschine, WLAN und Wanderkarten stehen bereit. Familie Blasius präsentiert immer Neues in der Altstadt von Merzig.

KARTOFFELPUFFER MIT LACHS UND BLATTSPINAT
Dieses Rezept finden Sie auf der Seite 310

RATSSTUBE UND GÄSTEHAUS BLASIUS
Peter und Ursula Blasius
Trierer Straße 12–14, 66663 Merzig
Telefon 0 68 61 / 29 27
info@ratsstube-blasius.de
www.ratsstube-blasius.de

DAS ZWEITE

RÖMISCHE BAUDENKMÄLER, DOM

ROM

UND LIEBFRAUENKIRCHE IN TRIER

In Trier ist das alte Rom auf Schritt und Tritt in den Fundamenten und Relikten erlebbar.

Wer das romantische Trier mit seinen vor 2000 Jahren von den Römern gestifteten Weinbergen besucht, der wird mit einem beispiellosen kulturhistorischen Angebot belohnt.

Neun Einzeldenkmale gehören in Trier zum Weltkulturgut der UNESCO. Der Besuch der römischen Baudenkmäler, des Trierer Dom, der ältesten Bischofskirche in Deutschland, und der Liebfrauenkirche kommt einer Zeitreise gleich. Seit 1986 ist Trier, Deutschlands älteste Stadt, in die Welterbeliste aufgenommen. Neun herausragende Monumente aus der über 2000-jährigen Geschichte der Moselstadt, die im Jahr 16. v. Chr. als „Augusta Treverorum" gegründet wurde, bilden den einzigartigen Rahmen für eine faszinierende Visite.

Die einstige Residenz römischer Kaiser ist auf Schritt und Tritt in den Fundamenten und Relikten erlebbar. Wer das romantische Trier besucht, wird von einem beispiellosen kulturhistorischen Angebot verwöhnt. Streift man durch die heutige Universitätsstadt im mittleren Moseltal, so ist noch immer viel von den Spuren zu sehen, die die Römer hier vor 2000 Jahren hinterließen. Eine Kollektion wie die der Römischen Baudenkmäler in Trier, bestehend aus Amphitheater, Barbarathermen, Kaiserthermen, Konstantin-Basilika, Porta Nigra, Römerbrücke, Igeler Säule sowie die auf den römischen Fundamenten errichteten Sakralbauten des Trierer Doms und die Liebfrauenkirche gibt es kein zweites Mal in Deutschland.

Das Wahrzeichen Triers ist die 1800 Jahre alte Porta Nigra, das besterhaltene römische Stadttor diesseits der Alpen. Der Westturm ist nahezu unbeschädigt und lässt mit seiner Höhe von 30 Metern und seinem Mauerwerk aus Sandsteinquadern erahnen, welch stattliche Ausmaße die Doppeltoranlage einst hate. Der Repräsentationsbau wurde nie vollendet, überlebte aber als einziges Tor den Abbruch der Stadtbefestigung im Mittelalter. Im Jahr 1030 erfuhr das Wahrzeichen Triers eine Umnutzung. Der griechische Mönch Simeon ließ sich im Ostturm eine Eremitenklause einrichten. Nach seinem Tod und zahlreichen Wundern wurde die Porta zur doppelgeschossigen Stiftskirche, der Simeonkirche, umgebaut. Ein einmaliger Vorgang, der antike und christliche Architektur miteinander verband.

Als Napoleon im Oktober 1804 Trier besuchte, verfügte er den Rückbau aller nachantiken Umbauten. Nur die kunsthistorisch wertvolle romanische Apsis ließ er stehen. Das römische Amphitheater, eine weitere Stätte des Trierer Welterbes, war ursprünglich in die Stadtmauer eingebunden und als einziges in der römischen Welt auf einer künstlichen Erdaufschüttung

errichtet. Bis zu 20.000 Zuschauer fasst die ovale Arena in 26 Sitzreihen. Bis ins 5. Jahrhundert wurde das Amphitheater genutzt, ehe es die Franken teilweise zerstörten. Im Mittelalter wurde es wie andere Bauten auch als Steinbruch zweckentfremdet.

Die römischen Kaiser residierten bis Ende des 4. Jahrhunderts in Trier. Der Ziegelbau der Palastaula, heute Konstantin-Basilika genannt, diente mit einer Länge von über 70 Metern als imposante Empfangshalle. In Trier gab es drei römische Badeanlagen, darunter die Barbara- und die Kaiserthermen, deren aufrecht stehende Teile – etwa die Mauern des Warmbades – zu den städtischen Wahrzeichen gehören. Die Kaiserthermen zählten zu den größten Badeanlagen des Römischen Reiches. Da Kaiser Konstantin seinen Sitz nach Konstantinopel verlegte und für den Weiterbau die finanziellen Mittel fehlten, wurde der Badebetrieb aber nie aufgenommen. Das Bauwerk zerfiel.

Die prunkvoll mit Marmor und Skulpturen ausgestatteten und ebenfalls zum Kreis der Trierer Welterbestätten gehörenden Barbarathermen wurden im 2. Jahrhundert erbaut. Sie blieben fast 300 Jahre in Betrieb. Einmalig in der Welt der damaligen Thermenarchitektur waren zwei beheizte Schwimmbecken in den Eckräumen der Südflucht. Das gab es im Imperium Romanum kein zweites Mal. Nicht ohne Grund galt Trier seinerzeit als größte Stadt nördlich der Alpen als „Roma secunda“ – als zweites Rom.

Ein weiteres Welterbe-Denkmal findet sich im Dorf Igel: die Igeler Säule, ein 23 Meter hohes Pfeilerdenkmal aus rotem Sandstein. Es stammt aus der Zeit um 250 n. Chr. und ist das einzige oberirdisch erhaltene römische Grabmal nördlich der Alpen. Die Römerbrücke ist die älteste Brücke Deutschlands und wurde ebenfalls 1986 unter den Schutz der UNESCO gestellt. Die Pfeiler wurden zwischen 144 und 153 erbaut. Sie dient noch heute als Verkehrsweg über die Mosel.

Auf den Fundamenten römischer Wohnhäuser wurden der Trierer Dom und die über einen Kreuzgang damit verbundene Liebfrauenkirche errichtet. Als älteste Bischofskirche Deutschlands ist die Hohe Domkirche St. Peter zu Trier seit 1.700 Jahren Versammlungsort der christlichen Gemeinde. In beiden Sakralbauten verschmelzen römische, salische, romanische, gotische und barocke Elemente zu einem Kirchenkomplex von höchster Ausdruckskraft. Der Trierer Domschatz verfügt über kostbare Reliquien, darunter den „Heiligen Rock“, der Fragmente der Tunika Jesu Christi enthalten soll. Der Andreas-Tragaltar des Domes gilt als eines der bedeutendsten Kunstwerke ottonischer Goldschmiedekunst, die als „Basilica minor“ eingestufte Liebfrauenkirche als frühester gotischer Zentralbau in Deutschland, die einzigartige Baugruppe von Dom und Liebfrauen als Kompendium europäischer Bau- und Kulturgeschichte.

Die römischen Kaiser residierten bis Ende des 4. Jahrhunderts in Trier.

KOMMT GUT AN

Ein historischer Bahnhof empfängt Reisende der Haute Cuisine

Eine Verspätung würde man in diesem Restaurant gerne in Kauf nehmen, ist doch der Aufenthalt in dem vom Jugendstil geprägten ehemaligen Bahnhofsgebäude schon optisch ein Genuss. Jedoch im *à la Minute* entspricht der Name dem Konzept. Was man bei Patron Christoph Kaiser bestellt, wird auf den Punkt serviert.

Mittags ist der Fahrplan etwas enger getaktet. Die klassische französische Küche à la Kaiser zeigt sich dann flott, aber frisch als Loup de Mer auf Blattspinat mit Zitronen-Beurre Blanc und Kräuterreis oder Steinpilztagliatelle mit Chicorée-Waldpilzragout. Mit Tagessuppe oder Dessert und einem Glas Wein ist der Mittagstisch perfekt.

Und so setzt sich die kulinarische Reise am Abend fort. Hors d'œuvre, Entrée und Plat principal – Ehefrau Franziska reicht eine Karte, die das Herz von Freunden der Haute Cuisine höher schlagen lässt. Die Wahl könnte so aussehen: Dreierlei von der französischen Gänsestopfleber mit Weinbergpfirsich, Essenz von der Roma Tomate mit confierten Datterini Tomaten, Filet vom weißen Heilbutt unter Kartoffelschuppen mit Parisiengemüse im Kohlrabitumbler. Ist man hier wirklich noch in Trier oder hat man die Grenze zum benachbarten Frankreich bereits passiert?

In Sachen Wein auf jeden Fall: „Zu unserer Küche gehören einfach französische Weine. Meine Frau und ich lieben zwar den Riesling und seine Spielarten lassen viel zu. Aber die Klassik siegt bei uns ein ums andere Mal", erklärt Kaiser die Philosophie des *à la Minute*, die er seit dem Jahr 2008 vorstellt. Erstaunlich konsequent für einen Mann, der bei der Gründung des Hauses gerade einmal 24 Lenze zählte.

Seine Auffassung teilen Küchenchef Falko Weiß sowie Koch Nils Graul und Auszubildender Jonny Pagen. Im Service ist Mike Heinz für die Gäste da; vor allem wenn das Team die Feiern in und um Trier mit dem beliebten Catering versorgt. Finalement begleitet Elisabeth Kaiser, die Mutter des Gründers, tatkräftig das Unternehmen, wann immer es nötig ist. Eine tolle Mannschaft, die gerne mit ihren Gästen die Liebe zu gutem Essen teilt.

À LA MINUTE
Franziska und Christoph Kaiser
Leoplatz 1, 54290 Trier
Telefon 06 51 / 6 50 22 85
info@a-la-minute-trier.de
www.a-la-minute-trier.de

BRETONISCHE ROTBARBE, PFIFFERLINGE UND MIESMUSCHELN
Dieses Rezept finden Sie auf der Seite 311

DES·DOMES·UND·DER·LIEB

SCHLEMMEN FÜR FORTGESCHRITTENE

In Trier die französische Hochküche mit Nonchalance erleben

JAKOBSMUSCHELN VOM GRILL, PASTINAKENPÜREE, PASSIONSFRUCHTGEL

Dieses Rezept finden Sie auf der Seite 311

Zwar etwas versteckt, aber wohl – vis-a-vis des berühmten Doms gelegen – einer der schönsten Plätze in Trier ist der Innenhof des barocken Palais Walderdorff. Hier hat ein Gastronom der besonderen Art im Jahr 2000 sein kulinarisches Domizil *Restaurant Schlemmereule* etabliert. Peter Schmalen ist ein ebenso versierter wie experimentierfreudiger Koch und präsenter Gastgeber in Personalunion. „Ich arbeite mit einem engagierten Team junger Köche, die meine Idee unterhaltsamer, exquisiter Kulinarik so gut umsetzen, dass ich immer wieder Gelegenheit habe, meine Gäste persönlich zu begleiten", erklärt Schmalen seine Auffassung von moderner Gastfreundschaft.

So ist vieles im *Restaurant Schlemmereule* erfrischend anders. Das stilvoll elegante Ambiente unterhält mit ironischen Accessoires. Als barocke Statue reckt etwa Kaiserin Helena ein Rotweinglas feier-fröhlich einer Deckendekoration entgegen, auf der Gott à la da Vinci dem Adam nicht nur seinen Finger, sondern auch einen Hummer reicht. Schmalen betrachtet sich, sein Restaurant und den Zeitgeist mit einem Augenzwinkern – der weisen Eule gleich.

Was serviert so ein Freigeist den Feinschmeckern von nah und fern? Vor allen Dingen Kontraste. Kalt trifft heiß, soft begegnet knusprig, sanft beruhigt scharf. Die Vielfalt von Aromen und Texturen hat Chefkoch Peter Schmalen so gut im Griff, dass sich die kurze Irritation auf der Zunge stets in Wohlgefallen auflöst. Seine originelle Küche präsentiert sich zum Beispiel als Lachs-Carpaccio mit Wasabi-Sorbet und Frühlingsröllchen, Goldbrassenfilet mit Zucchiniblüte und Tomaten Kartoffelstampf oder Nougat-Crème-Brûlée mit Bananeneis und Salzkaramell – alles vereint auf einer saisonal variierenden Karte und überwiegend mit regionalen Produkten kreiert. Ein Weinkeller mit rund 200 Positionen und die fachkundige Beratung runden die Menüs exquisit ab.

Bei guter Witterung gibt es Schmalens moderne Köstlichkeiten auf der ruhigen Terrasse gegenüber dem mittelalterlichen Turm Jerusalem. Gegensätze ziehen sich an …

RESTAURANT SCHLEMMEREULE
Peter Schmalen
Domfreihof 1 b, 54290 Trier
Telefon 06 51 / 7 36 16
ps@schlemmereule.de
www.schlemmereule.de

EIN SÜSSER FLIRT IM ALLTAG

Schokolade, Kaffee und feine Köstlichkeiten in Manufakturqualität

Schokolade macht glücklich! Überzeugender Beweis sind Diana und Michael Nummer. Mit ihrem Café und Shop *Suite au Chocolat* lässt das Paar seit 2008 Freunde süßer Verführungen an ihrem Glück teilhaben. Die Idee kam den beiden in Paris, der Stadt der Liebe und der kulinarischen Erfüllung.

Den Namen *Suite au Chocolat* dürfen die Gäste wörtlich nehmen. Es wurde ein Raum geschaffen, der kulinarisch in verschiedener Hinsicht funktioniert – ebenso wie eine Hotelsuite mehr ist als ein Zimmer. Zentral ist das Café. Geöffnet an sieben Tagen in der Woche erlebt man hier die opulente Fülle schokoladiger Genüsse als Trinkschokolade, Praline, Kuchen, Torte oder Fondue. Schokoladenexpertin Diana Nummer wählt beste Rohstoffe und Produkte ausgesuchter Manufakturen. So ist *Suite au Chocolat* exklusiver Partner des renommierten französischen Chocolatier Valrhona in Trier.

Handgerührt und mit frischer Vollmilch zubereitet bringt der freundliche Service zum Beispiel „Ivoire", eine weiße Trinkschokolade, die auf Wunsch mit weiß-rosa Pfeffer gewürzt wird. Überhaupt die Spezialitäten! „Chocolat Chloé" wurde komponiert aus Zartbitter-Schokolade und feinem Himbeerpüree. Und „Maya" ist eine Kreation aus Vanille, Zimt, einem Hauch Chili sowie Sahne und Mandeln.

AMUSE BRIOCHE

Dieses Rezept finden Sie auf der Seite 312

Die eigene Röstung von Barista und Coffeologe Michael Nummer passt mit leicht fruchtiger Säure perfekt zu Schokolade, überzeugt aber auch als Solist. „Allerdings kommt das fast nie vor: Die Gäste genießen zum Kaffee gerne Spezialitäten aus unserem Shop, wählen die Waffel nach Geheimrezept oder nehmen einen herzhaften Snack", weiß Kristina Nummer, Schwester des Gastgebers und rechte Hand der Geschäftsführung.

Weitere Angebote und Geschenkideen aus der süßen Welt von *Suite au Chocolat* sind Tastings, Workshops, die hauseigene Kochschule sowie „Tischlein deck dich" – der individuell arrangierte Tisch steht bereit, wenn der Gast zum vereinbarten Zeitpunkt eintrifft. Diana und Michael Nummer haben eine vielfältige Palette rund um Schokolade und Kaffee geschaffen, die dem Alltag das süße i-Tüpfelchen aufsetzt, indem sie Gaumen und Herz zugleich berührt.

SUITE AU CHOCOLAT, CAFÉ UND SHOP
Familie Nummer
Glockenstraße 9, 54290 Trier
Telefon 06 51 / 9 12 96 81
team@suite-au-chocolat.de
www.suite-au-chocolat.de

STADT, LAND, FLUSS

An der Mosel reift eine kulinarische Idee zum Konzept

Die Mosel macht eine enge Schleife, die Weinberge stehen steil, die Straßen sind schmal: Trittenheim scheint kein Ort für freiheitsliebende Menschen zu sein. Doch genau hier im *Wein- & Tafelhaus* hat ein weitgereistes Paar seine Heimat gefunden: Daniela und Alexander Oos – Sommeliére und Spitzenkoch.

Alexander Oos fühlt sich seiner kulinarischen Herkunft verbunden. In Dillingen erlernte er die bodenständige Küche; er behielt sie im Herzen auf seinen Reisen in die weite Welt, die ihn bis nach Alaska führten. Zurück in der Wahlheimat Trittenheim setzt er der ehrlichen Art zu kochen seit 2002 ein Fanal, macht etwa geschmorte Lammschulter, Kalbstafelspitz und Saibling auf feine Art – nicht schick. „Mit den neuartigen Gartechniken werde ich zum Beispiel nicht richtig warm", erklärt Oos. „Aber ich liebe die Hitze und mag Röstaromen. So erhalten einige Gerichte geradezu eine menschliche Note." Diese Art begeistert und bringt im Jahr 2004 einen Michelin-Stern ins ehemalige Winzerhaus.

ROULADE VOM SAIBLING MIT VERJUS-SCHAUM
Dieses Rezept finden Sie auf der Seite 313

Zu Kalbstartar mit Morcheln, Risotto mit Meeresfrüchten oder Bouillabaisse „auf unsere Art" empfiehlt Ehefrau Daniela nicht nur perfekt abgestimmte Moselrieslinge, sondern auch Spezialitäten ihrer Heimat Österreich. Mit exquisiter Weinkenntnis und Warmherzigkeit schafft sie eine angenehm heitere Atmosphäre im gesamten *Wein- & Tafelhaus*, das seit 2012 auch als Gästehaus die Feinschmecker willkommen heißt. Eine Terrasse ergänzt das Ensemble. Von hier blickt man direkt auf die berühmte „Trittenheimer Apotheke", eine der besten Stellagen der Mittelmosel. Der Fluss ist nur ein paar Schritte entfernt – das *Wein- & Tafelhaus* gehört zu den wenigen Domizilen der Region mit direktem Zugang zum Wasser.

Seit 2014 betreibt das Ehepaar Oos in Trier ein zweites, urbanes Lokal. Die *Weinwirtschaft Friedrich-Wilhelm* im ehemaligen Kelterhaus des gleichnamigen Weingutes lockt mit bürgerlichen Gaumenfreuden – von der Brezel bis zum Kalbsrahmgulasch. Die Oossche Kulinarik ist rund … ehrlich währt am längsten.

WEIN- & TAFELHAUS
Alexander Oos
Moselpromenade 4, 54349 Trittenheim
Telefon 0 65 07 / 70 28 03
info@wein-tafelhaus.de
www.wein-tafelhaus.de

Graacher Tor
sky

LECKERBISSEN TRIFFT EDELTROPFEN

Hellwach: die Küche in einer verträumten Gasse von Bernkastel-Kues

In Bernkastel-Kues begegnet man ihm auf Schritt und Tritt: Der Bär ist nicht nur das Wappentier des Städtchens. Wer zum Beispiel den Moselsteig erwandert, kehrt außerdem mit einem Bärenhunger zurück – und am besten im *Restaurant Graacher Tor* ein. Mittags wird hier Deftig-Kräftiges der Region aufgetischt: Wildschwein-Bratwürste mit der moselländischen Kartoffelspezialität „Schoales", cremigem Riesling-Sauerkraut und Monschauer Ur-Senf sowie vegetarische und hausgemachte Kartoffelklöße oder Käsespätzle.

Spätzle? Richtig: Chefkoch Michael Mast kommt aus Schwaben und hat so manchen Leckerbissen seiner Heimat an die Mosel gebracht. Seine Frau, die Gastgeberin im *Restaurant Graacher Tor*, ist dagegen eine waschechte Moselanerin und Weinkennerin. So vermählten sich nicht nur zwei Menschen, sondern auch ihre lukullischen Geschmäcker. Diese Kombination präsentiert sich am Abend auf gehobene Weise.

Feinschmecker stellen sich ein ganz persönliches Menü zusammen und wählen vielleicht Curry-Ingwerschaumsüppchen oder Bernkasteler Lasagne von der Blutwurst. Es folgen Spanferkel unter der Kakaokruste oder Jacobsmuscheln in asiatischer Manier. Zum Finale eine dunkle Schokolade Crème Brûlée? Die gibt es täglich nur in limitierter Auflage zu genießen. Michael und Michaela Mast vollenden ihre Gerichte gerne mit einer exklusiven Note.

Und dem passenden Wein: Die Karte – mit Passion und Fingerspitzengefühl zusammengestellt von Michaela Mast – versammelt das Who's who einiger Weingüter an der Mittelmosel. Zum Genuss am Fluss fehlt dann nur noch die stimmungsvolle Atmosphäre. „An der Mosel möchten es die Gäste seit jeher sehr gesellig", weiß Ehepaar Mast. Erlebnisgastronomie definiert es darum nicht über stylisches Interieur, sondern über die familiäre Herzlichkeit der Gastgeber und des Personals. So vereinen sich Wohlgefühl und Wohlgeschmack zu einem rundum gelungenen Ganzen.

KARTOFFELKLOSS „MICHAELS LECKERBISSEN"

Dieses Rezept finden Sie auf der Seite 313

LECKERBISSEN-RESTAURANT GRAACHER TOR

Michaela und Michael Mast

Graacher Straße 3, 54470 Bernkastel-Kues
Telefon 0 65 31 / 46 59
info@graacher-tor.de
www.graacher-tor.de

REZEPTE

VARIATION VON DER SCHOKOLADE

Kochkultour, die Koch- und Patisserieschule, Seite 260

ZUTATEN

Französische Schokoladentarte *165 g Butter, 200 g Zartbitter-Kuvertüre, 4 Eigelb, 40 g Mehl, 40 g gemahlene Haselnüsse, 4 Eiweiß, 165 g Zucker*

Kompott von der Vogelkirsche, *4 EL Zucker, 150 ml Rotwein, 1 Vanilleschoten, 1 Sternanis, 1 Zimtstange, 1 Knolle Ingwer, 300 g Vogelkirschen (entsteint), 1 EL Speisestärke, 50 ml Rotwein*

Gianduja Espuma, *200 ml Milch, 300 g Gianduja (dunkler Nougat), 440 ml Sahne, 40 ml brauner Rum, 2 Sahnekapseln*

Weißes Schokoladeneis mit Pistazie, *250 ml Milch, 250 ml Sahne, 70 g Glukose, 5 Eigelb, 40 g Zucker, 250 g weiße Kuvertüre, 30 g Pistazienpaste,*

ZUBEREITUNG

Für die Französische Schokoladentarte Butter und Kuvertüre im Wasserbad schmelzen. Eigelbe nach und nach dazugeben. Mehl und Nüsse unterrühren. Eiweiß mit Zucker zu Schnee schlagen und unterheben. Nach Belieben Früchte oder Beeren als Einlage in den Teig einarbeiten. Ein Backblech mit Backpapier auslegen, den Teig verteilen und bei 180 °C ca. 20 Minuten backen. Abkühlen lassen, vorsichtig stürzen und in Stücke schneiden. Für das Kompott Zucker leicht karamellisieren und mit Rotwein ablöschen. Mark der Vanilleschote, Sternanis, Zimtstange, geschälten und in Scheiben geschnittenen Ingwer dazugeben. Zucker vom Topfboden loskochen. Rotwein ein wenig einkochen. Kirschen in den Zuckersud geben, etwas kochen lassen. Stärke mit Rotwein anrühren und den Sud abbinden. Für das Espuma Milch aufkochen, Gianduja Schokolade in der warmen Flüssigkeit auflösen, Sahne und Rum unterrühren. Masse durch ein Sieb in den Sahnespender geben. Nacheinander 2 Sahnekapseln aufschrauben und kräftig schütteln. Einige Stunden im Kühlschrank kalt stellen. Vor der Entnahme nochmals kräftig schütteln. Für das Schokoladeneis Milch, Sahne und Glukose aufkochen. Eigelb und Zucker schaumig schlagen. Heißes Milch-Sahnegemisch über die Eimasse geben, alles verrühren und wieder in den Topf zurück geben. Masse auf dem Herd unter ständigem Rühren langsam auf 82 °C erhitzen. Kleingeschnittene Kuvertüre und Pistazienpaste dazugeben. Verrühren bis sie geschmolzen ist. Masse durch ein feines Sieb geben und auf Eis kalt rühren. Eventuell mit Alkohol parfümieren. Mit einem Stabmixer gut durchmixen. Abgekühlte Eismasse in einer Eismaschine frieren. Alle Zutaten auf einem großen Teller arrangieren.

WILDSCHWEINRÜCKENSTEAK MIT ROSENGELEE

Rosenhotel-Restaurant Scherer, Seite 266

ZUTATEN

8 Wildschweinrückensteaks à 80 bis 100 g, 2 EL Sonnenblumenöl zum Anbraten, Salz, Pfeffer, 1 kleine Schalotte, Sauerkirschen (eingekocht und mit Saft), Rosengelee, Butter

Gnocchi *300 g Kartoffeln, geschält, 100 g Kartoffelstärke, 2 Eier, Salz, Butter*

Rosengelee *Blätter von 4 roten, ungespritzten Rosenblüten, 500 ml Apfelsaft, 1 Paket Gelierzucker (2:1), 1 Spritzer Rosenwasser*

ZUBEREITUNG

Steaks aus dem Rückenfilet schneiden, auf eine Stärke von 15 Millimetern plattieren und würzen. Fett in eine heiße Pfanne geben und die Steaks beidseitig anbraten. Das Fleisch aus der Pfanne nehmen und im vorgeheizten Backofen bei ca. 95 °C ruhen lassen. Schalotte würfeln, in der Pfanne anschwitzen, mit Kirschsaft den Bratensatz lösen, mit Rosengelee und Butter binden. Für die Gnocchi die Kartoffeln kochen, ausdünsten lassen und mit einer Presse zu Kartoffelpüree verarbeiten. Mit Kartoffelstärke, Eiern und einer Prise Salz zu einem Teig verkneten. Daraus eine Rolle von 2 Zentimetern Durchmesser formen und in Scheiben von 1 Zentimeter Dicke schneiden. Die Gnocchi in Salzwasser einmal aufkochen lassen. Butter in einer Pfanne erhitzen und die abgetropften Gnocchi darin schwenken. Die Sauerkirschen erwärmen. Die Steaks auf heißen Tellern platzieren, heiße Sauerkirschen, Rosengeleesoße und Gnocchi dazu legen. Das Rosengelee für dieses Gericht hält das Rosenhotel Scherer bereit. Für die eigene Herstellung die Rosenblätter gut waschen, mit Apfelsaft und Gelierzucker vermischen und über Nacht ziehen lassen. Die Masse am nächsten Tag aufkochen, 3 Minuten köcheln lassen, durch ein feines Sieb passieren und in Gläser abfüllen.

REZEPTE

MOELLEUX AU CHOCOLAT UND MASCARPONEEIS

Restaurant La Bécasse u. Bistro Chez Fabrice, Seite 270

ZUTATEN FÜR 8 PERSONEN

Moelleux au Chocolat *245 g Bitterschokolade mit mindestens 65 % Schokolade, 130 g Butter, 40 ml Milch, 60 ml Sahne, 60 g Zucker, 25 g Mondamin, 1 Prise Salz, 4 Eier*

Mascarponeeis *250 ml Sahne, 250 ml Milch, 125 g Eigelb, 150 g Zucker, 1 Vanilleschote, 250 g Mascarpone, 4 g Stabilisator*

ZUBEREITUNG

Schokolade mit Butter im Wasserbad schmelzen. Milch und Sahne aufkochen. Zucker, Mondamin und eine Prise Salz zusammen rühren, die Eier dazu geben und cremig aufschlagen, so dass die Masse hell und leicht dicklich wird. Dann langsam Milch und Sahne einrühren, zuletzt die Schokoladen-Butter-Masse einarbeiten. Alles mindestens eine Stunde im Kühlschrank ruhen lassen. Kleine Förmchen ausbuttern und leicht mit Mehl ausstreuen. Förmchen mit dem Teig füllen und im vorgeheizten Ofen bei 180 °C ca. 12 Minuten backen. Für das Mascarponeeis die Vanilleschote längs aufschneiden und das Vanillemark mit einer Messerspitze auskratzen. Milch, Sahne und Vanilleschote aufkochen, dann 20 Minuten ziehen lassen. Zucker und Eigelb cremig rühren. Nach und nach die Ei-Zucker-Mischung in die Milch-Sahne-Mischung rühren. Unter ständigem Rühren die Mischung im Topf bei 85 °C garen lassen bis sie beginnt, cremiger und fester zu werden. Den Topf vom Herd nehmen, die Vanilleschote entfernen und alles abkühlen lassen. Mascarpone und Stabilisator in die Mischung rühren und alles danach in die Eismaschine geben. Zum Anrichten das Moelleux au Chocolat auf einen Teller stürzen und mit einer Kugel Mascarponeeis servieren.

KNEPP UND GRUMBEERE

Hotel-Restaurant Reweschnier, Seite 272

ZUTATEN

1 l Rinderbrühe, 150 ml Milch, 100 g Brötchenwürfel, 6 Eier, 40 g frische Kräuter, 500 g Mehl (Type 405), 600 g Kartoffeln, Salz, Muskat

Sauce *50 g Butter, 100 g Bauchspeck (geräuchert und durchwachsen), 100 g Zwiebeln, 500 g Lauchzwiebeln, 500 ml Sahne, Salz, Pfeffer*

ZUBEREITUNG

Die Kräuter fein hacken. Mit Milch, Brotwürfeln und Eiern vermengen. Die Masse mit Salz und Muskat abschmecken. Das Mehl nach und nach unterrühren. Inzwischen die Rinderbrühe aufkochen und anschließend weiter köcheln lassen. Die fertige Masse mit einem Esslöffel abstechen, in der heißen Rinderbrühe gar ziehen lassen und mit einem Schaumlöffel herausnehmen. Die Kartoffeln schälen und ebenfalls in der Brühe garen. Für die Sauce Speck und Zwiebeln in feine Würfel schneiden. Die Lauchzwiebeln in Ringe schneiden. In einer Pfanne etwas Butter erhitzen und alles goldbraun anbraten. Sahne angießen und die Sauce zu zwei Dritteln einreduzieren lassen. Mit Salz und Pfeffer abschmecken. Knödel und Kartoffeln auf vier Teller verteilen und die Sauce dazu geben. Dazu schmecken Apfel oder ein Salat der Saison.

DREIERLEI FÜR GRILLGENUSS

Steakhaus Gusto, Seite 278

ZUTATEN

Chili-Kräuterbutter *250 g weiche Butter, ½ TL Chili (fein gehakt), 1 TL Thymian, 1 TL Rosmarin, ½ TL Rauchsalz, ½ TL bunter Pfeffer aus der Mühle*
BBQ-Dip *3 EL brauner Zucker, 2 Schalotten, 5 reife Strauchtomaten, 10 ml Weißwein, 2 Chilischoten, 1 Lorbeerblatt, Abrieb einer Zitrone, 2 EL Tomatenmark, Fleur de Sel, ½ TL bunter Pfeffer aus der Mühle*
Petersiliensoße „Gusto pur" *600 g krause Petersilien, 1 rote Zwiebel, 1 TL körniger Senf, 1 Prise Zucker, 20 g Salz, 350 ml feines Rapsöl, 100 ml Wasser*

ZUBEREITUNG

Für die Chili-Kräuterbutter alle Zutaten in eine Schüssel geben und mit dem Pürierstab vermischen. Die Masse in eine Form geben und abkühlen lassen. Für den BBQ-Dip den braunen Zucker in einem Topf karamellisieren. Schalotten fein wurfeln. Tomaten würfeln. Schalotten und Tomaten zum karamellisierten Zucker geben und kurz andünsten. Mit Weißwein ablöschen. Tomatenmark, Chili und Abrieb einer Zitrone dazu geben und 30 Minuten bei schwacher Hitze köcheln lassen. Abkühlen lassen, fein pürieren und in ein Glas füllen. Für die Petersiliensauce die Spitzen vom Stängel zupfen, waschen und trocknen. Zwiebeln schälen, in acht Teile schneiden und mit der Petersilie durch den Fleischwolf drehen. Die Masse durch ein Sieb geben, die restlichen Zutaten zugeben und in der Küchenmaschine cremig mixen.

JAKOBSMUSCHEL-RAVIOLI

Osteria – Ristorante Il Gabbiano, Seite 280

ZUTATEN

Nudelteig *100 g Weizenmehl, 2 Eier, Safranpulver, ½ TL Salz, 1 EL Olivenöl, 20 ml Wasser* Füllung *400 g Jakobsmuscheln, geputzt, 30 g Stangensellerie, 2 EL Olivenöl, 50 g Zucchini, 30 g Schalotten (fein gewürfelt), 1 EL Petersilie (gehackt), Salz, Pfeffer* Champagnersauce *30 g Schalotten (fein gehackt), 200 ml Champagner, 200 ml Fischfond, 1 EL Öl, Sahne, Salz, Pfeffer*

ZUBEREITUNG

Für den Nudelteig alle Zutaten verkneten, in Folie wickeln und eine Stunde ruhen lassen. Für die Füllung 300 Gramm Muschelfleisch und Gemüse fein würfeln. Olivenöl in einem kleinen Topf erhitzen, die Schalotten darin anschwitzen. Muscheln und Gemüse dazu geben und 4 bis 5 Minuten mit anschwitzen. Mit Salz, Pfeffer und Kräutern abschmecken und auskühlen lassen. Den Nudelteig in zwei dünne Platten ausrollen, diese leicht mit Mehl bestäuben und Ravioliformen ausstechen. Mit einem Löffel etwas Füllung auf eine Ravioliplatte geben, die zweite Platte darauf legen und die Ränder fest drücken. Diesen Vorgang wiederholen bis alle Zutaten verbraucht sind. Für die Sauce in einem kleinen Topf Öl erhitzen, die restlichen Jakobsmuscheln und die fein gehackten Schalotten darin anschwitzen. Den Champagner angießen und die Flüssigkeit zur Hälfte einkochen lassen. Den Fischfond zufügen und ein Drittel reduzieren. Mit Sahne verfeinern und passieren. In einem großen Topf Salzwasser zum Kochen bringen und darin die Ravioli 6 bis 8 Minuten garen. Mit dem Schaumlöffel herausnehmen, abtropfen lassen und in tiefe Teller geben. Die Champagnersauce angießen und jeden Teller nach Geschmack zum Beispiel mit frischem Basilikum dekorieren.

REZEPTE

POCHIERTES KALBSFILET MIT PESTO UND PAPRIKANUDELN

Partyservice Haas, Seite 282

ZUTATEN

500 g Kalbsfilet (ohne Haut und Sehnen), 1 TL Butter, 1 Schalotte, 1 Nelke, 1 Lorbeerblatt, 1 Karotte, 1 Staudensellerie, 2 Basilikumblätter, 2,5 l Kalbsfond Nudeln *200 g Mehl, 2 große Eier, 1 ½ EL Olivenöl, 1 Prise Salz, 1 rote Paprika, 1 gelbe Paprika, 1 Knoblauchzehe (leicht angedrückt), 1 EL Olivenöl, 3 EL Kalbsfond, 1 EL Olivenöl für die gekochten Nudeln* Pesto *100 g frische Basilikumblätter, 1 Knoblauchzehe, 35 g Walnusskerne, 6 g grobes Meersalz, 10 g Parmesan, 15 ml Olivenöl*

ZUBEREITUNG

Die Schalotte mit Nelke und Lorbeerblatt spicken. Karotte waschen, schälen und würfeln. Staudensellerie in Scheiben schneiden. Schalotte, Karottenwürfel, Staudensellerie und Basilikumblätter in etwas Butter andünsten, mit Kalbsfond auffüllen und 30 Minuten köcheln lassen. Die Hitze reduzieren und das sorgfältig parierte Kalbsfilet in den Fond legen, 12 bis 15 Minuten pochieren. Herausnehmen und vor dem Aufschneiden fünf Minuten ruhen lassen. Für die Nudeln das Mehl in eine Schüssel sieben. In einer zweiten Schüssel Eier mit Olivenöl und einer Prise Salz verschlagen. Diese Mischung in das Mehl einarbeiten und zu einem glatten Teig verkneten. Zugedeckt 1 Stunde ruhen lassen. Den Teig vierteln, durch die Nudelmaschine zu dünnen Platten drehen, leicht antrocknen lassen und in 1 Zentimeter breite Streifen schneiden. In Salzwasser kochen, abgießen und abtropfen lassen. Mit etwas Olivenöl beträufeln. Die Paprika dünn schälen, halbieren, entkernen und in gleichmäßige Rauten schneiden. Knoblauch leicht drücken und damit eine Sauteuse ausreiben. Darin etwas Olivenöl erhitzen, die Paprikarauten dazugeben und andünsten. Mit Kalbsfond ablöschen, leicht einkochen und zu den heißen Nudeln geben. Für das Pesto die Basilikumblätter waschen und trocknen. Knoblauchzehe schälen, mit Walnusskernen und Salz in einen Mörser geben, fein zerreiben, nach und nach die Basilikumblätter und den frisch geriebenen Käse zufügen. Zum Schluss das Olivenöl unterrühren. Auf heißen Tellern die Paprikanudeln in der Mitte anrichten, die Kalbsfiletscheiben rundherum legen und die Zwischenräume mit dem Pesto füllen.

KARTOFFELPUFFER MIT LACHS UND BLATTSPINAT

Ratsstube und Gästehaus Blasius, Seite 288

ZUTATEN

4 mittelgroße Kartoffeln, 1 Zwiebel, 2 Eier, 1 EL Quark, 2 EL Mehl, 500 g Spinat, 250 ml Gemüsebrühe, 250 ml Sahne, 400 g norwegischer Wildlachs oder Lachsfilet, Salz, Pfeffer, Muskat

ZUBEREITUNG

Für die Kartoffelpuffer Kartoffeln und Zwiebeln schälen und reiben. Eier, Quark, Gewürze und Mehl mit den Kartoffeln und Zwiebeln zu einem Teig vermischen. Olivenöl in einer Pfanne erhitzen und zwölf kleine Kartoffelpuffer braten. Für die Sauce mit einem Stabmixer 100 Gramm Spinat mit der Gemüsebrühe vermixen, in einen Topf geben und einkochen. Sahne zufügen und bei mäßiger Hitze reduzieren lassen. Mit Salz und Pfeffer würzen. Den Lachs in acht gleich große Stücke schneiden. In einer Pfanne Bratfett erhitzen, die Lachsstücke anbraten und mit Pfeffer und Salz würzen. In einem Topf etwas Butter erwärmen und den restlichen Spinat darin anschwenken. Zum Anrichten auf einem Teller Kartoffelpuffer, Lachs mit Blattspinat und zum Schluss wieder einen Kartoffelpuffer so schichten, dass ein Türmchen entsteht. Schließlich die Sauce um den Kartoffelpuffer gießen.

BRETONISCHE ROTBARBE, PFIFFERLINGE UND MIESMUSCHELN

à la Minute, Seite 296

ZUTATEN FÜR 1 PERSON

1 Rotbarbenfilet (geschuppt), Mehl, Zitronenabrieb nach Geschmack, Butter, 1 Thymianast, 100 ml Geflügelfond, ¼ Knoblauchzehe, 75 g Butterwürfel, 30 g kleine Pfifferlinge, ½ Schalotte, ½ Tomate, 20 g Mehlschwitze aus 12 g Butter und 8 g Mehl, ¼ Schalottenwürfel, 50 ml trockenen Weißwein, 2–3 Safranfäden, 50 ml Sahne, ¼ Schalottenwürfel, 3 Miesmuscheln, Salz, Pfeffer, ¼ Knoblauchzehe, 50 ml trockenen Weiswein

ZUBEREITUNG

Geflügelfond zum Kochen bringen, abschmecken mit Salz, Pfeffer und Knoblauch. Mit einem Mixstab Butterflocken bis zur gewünschten Sämigkeit einmixen. Pfifferlinge putzen, Schalotte fein würfeln und gehäutete, entkernte Tomate würfeln. Separat die Pfifferlinge in heißer Pfanne mit den Schalotten anschwitzen, Würfel vom Tomatenfleisch dazugeben und abschmecken. Im Anschluss die gewünschte Menge des Fonds dazu geben und die Einlage binden. Klassische Mehlschwitze herstellen (60 Prozent Butter/40 Prozent Mehl) und erkalten lassen. Schalottenwürfel glasig – vorzugsweise in Olivenöl – anschwitzen, mit einer Prise Salz würzen und Weißwein ablöschen. Safranfäden dazugeben, aufkochen lassen, auffüllen mit Sahne und mit der Mehlschwitze abbinden, bis die gewünschte Konsistenz erreicht ist. Für Schaum Sauce etwas dünner lassen. Mit einem Mixstab aufschäumen. In einer erhitzten Sauteuse Schalotten anschwitzen, Miesmuscheln dazu geben, mit Salz, Pfeffer und Knoblauch würzen, mit Weißwein aufgießen, bei zugedecktem Topf garen, bis die Muscheln aufgesprungen sind. Rotbarbenfilet mit Salz und Zitronenabrieb würzen, mehlieren und auf der Haut anbraten. Im Anschluss Butter und Thymian hinzu geben.

JAKOBSMUSCHELN VOM GRILL, PASTINAKENPÜREE, PASSIONSFRUCHTGEL

Restaurant Schlemmereule, Seite 298

ZUTATEN (8 JAKOBSMUSCHELN)

Pastinakenpüree *50 g Pastinaken, 100 g Schalotten, 125 g Sahne, 125 g Gemüsebrühe, 200 g kalte Butter*
Passionsfruchtgel *125 ml Passionsfruchtmark, 125 ml Mangomark, Zucker nach Geschmack, 1 Stängel Zitronengras, 1 Limettenblatt, 70 g Butter, 4,2 g Agar-Agar*
8 Jakobsmuscheln *Butter, Thymian, Abrieb einer ½ Zitrone, Salz, Pfeffer, Muskat, Butterschmalz, Butter*

ZUBEREITUNG

Für das Püree die Pastinaken schälen und waschen. Die Schalotten ebenfalls schälen und würfeln. In einer Pfanne Butter erhitzen und darin die Pastinaken und Schalottenwürfel leicht anschwitzen, mit Gemüsebrühe und Sahne auffüllen. Mit Salz, Muskat und Pfeffer würzen und alles gar kochen. Das Gemüse mit der kalten Butter in einer Küchenmaschine zerkleinern. Für das Passionsfruchtgel das Fruchtmark und die Gewürze aufkochen und die Butter einrühren. Zitronengras und Limettenblatt entfernen und Agar-Agar einrühren. Die Masse auf ein Blech gießen und abkühlen lassen. Ist die Masse galertartig, diese in einen Mixer geben und 3 Minuten aufmixen. Danach in einen Spritzbeutel geben und kühl stellen. Die Jakobsmuscheln aufbrechen, putzen und wässern. Auf Küchenkrepp legen und abtropfen lassen. Die Jakobsmuscheln in einer heißen Pfanne mit Butter, Thymian und Zitronenabrieb kurz anbraten, so dass sie innen noch glasig sind. Dazu schmeckt frischer grüner Spargel oder ein anderes Gemüse der Saison.

AMUSE BRIOCHE

Suite au chocolat, Café und Shop, Seite 300

ZUTATEN FÜR 10 PORTIONEN

Brioche *270 g Mehl (Type 550), 6 g Trockenhefe, 30 g Zucker, 7 g Salz, 135 g Eier, 45 ml Milch (3,8 %), 120 g Butter*

Schokofüllung in 2 Schichten *100 g Sahne, 10 g Zucker, 110 g Schokolade (70 %), 20 g Butter, 120 g Nougat, 40 g Sahne*

ZUBEREITUNG

Für das Brioche Mehl und Trockenhefe gründlich mischen. Außer der Butter alle restlichen Zutaten hinzufügen und 4 Minuten lang in der Küchenmaschine kneten. Nach und nach die gewürfelte Butter hinzugeben und alles weitere 30 Minuten kneten. Mit dem Teigspachtel den Teig von den Rändern kratzen und weitere 10 Minuten kneten. Teig an einem warmen Ort für ca. 1 Stunden gehen lassen. Teig aus der Schüssel nehmen, jeweils an den Seiten etwas nach außen ziehen und nach innen falten. Diesen Vorgang mit allen vier Seiten wiederholen. Den Teig über Nacht im Kühlschrank gehen lassen. Am nächsten Morgen in eine Kastenform legen. Eier und Milch mischen und damit den Teig bestreichen. Den Ofen auf 180 °C vorheizen und das Brioche ca. 35 Minuten lang goldgelb backen.

Für die Schokofüllung Sahne und Zucker in einem Topf erhitzen. Die Schokolade fein haken, mit der heißen Sahne übergießen und mit dem Kochlöffel so rühren, dass eine Emulsion entsteht. Die Mischung auf 40 °C abkühlen lassen. Die Butter würfeln, hinzugeben und gut unter rühren. Die Trüffelmasse in runde Formen mit einem Durchmesser von 10 Zentimeter geben – das ergibt ca. 25 Gramm – und einfrieren. Für die zweite Schicht die Sahne auf 40 °C erhitzen, das Nougat hinein geben und alles mit einem Stabmixer glattrühren. Von dieser Mischung jeweils ca. 15 Gramm auf die kalte Trüffelmasse geben und schließlich alles einfrieren. Die Mandelplättchen in einer Pfanne leicht anrösten und abkühlen lassen. Für eine Portion Amuse Brioche die Schokoladenfüllung auftauen und eine Briochescheibe damit bestreichen. Die Mandelplättchen darauf verteilen. Eine zweite Briochescheibe darauf legen. Das Briochesandwich auf beiden Seiten mit Puderzucker bestreuen und im Kontaktgrill oder einer Pfanne goldbraun rösten. Durch die Hitze karamellisiert der Puderzucker und die Füllung schmilzt. Sofort servieren.

ANRICHTEN

2 Scheiben frisches Brioche, 1 Portion Schokoladenfüllung, 1 EL Mandelplättchen, Puderzucker

ROULADE VOM SAIBLING MIT VERJUS-SCHAUM

Wein- & Tafelhaus, Seite 302

ZUTATEN

1 Saibling von ca. 1,5 kg, ca. 200 g Lauch, 100 ml Gemüsebrühe, 50 g kalte Butter, Salz, Pfeffer, Muskat

Verjus-Schaum *150 ml Sahne, ½ Fischfond, etwas Verjus, 50 g Crème fraîche, 50 g Butter, Salz, Pfeffer, 1 kleiner Bund Schnittlauch*

Kartoffelpüree *250 g Salzkartoffeln, ca. 250 ml Milch, 20 g Butterwürfel, Salz, Pfeffer, Muskat*

ZUBEREITUNG

Den Fisch filetieren und die Gräten ziehen. Mit Salz und Pfeffer würzen. Die Fischfilets aufeinanderlegen, so zunächst in eine Frischhaltefolie und dann in eine Aluminiumfolie einrollen. Im Wasserbad bei ca. 80 °C je nach Dicke 15 bis 20 Minuten ziehen lassen. Den Lauch waschen, in Rauten schneiden und in etwas Gemüsebrühe dünsten. Mit kalter Butter, Salz, Pfeffer und Muskat abschmecken. Für die Sauce den Fischfond, Sahne und Crème fraîche etwas einkochen. Den Verjus zugeben und die Butter unterrühren. Mit Salz und Pfeffer abschmecken und den Schnittlauch zugeben. Für das Püree die gekochten Kartoffeln durch die Kartoffelpresse drücken und in die heiße mit Salz, Pfeffer und Muskat abgeschmeckte Milch geben. Die Kartoffel-Milchmasse mit einem Schneebesen verrühren. Zum Schluss die Butterwürfel zugeben und glatt rühren. Den gegarten Fisch aus der Folie nehmen und in Scheiben schneiden. Das fertige Lauchgemüse auf dem Teller anrichten. Den Fisch auflegen. Das Kartoffelpüree anrichten. Verjus-Schaum auf dem Teller verteilen.

KARTOFFELKLOSS „MICHAELS LECKERBISSEN"

Leckerbissen-Restaurant Graacher Tor, Seite 304

ZUTATEN

500 g Kartoffelkloßteig (frisch), 100 g Ziegenfrischkäse, 40 g junger Blattspinat, 2 Eigelb, 120 g rote Zwiebeln, 120 g Boskopäpfel, 15 g Senfsaat, 100 g Rotwein, ½ EL Honig, Salz, Pfeffer, Muskat, Majoran

ZUBEREITUNG

Ziegenfrischkäse und Eigelb für die Klöße glattrühren und mit Salz, Pfeffer und Muskat würzen. Blattspinat blanchieren, klein schneiden und unter die Käsemasse geben. Kloßteig- und Käsemasse in vier Portionen teilen. Jede Portion Kloßteig flach drücken, den Ziegenfrischkäse in die Mitte geben und diesen mit dem Kloßteig ummanteln. Dazu die Hände anfeuchten. In einem großen Topf Salzwasser zum Kochen bringen und die gefüllten Klöße hinein geben. Die Temperatur herunterregeln und die Klöße ca. 10 bis 15 Minuten ziehen lassen. Für das Ragout die Zwiebeln schälen und in grobe Streifen schneiden. Die Äpfel schälen und in Spalten schneiden. Etwas Butter in einer Pfanne auslassen und die Zwiebeln glasig anschwitzen. Senfsaat und Honig dazugeben, mit Rotwein ablöschen und reduzieren. Mit Salz, Pfeffer und Majoran würzen. Kurz bevor die Flüssigkeit komplett verdampft und die Masse karamellisiert, die Apfelspalten mit schwenken. Das Zwiebelragout auf einem Teller anrichten und den Kartoffelkloß darauf platzieren. Nach Wunsch mit süßsauer eingelegten Kürbiswürfeln und frischen Kräutern dekorieren.

ADRESSVERZEICHNIS WELTKULTURERBE

ALLGEMEIN ZUM THEMA WELTERBE

WORLD HERITAGE CENTRE UNESCO
7, Place de Fontenoy
75352 Paris 07 SP
Frankreich
Telefon + 33 (0) 1 45 68 24 96
wb-info@unesco.org
www.whc.unesco.org

DEUTSCHE UNESCO-KOMMISSION E.V.
Colmantstraße 15
53115 Bonn
Telefon 02 28 / 60 49 70
info-bibliothek@unesco.de
www.unesco.de

UNESCO-WELTERBESTÄTTEN DEUTSCHLAND E.V.
Palais Salfeldt
Kornmarkt 6
06484 Quedlinburg
Telefon 0 39 46 / 81 12 53
info@unesco-welterbe.de
www.unesco-welterbe.de

DEUTSCHE STIFTUNG WELTERBE
Baustraße 27
23966 Wismar
Telefon 0 38 41 / 25 23 08
info@welterbestiftung.de
www.welterbestiftung.de

WELTERBESTÄTTEN DIESES BANDES

WELTERBE BERGPARK WILHELMSHÖHE KASSEL
Wilhelmshöher Allee 380
34131 Kassel
Telefon 05 61 / 31 68 07 15
besucherzentrum@museum-kassel.de
www.museum-kassel.de

UNESCO-WELTERBE ZOLLVEREIN
Bullmannaue 11
45327 Essen
Telefon 02 01 / 24 68 10
Telefax 02 01 / 24 68 11 33
info@zollverein.de
www.zollverein.de

DOMKAPITEL AACHEN
Klosterplatz 2
52062 Aachen
Telefon 02 41 / 47 70 9-0
Telefax 02 41 / 47 70 91 44

KÖLNER DOM
Kölner Metropolitankapitel
Margarethenkloster 5
50667 Köln
Telefon 02 21 / 1 79 40-100
Telefax 02 21 / 1 79 40-199
dompropstei@metropolitankapitel-koeln.de
www.koelner-dom.de

UNESCO-WELTERBESTÄTTE SCHLÖSSER AUGUSTUSBURG UND FALKENLUST IN BRÜHL
Schlossstraße 6
50321 Brühl
Telefon 0 22 32 / 9 44 31-0
Telefax 0 22 32 / 9 44 31-26
verwaltung@schlossbruehl.de
www.schlossbruehl.de

ZWECKVERBAND WELTERBE OBERES MITTELRHEINTAL
Wellmicher Straße 25
56346 St. Goarshausen
Telefon 0 67 71 / 59 94 45
Telefax 0 67 71 / 59 96 07
info@welterbe-oberes-mittelrheintal.de
www.welterbe-oberes-mittelrheintal.de

WELTERBE GRUBE MESSEL GGMBH
Rossdörfer Straße 108
64409 Messel
Telefon 0 61 59 / 7 17 59-0
info@grube-messel.de
www.grube-messel.de

KLOSTER LORSCH
Nibelungenstraße 32
64653 Lorsch
Telefon 0 62 51 / 5 14 46
h.schefers@kloster-lorsch.de
www.kloster-lorsch.de

KURATORIUM WELTKULTUR-
DENKMAL KLOSTER LORSCH
Adalberhaus
Postfach 1313
64649 Lorsch
post@kuratorium-weltkulturdenkmal.de
www.kuratorium-weltkulturdenkmal.de

EUROPÄISCHE STIFTUNG
KAISERDOM ZU SPEYER
Kleine Pfaffengasse 21
67346 Speyer
Telefon 0 62 32 / 10 23 97
Telefax 0 62 32 / 10 23 52
stiftung-kaiserdom@bistum-speyer.de
www.dom-speyer.de

KLOSTER MAULBRONN
Klosterhof 5
75433 Maulbronn
Telefon 0 70 43 / 92 66 10
Telefax 0 70 43 / 92 66 11
info@kloster-maulbronn.de
www.kloster-maulbronn.de

WELTKULTURERBE VÖLKLINGER
HÜTTE
Europäisches Zentrum für Kunst und
Industriekultur
Rathausstraße 75-79
66333 Völklingen
Telefon 0 68 98 / 9 10 01 00
mail@voelklinger-huette.org
www.voelklinger-huette.org

ADRESSVERZEICHNIS

A

AIX VINUM 150
Niklas Kudlek
Kleinmarschierstraße 39
52062 Aachen
Telefon 02 41 / 66 03-0
info@aixvinum.de
www.aixvinum.de

À LA MINUTE 296
RESTAURANT & CATERING
Franziska und Christoph Kaiser
Leoplatz 1
54290 Trier
Telefon 06 51 / 6 50 22 85
info@a-la-minute-trier.de
www.a-la-minute-trier.de

ALTE FEUERWACHE 144
Monika und Kurt Podobnik
Oppener Straße 115
52146 Würselen
Telefon 0 24 05 / 4 29 01 12
willkommen@
alte-feuerwache-wuerselen.de
www.alte-feuerwache-wuerselen.de

ALTES LANDHAUS 54
BUDDENBERG
Hartmut Beerlink
Emlichheimer Straße 63
49824 Ringe
Telefon 0 59 43 / 9 83 90
info@landhaus-buddenberg.de
www.landhaus-buddenberg.de

ALTSTADTHOTEL WILDE ROSE – 208
WIRTSKELLER SANKT GEORG
Familie Shala
Kirchgasse 29–31
75031 Eppingen
Telefon 0 72 62 / 91 40-0
info@altstadthotel-wilde-rose.de
www.altstadthotel-wilde-rose.de
mail@wirtskeller-sankt-georg.de
www.wirtskeller-sankt-georg.de

B

BEIM SCHUPI 230
Britta Schloß und Stephanie Tichler
Durmersheimer Straße 6
76185 Karlsruhe
Telefon 07 21 / 55 94-0
info@schupi.de
www.schupi.de

BIOFACTORY 190
Elke Ballmert und Dieter Weiler
Carl-Benz-Straße 15
64711 Erbach
Telefon 0 60 62 / 9 55 62 66
www.biomarkt.de

BROTBÄCKEREI ARTUR 80
MÜLLER GMBH & CO KG
Heidi Müller
Martinstraße 2
58332 Schwelm
Telefon 0 23 36 / 65 62
info@brotbaeckerei-mueller.de
www.brotbaeckerei-mueller.de

BURGSTUBEN RESIDENZ 132
ST. JACQUES
Rainer Hensen
Feldstraße 50
52525 Heinsberg-Randerath
Telefon 0 24 53 / 8 02
info@rainerhensen.de
www.rainerhensen.de

C

CAFÉ KONDITOREI ORTH 192
Familie Orth
Königer Straße 32
64732 Bad König
Telefon 0 60 63 / 14 13
Telefon 0 60 63 / 95 17 21-0
e.orth@t-online.de
www.cafeorth.de

CAFÉ VOM CLEFF 84
Arzu Candan
Schorfer Straße 7
42349 Wuppertal
Telefon 02 02 / 51 56 37 12
info@cafe-vom-cleff.de
www.cafe-vom-cleff.de

CAFÉ PLAISIR 284
Nadine und Carsten Schäfer
Engelstraße 2
66740 Saarlouis
Telefon 0 68 31 / 48 80 29 6
info@cafeplaisir.de
www.cafeplaisir.de

CAFÉ PLAISIR RÖSTEREI 284
Nadine und Carsten Schäfer
Bachtalstraße 357
66773 Schwalbach
Telefon 0 68 31 / 48 80 29 6
info@cafeplaisir.de
www.cafeplaisir.de

CASEUS-VINUM 122
Elke Pennartz und
Dr. Peterheinrich May
Düsseldorfer Straße 3
52428 Jülich
Telefon 0 24 61 / 3 17 44 42
info@caseus-vinum.de
www.caseus-vinum.de

CHEZ GILBERT 220
Claire und Gilbert Noesser
Altstädter Kirchenweg 3
75175 Pforzheim
Telefon 0 72 31 / 44 11 59

restaurant-chez.gilbert@web.de
www.chez-gilbert.de

CHOCOLAT 276
Anne Cécile Bourdon
Fröschengasse 15
66111 Saarbrücken
Telefon 06 81 / 9 38 38 02
info@chocolat-saarbruecken.de
www.chocolat-saarbruecken.de

CONFISERIE ENDLE 234
Oliver Endle
Kaiserstraße 241a
76133 Karlsruhe
Telefon 07 21 / 2 46 78
info@endle.de
www.endle.de

D

DESSERTCAFÉ NACHTISCH 44
Beate Kreilkamp und
Alexander Gieseler
Kanalstraße 30
48147 Münster
Telefon 02 51 / 13 46 77 39
info@nachtisch.ms
www.nachtisch.ms

E

EDEKA FRISCHECENTER 118
ZURHEIDE FEINE KOST
Rüdiger Zurheide
Nürnberger Straße 40 42
40599 Düsseldorf
Telefon 02 11 / 74 96 58 00
info@frischecenter.de
www.frischecenter-zurheide.de

EMILE RESTAURANT 106
Jordana und Nico Glanz
Emilienstraße 2
45128 Essen
Telefon (02 01) 87 42 87 22
info@emile-restaurant.de
www.emile-restaurant.de

ESSKLASSE 124
Restaurant & Bistro
Westparkstraße 105
47803 Krefeld
Telefon 0 21 51 / 50 01 10
www.essklasse-krefeld.de

F

FEINKOSTFLEISCHEREI 48
HIDDING
Familie Hidding
Rothenburg 2
48143 Münster
Telefon 02 51 / 98 11 97 49
info@fleischerei-hidding.de
www.fleischerei-hidding.de

FISCHBRATHALLE MÜNSTER 40
Familie Meyer
Schlaunstraße 8
48143 Münster
Telefon 02 51 / 4 31 52
info@fischbrathalle-muenster.de
www.fischbrathalle-muenster.de

G

GENERATIONE II 152
Thomas Falke und Sandro Dimuro
Weierstraße 43
52349 Düren
Telefon 0 24 21 / 9 94 70 33
info@generatione2.de
www.generatione2.de

GOLDSCHMIEDE 108
PETER RAJTER
Peter Rajter
Borbecker Straße 245
45355 Essen
Telefon 02 01 / 9 77 31 41
kontakt@goldschmiede-pr.de
www.goldschmiede-pr.de

GOLDSCHMIEDE 76
PETER QUICKELS
Peter Quickels
Dr.-Ruer-Platz 2
44787 Bochum
Telefon 02 34 / 1 42 92
mail@quickels.eu
www.quickels.eu

H

HAUS RÖSGEN ALLSTEAKS 68
Dragan Pesa
Sternbuschweg 296
47057 Duisburg
Telefon 02 03 / 35 42 50
info@haus-roesgen.de
www.haus-roesgen.de

HACKBARTH'S RESTAURANT 72
Uschi Geisinger und Jörg Hackbarth
Im Lipperfeld 44
46047 Oberhausen
Telefon 02 08 / 2 21 88
info@hackbarths.de
www.hackbarths.de

HOTEL-RESTAURANT 216
ARNEGGERS ADLER
Melanie Arnegger-Becker
Tiefenbronnerstraße 20
75233 Tiefenbronn-Mühlhausen
Telefon 0 72 34 / 9 53 53 0
Arneggers-Adler@t-online.de
www.arneggers-adler.de

ADRESSVERZEICHNIS

HOTEL UND RESTAURANT DOPPELADLER 194
Familie Jagodic
Bahnhofstraße 48
46459 Rees-Haldern
Telefon 0 28 50 / 2 14
reservierung@hotel-doppeladler.de
www.hotel-doppeladler.de

HOTEL-RESTAURANT KRONE 242
Familien Kuntz und Schlindwein
Hauptstraße 62-64
76863 Herxheim-Hayna
Telefon 0 72 76 / 50 8-0
info@hotelkrone.de
www.hotelkrone.de

HOTEL-RESTAURANT LA CIGOGNE 224
Familie Kientzel
Ettlinger Straße 97
76337 Waldbronn-Busenbach
Telefon 0 72 43 / 56 52-0
info@la-cigogne.de
www.la-cigogne.de

HOTEL RESTAURANT REWESCHNIER 272
Familien Clos und Fickert
Kuseler Straße 1
66869 Blaubach/Kusel
Telefon 0 63 81 / 92 38 00
info@reweschnier.de
www.reweschnier.de

HOTEL UND RESTAURANT ZUM OCHSEN 236
Familie Jollit
Pfinzstraße 64
76227 Karlsruhe
Telefon 07 21 / 9 43 86-0
info@ochsen-durlach.de
www.ochsen-durlach.de

HOTEL-RESTAURANT ZUR BRÜCKE 66
Anja Sürgers-Bollen
Bahnstraße 44
47623 Kevelaer
Telefon 0 28 32 / 23 89
info@hotel-restaurant-zur-bruecke.de
www.hotel-restaurant-zur-bruecke.de

HOTEL VICTORIA 22
Victoria Förster-Streblau
Bahnhofstraße 35
33161 Hövelhof
Telefon 0 52 57 / 93 77-0
mail@93770.de
www.93770.de

I

IHR BÄCKER SCHÜREN 114
Roland Schüren
Mühlenbachweg 9
40724 Hilden
Telefon 0 21 03 / 20 17-0
info@ihr-baecker-schueren.de
www.ihr-baecker-schueren.de

IL CUCCHIAIO D´ARGENTO – DER SILBERNE LÖFFEL 42
Giacomo Rinaudo
Überwasserstraße 3
48143 Münster
Telefon 02 51 / 39 20 45
info@der-silberne-loeffel.de
www.der-silberne-loeffel.de

IL TEATRO – RISTORANTE ITALIANO 20
Salvatore Strumbo
Oberste Gasse 9
34117 Kassel
Telefon 05 61 / 2 87 26 75
kontakt@ilteatro-kassel.de
www.ilteatro-kassel.de

ISSIMO ITALIENISCHE FEINKOST 264
Francesco und Vincenzo Vitolo
Uhlandstraße 7
66424 Homburg
Telefon 0 68 41 / 1 22 22
issimo@issimo-feinkost.de
www.issimo-feinkost.de

J

JIVINO ENOTECA 26
Jimmi Catsanos
Obernstraße 51
33602 Bielefeld
Telefon 05 21 / 5 60 95 30
www.jivino-enoteca.de

K

KAFFEERÖSTEREI TESORITO CAFFÈ 274
Daniela Wiedemann
Cecilienstraße 16
Eingang Försterstraße
66111 Saarbrücken
Telefon 06 81 / 9 10 16 55
info@tesorito.de
www.tesorito.de

KOCHKULTOUR DIE KOCH- U. PATISSERIESCHULE 260
Kai Mehler
Rebenstraße 21
66453 Gersheim
Telefon 0 68 43 / 9 63 91 84
info@kochkultour.de
www.kochkultour.de

KULT+GENUSS GMBH 126
Werner Henssen und Christiane Lageveen
Wilhelm-Strauß-Straße 65
41236 Mönchengladbach

ADRESSVERZEICHNIS

PARTYSERVICE HAAS 282
Kurt Haas
Dorfstraße 26
66265 Obersalbach
Telefon 0 68 06 / 7 88 44
info@partyservice-haas.de
www.partyservice-haas.de

PRALINEN-MANUFACTUR GROSSE-BÖLTING E.K. 58
Familie Große-Bölting
Gutenbergstraße 5
46414 Rhede
Telefon 0 28 72 / 58 76
info@pralinen-manufactur.de
www.pralinen-manufactur.de

R

RATSSTUBE UND GÄSTEHAUS BLASIUS 288
Peter und Ursula Blasius
Trierer Straße 12-14
66663 Merzig
Telefon 0 68 61 / 29 27
info@ratsstube-blasius.de
www.ratsstube-blasius.de

RAUCHZEICHEN 268
Tobias Susewind
Balduinstraße 56
66606 St. Wendel
Telefon 0 68 51 / 9 99 95 69
mail@rauchzeichen-wnd.de

RESTAURANT ALTDEUTSCHE SCHÄNKE 46
Isabelle und Sascha Höltig
Dorfstraße 18
48268 Greven-Gimbte
Telefon 0 25 71 / 22 61
info@altdeutsche-schaenke.de
www.altdeutsche-schaenke.de

RESTAURANT FOKUS 50
Marietta Gödde
Schulstraße 6-7
48488 Emsbüren
Telefon 0 59 03 / 9 33 90
info@kulturzentrum-fokus.de
www.kulturzentrum-fokus.de

RESTAURANT GRÄFINTHALER HOF 262
Familie Künzer
Gräfinthal 6
66399 Mandelbachtal
Telefon 0 68 04 / 9 11 00
info@graefinthaler-hof.de
www.graefinthaler-hof.de

RESTAURANT HARMONIE 74
Christiane und Andreas Birk
Gudrunstraße 9
44791 Bochum
Telefon 02 34 / 50 76 50
a.birk@gmx.de
www.gastronomie-harmonie.de

RESTAURANT IM SCHIFFCHEN 116
Jean Claude Bourgueil
Kaiserswerther Markt 9
40489 Düsseldorf
Telefon 02 11 / 40 10 50
restaurant@im-schiffchen.de
www.im-schiffchen.com

RESTAURANT KRONE 212
Guy Graessel
Marktplatz 2
75015 Bretten
Telefon 0 72 52 / 71 38
kontakt@restaurant-krone.de
www.restaurant-krone.de

RESTAURANT KÜNSTLERKNEIPE 238
Martina und Konrad Sluga
Pfarrstraße 18
76189 Karlsruhe
Telefon 07 21 / 16 08 99 57
info@kuenstlerkneipe.com
www.kuenstlerkneipe.com

RESTAURANT LA BÉCASSE UND BISTRO CHEZ FABRICE 270
Paola und Fabrice Bertrand
Berckheimstraße 1
66763 Dillingen
Telefon 0 68 31 / 6 01 47
info@la-becasse.de
www.la-becasse.de

RESTAURANT MEDIUM 24
Bernhard und Edith Büdel
Carl-Bertelsmann-Straße 33
33332 Gütersloh
Telefon 0 52 41 / 2 12 16-36
info@medium-guetersloh.de
www.medium-guetersloh.de

RESTAURANT NIEDMÜHLE – LAND & GENUSS HOTEL 286
Tamara und Stefan Burbach
Niedtalstraße 13–14
66780 Rehlingen-Siersburg
Telefon 0 68 35 / 6 74 50
info@restaurant-niedmuehle.de
www.restaurant-niedmuehle.de

RESTAURANT RATSKELLER 52
Jan Kieseling
Am Markt 13
49808 Lingen (Ems)
Telefon 05 91 / 14 40 00 80
info@ratskeller-lingen.de
www.ratskeller-lingen.de

RESTAURANT SCHLEMMEREULE 298
Peter Schmalen
Domfreihof 1b

54290 Trier
Telefon 06 51 / 7 36 16
ps@schlemmereule.de
www.schlemmereule.de

RESTAURANT UND HOTEL DOMSCHENKE 56
Familie Groll
Markt 6
48727 Billerbeck
Telefon 0 25 43 / 93 20-0
domschenke@t-online.de
www.domschenke-billerbeck.de

RESTAURANT ZUR ANTONY-HÜTTE 70
Marcus Wischermann
Hasenstraße 20
46119 Oberhausen
Telefon 02 08 / 6 34 95 52
kontakt@antony-huette.com
www.antony-huette.de

RISTORANTE CALABRIA 214
Vincenzo Gagliardi
Pforzheimer Straße 22
75015 Bretten
Telefon 0 72 52 /4 14 48
info@calabria-bretten.de
www.calabria-bretten.de

RISTORANTE IL PARADISO 160
Sämi und Emir Moussa
Zehnthofstraße 26
50259 Pulheim
Telefon 0 22 34 / 8 46 13
info@il-paradiso.de
www.il-paradiso.de

ROSENHOTEL – RESTAURANT SCHERER 266
Familie Scherer
Klosterstraße 3
66578 Schiffweiler
Telefon 0 68 21 / 6 97 38
info@hotel-scherer.de
www.hotel-scherer.de

RÜBENACKER´S RESTAURANT 222
Familie Rübenacker
Bachstraße 41
75210 Keltern-Dietlingen
Telefon 0 72 36 / 62 89
info@ruebenackers-kaiser.de
www.ruebenackers-kaiser.de

S

SAUERZAPFES JUNGE KÜCHE 30
Das Restaurant im Hotel Hollmann
René Sauerzapfe
Alleestraße 20
33790 Halle Westfalen
Telefon 0 52 01 / 73 56 25 0
info@sauerzapfes.de
www.sauerzapfes.com

SCHLOSS HARKOTTEN 36
Freiherr von Korff´sche Gutsverwaltung
Harkotten 2
48336 Sassenberg-Füchtorf
Telefon 0 54 26 / 26 38
mvk@harkotten.eu
www.schlossharkotten.de

SEEHAUS FORELLE 194
Jörg Maier
Eiswoog 1
67305 Ramsen
Telefon 0 63 56 / 60 88-0
info@seehaus-forelle.de
www.seehaus-forelle.de

STEAKHAUS GUSTO 278
Esad Puzic
Saarstraße 11
66111 Saarbrücken
Telefon 06 81 / 9 65 78 23
info@gusto-sb.de
www.gustosteakhaus.com

SUITE AU CHOCOLAT CAFÉ UND SHOP 300
Familie Nummer
Glockenstraße 9
54290 Trier
Telefon 06 51 / 91 29 681
team@suite-au-chocolat.de
www.suite-au-chocolat.de

T

TALSCHENKE – RESTAURANT METZGEREI UND CATERING 210
Familie Müller
Talstraße 21
75031 Eppingen
Telefon 0 72 62 / 83 67
info@talschenke-eppingen.de
www.talschenke-eppingen.de

V

VINOTHEK DORFSTRASSE 13 78
Ralf Sondermann
Dorfstraße 13
45549 Sprockhövel
Telefon 023 39 / 12 02 77
info@dorfstrasse13.de
www.dorfstrasse13.de

W

WEIN- & TAFELHAUS 302
Daniela und Alexander Oos
Moselpromenade 4
54349 Trittenheim
Telefon 0 65 07 / 70 28 03
info@wein-tafelhaus.de
www.wein-tafelhaus.de

REZEPTVERZEICHNIS

Besondere Adressen für Sie entdeckt

Donau – von Passau bis Krems
200 Seiten, Hardcover
978-3-86528-459-4

Elsass – l' Alsace
272 Seiten, Hardcover
978-3-86528-557-7

Mecklenburg-Vorpommern
368 Seiten, Hardcover
978-3-86528-460-0

Ortenau
144 Seiten, Hardcover
978-3-86528-437-2

Schätze zwischen Isar und Lech
128 Seiten, Hardcover
978-3-86528-852-9

Schätze Bodensee und Oberschwaben
192 Seiten, Hardcover
978-3-86528-556-9

Baden-Baden und Ortenau
136 Seiten, Hardcover
978-3-86528-461-7

Hamburg
160 Seiten, Hardcover
978-3-86528-455-6

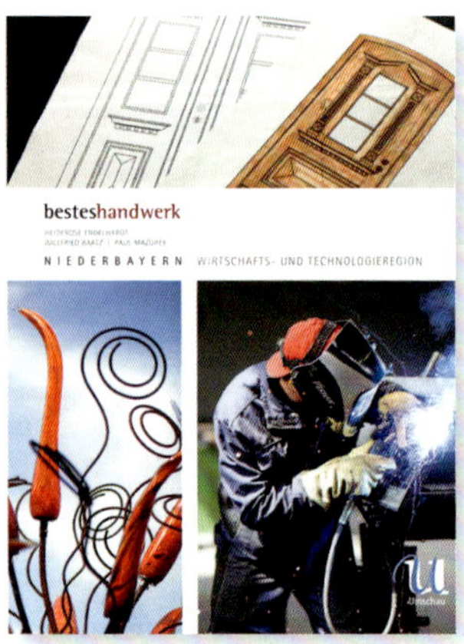

Bestes Handwerk Niederbayern
160 Seiten, Hardcover
978-3-86528-465-5

Genussvolles München
160 Seiten, Hardcover
978-3-86528-515-7

Raum & Design München
184 Seiten, Hardcover
978-3-86528-546-1

Faszination Welterbe Deutschlands Norden
256 Seiten, Hardcover
978-3-86528-545-4

IMPRESSUM

RECHERCHE
Daniel Georgescu

TEXTE
Ingo Schmidt, Susanne Schaller

FOTOS
Hans-Joachim Aubert, Manfred Daams, Jürgen Naber, Thomas Sawer

LEKTORAT & PRODUKTION
MEDIAVANTI OHG – Agentur für Text und Konzept, Oldenburg
www.mediavanti.de

GESTALTUNG & REPRODUKTION
STOCKWERK2 GmbH – Agentur für Kommunikation, Oldenburg
www.stockwerk2.de

KARTE
Thorsten Trantow, Kenzigen
www.trantow-atelier.de

DRUCK UND VERARBEITUNG
NINO Druck GmbH, Neustadt an der Weinstraße
www.ninodruck.de

Printed in Germany
ISBN: 978-3-86528-853-0

Wir bedanken uns für die freundlicherweise zur Verfügung gestellten Fotos bei: UNESCO-Welterbestätten Deutschland e. V. (Seite 11), Kulturkreis Höxter Corvey gGmbH (Seite 35/36), Hotel und Restaurant Domschenke (Seite 57), Haus Rösgen (Seite 69), Thomas Ruhl (Seite 117), Andrew Cowin (Seite 174), Karl-Hein Walter/Rüdesheim Tourist AG (Seite 175), Jens Niemeyer/Romantischer Rhein Tourismus GmbH (Seite 176), Susanne Renk/TZS (Seite 256), Saarland Öffentlichkeitsarbeit/Iris Maurer (Seite 257), Franz Mörscher (Seite 258), Karl Heinrich Veith (Seite 259), Restaurant Schlemmereule (Seite 299)

Besuchen Sie uns im Internet:
www.umschau-buchverlag.de